utb 3671

Eine Arbeitsgemeinschaft der Verlage

W. Bertelsmann Verlag · Bielefeld
Böhlau Verlag · Wien · Köln · Weimar
Verlag Barbara Budrich · Opladen · Toronto
facultas · Wien
Wilhelm Fink · Paderborn
A. Francke Verlag · Tübingen
Haupt Verlag · Bern
Verlag Julius Klinkhardt · Bad Heilbrunn
Mohr Siebeck · Tübingen
Ernst Reinhardt Verlag · München
Ferdinand Schöningh · Paderborn
Eugen Ulmer Verlag · Stuttgart
UVK Verlagsgesellschaft · Konstanz, mit UVK/Lucius · München
Vandenhoeck & Ruprecht · Göttingen
Waxmann · Münster · New York

Michael von Hauff
Katja Claus

Fair Trade

Ein Konzept nachhaltigen Handels

3., vollständig überarbeitete Auflage
Studienausgabe

UVK Verlagsgesellschaft mbH · Konstanz
mit UVK/Lucius · München

Online-Angebote oder elektronische Ausgaben sind erhältlich unter www.utb-shop.de.

Bibliografische Information der Deutschen Bibliothek
Die Deutsche Bibliothek verzeichnet diese Publikation in der Deutschen Nationalbibliografie; detaillierte bibliografische Daten sind im Internet über <http://dnb.ddb.de> abrufbar.

Das Werk einschließlich aller seiner Teile ist urheberrechtlich geschützt. Jede Verwertung außerhalb der engen Grenzen des Urheberrechtsgesetzes ist ohne Zustimmung des Verlages unzulässig und strafbar. Das gilt insbesondere für Vervielfältigungen, Übersetzungen, Mikroverfilmungen und die Einspeicherung und Verarbeitung in elektronischen Systemen.

© UVK Verlagsgesellschaft mbH, Konstanz und München 2018

Cover-Illustration: imaginima – iStock LP
Cover-Motiv: iStockphoto.com
Printed in Germany

UVK Verlagsgesellschaft mbH
Schützenstr. 24 · 78462 Konstanz
Tel. 07531-9053-0 · Fax 07531-9053-98
www.uvk.de

UTB-Nr. 3671
ISBN 978-3-8252-4969-4

Vorwort zur 3. Auflage

Das Thema des Fairen Handels hat in den vergangenen Jahren weiter an Bedeutung gewonnen. Das gilt sowohl für die Ausdifferenzierung der Begründung des Fairen Handels, als auch für das Wachstum fair gehandelter Güter. Auch die Vielfalt der Güter hat weiterhin zugenommen. Diese aktuellen Entwicklungen und Veränderungen wurden in der vorliegenden 3. Auflage entsprechend berücksichtigt. Es wurden aber auch zwei Kapitel geändert. So wurde zunächst das Kapitel drei, das sich dem Paradigma der nachhaltigen Entwicklung als konzeptioneller Grundlage von Fair Trade zuwendet, deutlich gekürzt. Dadurch wurde eine noch engere Fokussierung der Anforderungen nachhaltiger Entwicklung an Fair Trade angestrebt.

Auch das Kapitel fünf hat eine Änderung erfahren. Die Frage, wie sich Fair Trade als alternatives Handelskonzept in dem Mainstream der Außenhandelstheorie einordnen und bewerten lässt, wurde ebenfalls stark gekürzt. Um den Lesefluss für Nicht-Ökonomen deutlich zu erleichtern, wurden die graphischen und mathematischen Darstellungen und Erläuterungen für interessierte Leser in den Anhang verschoben.

Insgesamt lässt sich feststellen, dass die wissenschaftliche Zuwendung zu Fair Trade in den letzten Jahren sowohl international als auch national zugenommen hat. Das gilt beispielsweise für die Frage nach der Motivation Fair Trade-Produkte zu kaufen, die u.a. aus verhaltensökonomischer Perspektive analysiert wird. Eine sehr grundsätzliche Frage ist aber auch, ob Fair Trade tatsächlich seine Ziele erreichen kann. Eine Frage hierbei ist: macht Fair Trade ökonomisch Sinn und ist langfristig wirklich nachhaltig?

Es geht aber auch um die Frage, wie sich das Angebot von Fair Trade-Produkten in den großen Einzelhandelsketten auf die ursprüngliche Idee von Fair Trade, gerechtere Handelsbeziehungen zu schaffen, auswirkt. Verlieren dadurch – so die Frage – die Weltläden hinsichtlich ihrer Zielsetzung, sowohl die Produkte zu verkaufen, als auch die Idee des Fairen Handels zu kommunizieren, an Bedeutung? In diesem Zusammenhang kam es in den vergangenen etwa zehn Jahren zu der Kontroverse um einen möglichen Profilverlust. Somit kann festgestellt werden, dass der Faire Handel sich weiterhin in einem Wandel befindet, dessen Richtung noch nicht eindeutig zu bestimmen ist.

Auch in der 3. Auflage geht es primär um die größeren Argumentationslinien zu Fair Trade. Für die teilweise sehr spezifischen Informationen z.B. zu einzelnen Produkten bieten die nationalen und internationalen Organisationen zu Fair Trade vielfältige Informationen, die nicht alle berücksichtigt werden konnten. Bei der Aktualisierung besonders der Tabellen und Schaubilder wurden wir von Stefanie Klag, Viktor Schiller und Robin Wagner tatkräftig unterstützt. Dafür möchten wir uns bei ihnen ganz herzlich bedanken. Ein besonderer Dank gilt auch wieder Martin Schüller, der uns noch viele Anregungen und Hinweise zu neueren Entwicklungen gegeben hat.

Michael von Hauff
Katja Claus

Vorwort zur 2. Auflage

Wir freuen uns, dass die erste Auflage unseres Buches „Fair Trade" großes Interesse gefunden hat und daher schon jetzt die zweite Auflage erscheint. Bei dieser Gelegenheit möchten wir uns für konstruktive Anregungen von Rezensenten bedanken. Wir erhielten aber auch bei vielen Diskussionen mit Expertinnen und Experten Anregungen, die wir bei der Überarbeitung der ersten Auflage mit bedacht haben. Besonderer Dank gilt Martin Schüller von Fair Trade/Köln, der uns viele Dokumente zugänglich gemacht hat, die für den „outsider" nicht leicht zugänglich sind. Dadurch konnten wir in das nicht immer ganz übersichtliche und transparente „Informationsgestrüpp" zu Fair Trade zusätzlichen Einblick gewinnen. Wir bitten bei dieser Gelegenheit um Nachsicht, wenn sich uns auch bei der zweiten Auflage nicht alle Dokumente erschlossen haben. Wir würden uns daher freuen, wenn wir auch in Zukunft auf unberücksichtigte Quellen aufmerksam gemacht werden. Wir haben uns aber auch bei dieser Auflage bewusst auf die größeren Argumentationslinien konzentriert und beschränkt.

Michael von Hauff
Katja Claus

Vorwort zur 1. Auflage

Der internationale Handel zeichnete sich in den vergangenen Jahrzehnten durch eine starke Dynamik aus. An den internationalen Handelsgewinnen partizipierten die verschiedenen Länder, aber auch die verschiedenen Bevölkerungsgruppen in den Ländern jedoch sehr unterschiedlich. Neben den Industrieländern sind es besonders einige wenige aufstrebende Entwicklungsländer, die hohe Wachstumsraten ihrer Exporte und damit auch hohe Handelsgewinne erzielten. Brasilien, China und Indien sind hierfür Beispiele, wobei gerade in diesen Ländern die Teilhabe der Bevölkerung an den Handelsgewinnen sehr unterschiedlich ist. Die ungleichgewichtige internationale Handelsstruktur, aber auch die unterschiedliche Entwicklung des internationalen Handels in verschiedenen Regionen bzw. Ländern wurde in jüngerer Vergangenheit aus unterschiedlichen Richtungen heftig kritisiert. Das Buch konzentriert sich auf die ökonomische Sicht. Auch hier gibt es engagierte Kritiker.[1]

Diese Kritik ist jedoch nicht neu. Bereits Ende der 1940er Jahre kam es, als Gegenbewegung zu dem konventionellen internationalen Handel, zu der Fair-Trade-Bewegung, die ab den 1970er Jahren auch in Deutschland zunehmend mehr Beachtung und Bedeutung fand. In diesem Buch wird das Fair-Trade-Konzept dargestellt und von dem konventionellen Handel abgegrenzt. Dabei geht es sowohl um eine theoretische Analyse bzw. Begründung des Fair-Trade-Konzepts im Rahmen der Außenhandelstheorien als auch um eine Analyse der Entwicklungslinien von Fair Trade und die Wirkungen dieses Konzeptes.

Hierbei ist jedoch zu berücksichtigen, dass das Fair-Trade-Konzept auf dem Paradigma der nachhaltigen Entwicklung basiert. Bei diesem Paradigma geht es um die Gleichrangigkeit der ökologischen, ökonomischen und sozialen Dimension. Das Paradigma nachhaltiger Entwicklung fordert weiterhin die intra- und intergenerationelle Gerechtigkeit. Die Einordnung des Fair-Trade-Konzepts in das Paradigma der nachhaltigen Entwicklung wurde in der Literatur bisher jedoch kaum thematisiert. Daher erfährt dieses Themenfeld eine besondere Aufmerksamkeit.

---

[1] Vgl. u.a. Stiglitz, J., Charlton, A.: Fair Trade for all. How trade can promote development, New York 2005.

Das Konzept von Fair Trade, aber auch die Akteure, haben sich in den vergangenen Jahren stark diversifiziert bzw. differenziert. Die folgenden Kapitel konzentrieren sich jedoch nur auf wesentliche Entwicklungslinien und Begründungszusammenhänge. Weiterführende Literaturquellen ermöglichen jedoch eine Vertiefung einzelner Aspekte.

Eine kleine Vereinfachung sei uns noch gestattet: bei allen Erläuterungen der Akteure sind natürlich immer sowohl weibliche wie männliche Akteure gemeint. Wenn wir also über Produzenten schreiben, meinen wir immer Produzentinnen und Produzenten.

Last but not least wurden wir von einer Reihe von Personen sehr hilfreich unterstützt. Stellvertretend möchten wir uns bei Frau Gözet und Frau Huff sowohl für Recherchen neuester Quellen bzw. Daten als auch für die mühsame Formatierung des Manuskriptes bedanken. Bei Frau Homm möchten wir uns für ein letztes Korrekturlesen des Manuskripts bedanken. Frau Dipl.-Volkswirtin Seitz hat uns im Theoriekapitel auf die Notwendigkeit einiger ergänzender Erläuterungen hingewiesen. Frau Dr. Ahrens und ihrer Mitarbeiterin, Frau Albert / Brot für die Welt, danken wir für wichtige inhaltliche Anregungen. Danksagungen dienen jedoch nicht dazu, mögliche Unzulänglichkeiten auf andere Personen abzuwälzen: für mögliche Unzulänglichkeiten sind ausschließlich wir Autoren verantwortlich.

Michael von Hauff
Katja Claus

Inhaltsübersicht

Vorwort 5
Abbildungsverzeichnis 15
Abkürzungsverzeichnis 17
1   Einleitung 19
2   Die Struktur des Welthandelssystems und Entwicklungstendenzen des internationalen Handels 27
3   Anforderungen des Paradigmas nachhaltiger Entwicklung an den internationalen Handel 55
4   Das Konzept und die Bedeutung des Fairen Handels 77
5   Theoretische Begründung des internationalen Handels 137
6   Die Wirkung des Fairen Handels in Entwicklungsländern 155
7   Fairer Handel im Kontext der Entwicklungspolitik 177
8   Zusammenfassung und Ausblick 215
9   Anhan 221
Literatur 241
Stichwortverzeichnis 263

Inhalt

Vorwort 5
Abbildungsverzeichnis 15
Abkürzungsverzeichnis 17

1 Einleitung 19
1.1 Problemstellung 22
1.2 Aufbau des Buches 24

2 Die Struktur des Welthandelssystems und Entwicklungstendenzen des internationalen Handels 27
2.1 Die Entwicklung der Struktur des internationalen Handels von 1929 bis heute 30
2.2 Die aktuelle Position der Entwicklungsländer im Welthandel 42

3 Anforderungen des Paradigmas nachhaltiger Entwicklung an den internationalen Handel 55
3.1 Wichtige Etappen der Entstehung des Paradigmas nachhaltiger Entwicklung 61
3.2 Die Konkretisierung der Dreidimensionalität 63
3.3 Die Beziehung der drei Dimensionen zueinander 73
3.4 Anforderungen nachhaltiger Entwicklung an das Welthandelssystem und die Entwicklung des internationalen Handels 75

4 Das Konzept und die Bedeutung des Fairen Handels 77
4.1 Historische Entwicklung 80
4.2 Grundsätze und Ziele 88
4.3 Organisation des Fairen Handels 103
4.4 Produkte und Produzenten 108
4.5 Zusammensetzung des „fairen Preises" 119

4.6 Distribution der Produkte 122
4.7 Die Stellung des Fairen Handels innerhalb des Welthandelssystems 123
4.8 Politischer Einfluss des Fairen Handels 130

5 Theoretische Begründung des internationalen Handels 137
5.1 Begründung des internationalen Handels auf der Grundlage der Modelle von Ricardo und Heckscher/Ohlin 140
    5.1.1 Das Modell von David Ricardo 140
    5.1.2 Das Modell von Heckscher/Ohlin 141
5.2 Skalenerträge und unvollständiger Wettbewerb als Ausgangspunkt der neuen Handelstheorie 142
5.3 Fairer Handel im Kontext der Handelstheorie 144
    5.3.1 Fairer Handel und der Ansatz von Heckscher/Ohlin 144
    5.3.2 Der Faire Handel und die neue Handelstheorie 147
    5.3.3 Der Faire Handel und externe Effekte 150
    5.3.4 Auswirkungen des Fairen Handels auf die Überproduktion 152

6 Die Wirkung des Fairen Handels in Entwicklungsländern 155
6.1 Ökonomische Wirkung 157
6.2 Soziale Wirkung 166
6.3 Ökologische Wirkung 172
6.4 Schlussfolgerungen 174

7 Fairer Handel im Kontext der Entwicklungspolitik 177
7.1 Grundlagen der Entwicklungszusammenarbeit 180
7.2 Fairer Handel als Konzept der Entwicklungszusammenarbeit 183
7.3 Entwicklungspolitische Komplementär- und/oder Alternativkonzepte zu Fair Trade 187
    7.3.1 Allgemeines Präferenzsystem (APS) 187
    7.3.2 Eine Neuorientierung der Agrarpolitik der Industrieländer 189

	7.3.3	Public Private Partnership (PPP)	192
	7.3.4	Von Corporate Social Responsibility (CSR) zu Social Business	194
	7.3.5	Entwicklungszusammenarbeit in den Bereichen Bildung und Forschung	197
7.4	Die entwicklungspolitische Bewertung der Alternativen		199
7.5	Aktuelle Entwicklungen im Fairen Handel		203

8 Zusammenfassung und Ausblick ... 215

9 Anhang ... 221

Detaillierte Ausführungen zu Kapitel 5 Theoretische Begründung des internationalen Handels ... 223

Literatur ... 241

Stichwortverzeichnis ... 263

Abbildungsverzeichnis

Abb. 2-1	Das Welthandelssystem	33
Abb. 2-2	Weltexporte in den Jahren 2002, 2008, 2011 und 2015 (Mrd. US-$ und Anteil in Prozenten)	40
Abb. 2-3	Prozentuale Anteile der Sektoren an den Weltexporten 2015	40
Abb. 2-4	Hauptströme des Welthandels innerhalb der Triade im Jahr 2014	42
Abb. 2-5	Prozentualer Anteil an den Weltexporten (Waren) 1953-2015 nach Regionen	44
Abb. 2-6	Prozentualer Anteil an den Weltexporten (Waren) 1953-2015 (Asien, Lateinamerika, Afrika)	45
Abb. 2-7	Verteilung der Exporte (Waren und Dienstleistungen) im Jahr 2015 in Prozenten	47
Abb. 2-8	Verteilung der Importe (Waren und Dienstleistungen im Jahr 2015 in Prozenten	47
Abb. 2-9	Verteilung der Warenexporte in den Jahren 1953 und 2015	48
Abb. 2-10	Verteilung der Warenimporte in den Jahren 1953 und 2015	49
Abb. 2-11	Absoluter und prozentualer Anstieg der Exporte des primären Sektors (in Mrd. US-$ und %) 2003–2014	50
Abb. 2-12	Wachstum der Exporte von Gütern des primären Sektors nach Regionen in Mrd. US-$ 2003–2014	51
Abb. 3-1	Das Integrierende Nachhaltigkeitsdreieck	65
Abb. 3-2	Handlungsregeln für eine nachhaltige Entwicklung	68
Abb. 4-1	Bestandteile des Konzeptes „Fairer Handel"	91
Abb. 4-2	Kooperative Struktur	95
Abb. 4-3	Hired Labour Structure	96
Abb. 4-4	Organisation des Fairen Handels	103
Abb. 4-5	Produktgruppen und prozentualer Anteil am Gesamtumsatz fair gehandelter Produkte	109
Abb. 4-6	Weltproduktion Kaffee nach Ländern Kaffeejahr 2015/2016	112
Abb. 4-7	Preisbildung bei der Importorganisation El Puente	121

Abb. 4-8	Entwicklung der TransFair-Produkte 1992–2011 in Deutschland	125
Abb. 4-9	Absatz von Fair-Trade-Produkten auf den 18 bedeutendsten Absatzmärkten in Mio. € (Vergleich in absoluten und Pro-Kopf-Werten für 2011)	127
Abb. 4-10	Geographische Verteilung der zertifizierten Produzentenorganisationen und deren Mitglieder im Jahr 2009	128
Abb. 7-1	Prozentualer Anteil der Ausgaben für Entwicklungszusammenarbeit am BNE	180
Abb. 9-1	Produktion von Tuch (Gut x) und Wein (Gut y) (in Stunden berechnet)	223
Abb. 9-2	Außenhandel im Modell von Ricardo	224
Abb. 9-3	Zusammenhang zwischen Güterpreisen und Produktionsfaktoren	226
Abb. 9-4	Transformationskurve	227
Abb. 9-5	Preisverhältnis und optimale Produktion im In- und Ausland (Autarkie)	228
Abb. 9-6	Transformationskurve und Preisgerade im Außenhandel	229
Abb. 7-7	Produktion der Länder im Falle von Außenhandel	230
Abb. 9-8	Spezialisierung bei steigenden Skalenerträgen	232
Abb. 9-9 a, b	Preiserhöhung durch Fairen Handel	235
Abb. 9-10	Gleichgewichtspreis bei Außenhandel	236
Abb. 9-11	Entwicklung der Preise bei Fairem Handel	237

Abkürzungsverzeichnis

4C	4C Association
ACPC	Association of Coffee Producing Countries
AGOA	African Growth and Opportunity Act
AHO	Alternative Handelsorganisation
APS	Allgemeines Präferenzsystem
ATO	Alternative Trade Organization
BMBU	Bundesministerium für Umwelt, Naturschutz, Bau und Reaktorsicherheit
BMZ	Bundesministerium für wirtschaftliche Zusammenarbeit und Entwicklung
BNE	Bruttonationaleinkommen (bis 1999 BSP)
BSP	Bruttosozialprodukt
CGIAR	Consultative Group on International Agriculture Research
DAAD	Deutscher Akademischer Austauschdienst
DAC	Development Assistance Committee
DSB	Dispute Settlement Board
dwp	Dritte-Welt-Partner
EFT	European Fair Trade Association
ETI	Ethical Trade Initiative
EU	Europäische Union
EWG	Europäische Wirtschaftsgemeinschaft
FAO	Food and Agricultural Organization
FI	Fairtrade International
FI	Fair Trade Siegelling Organization (seit 2011 Fairtrade International)
FoB	Free on Board
FTA	Fair Trade Association
FTF	Fair Trade Federation
FTO	Fair Trade Organization
GATS	General Agreement on Trade in Services

GATT	General Agreement on Tariffs and Trade
GEPA	Gesellschaft zur Förderung der Partnerschaft mit der 3. Welt
GIZ	Gesellschaft für Internationale Zusammenarbeit
ICO	International Coffee Organization
IFAT	International Federation of Alternative Trade
ITO	International Trade Organization
IWF	Internationaler Währungsfond
KfW	Kreditanstalt für Wiederaufbau
LDC	Least Developed Countries
MERCOSUR	Mercado Comun del Cono Sur
NAFTA	North American Free Trade Agreement
NEWS!	Network of European World Shops
NRO	Nicht-Regierungsorganisation
NWI	Nationaler Wohlfahrtsindex
ODA	Official Development Assistance
OECD	Organisation for Economic Co-Operation and Development
PPP	Public Private Partnership
TRIP's	Trade-Related Aspects of Intellectual Rights
UNCTAD	United Nations Conference on Trade and Development
UNDP	United Nations Development Programme
WB	Weltbank
WFTO	World Fair Trade Organization (ehemals IFAT und NEWS!)
WHO	World Health Organization
WTO	World Trade Organization

1 Einleitung

Im Rahmen der Globalisierung kam es zu einer wachsenden Ungleichverteilung der Erlöse des Welthandels. Viele Länder der Dritten Welt sind bis heute im internationalen Handel marginalisiert bzw. ausgeschlossen. Das gilt für die Mehrzahl der afrikanischen, aber auch für einige asiatische und südamerikanische Länder. Hiervon sind bestimmte Bevölkerungsgruppen, wie z. B. kleinbäuerliche Erzeuger in besonderem Maße betroffen. Der internationale Handel findet bisher ganz wesentlich zwischen den Industrienationen statt. Einigen wenigen Schwellenländern, wie Brasilien, China, Indien und Südafrika, ist es in den vergangenen Jahren gelungen, sich stärker in den Welthandel zu integrieren, wovon jedoch nur eine Minderheit der Bevölkerung in diesen Ländern profitiert. So blieben in diesen Ländern besonders die Kleinbauern von den Erlösen des Außenhandels ausgeschlossen. In diesem Kontext wird vielfach kritisiert, dass der internationale Handel nicht den Anforderungen der nachhaltigen Entwicklung gerecht wird, zu denen sich 1992 auf der Konferenz der Vereinten Nationen über Umwelt und Entwicklung in Rio de Janeiro Vertreter aus 178 Ländern bekannt haben.

Die Globalisierung hat aber auch dazu beigetragen, dass Entwicklungsländer und ihre wirtschaftliche, ökologische und soziale Situation verstärkt von einzelnen Menschen aber besonders auch von Nichtregierungsorganisationen (NRO) in Industrieländern wahrgenommen werden. In diesem Zusammenhang soll beispielsweise das Fairtrade-Siegel den Konsumenten die Möglichkeit geben, aktiv zu einer gerechteren Verteilung der Handelsgewinne beizutragen. Der in der Regel über dem Weltmarktniveau liegende Preis für fair gehandelte Produkte zielt darauf ab, den Produzenten in Entwicklungsländern eine angemessene Entlohnung für ihre Arbeit zu gewährleisten und ihnen und ihren Familien damit einen entsprechenden Lebensstandard zu ermöglichen.

Fair Trade zielt somit besonders darauf ab, die wirtschaftlichen und sozialen Lebensbedingungen von Kleinbauern zu verbessern und einen Beitrag zum Umweltschutz zu leisten. Die Erhaltung von Lebensraum und Lebensgrundlage soll auch die Migration der Kleinbauern in Städte oder gar über Ländergrenzen hinaus verhindern. Weiterreichende Ziele sind die Bekämpfung von Armut und die Wahrung der Menschenrechte. Für die Konsumenten in den Industrieländern bietet der Faire Handel eine Möglichkeit der ethischen Verpflichtung nachzukommen und bewusst einen Beitrag zur Verbesserung der Situation vieler Menschen in Entwicklungsländern zu leisten. Dadurch kann aber auch Armuts- und Klimamigration verringert werden, die in den nächsten Jahren verstärkt auf Industrieländer zukommen wird. Die entwicklungspolitische Bedeutung des Fairen Handels wird in den nächsten Kapiteln primär aus nachhaltiger Perspektive dargestellt.

1.1 Problemstellung

Die „Fair-Trade"-Bewegung kam aus den USA und entwickelte sich in Deutschland in den 1970er Jahren. Sie basierte auf der Kritik an dem dominierenden Paradigma des internationalen Handels. Der globale Handel orientiert sich an den niedrigsten Preisen für Güter – so die Kritiker – ohne dabei ökologische und soziale Standards zu berücksichtigen. Das Handelssystem begünstigt die stärkeren und benachteiligt die schwächeren Handelspartner. Daraus leitet sich das Ziel ab, den als ungerecht empfundenen Handel zumindest partiell gerechter zu gestalten. Innerhalb der letzten 40 Jahre haben verschiedene Organisationen und Akteure das Konzept Fair Trade entwickelt. Die zahlreichen Organisationen, die im Fairen Handel aktiv sind, kritisieren besonders die Benachteiligung der Produzenten, die im Landwirtschaftssektor in Entwicklungsländern tätig sind. Sie haben aus verschiedenen Gründen kaum Chancen, ihre Produkte auf den internationalen Märkten und besonders auf den Märkten der Industrieländer ihre Produkte zu verkaufen. Es gibt aber auch neuere Entwicklungen wie z.B. Tourismus, Bergbau, Textilien oder Emissionszertifikat, in denen Fair Trade ebenfalls aktiv wird. Diese neueren Entwicklungen werden auch vorgestellt.

Die Kritik im Kontext des Landwirtschaftssektors bezieht sich vor allem auf die niedrigen Weltmarktpreise vieler landwirtschaftlicher Produkte aus Entwicklungsländern und die Instrumente der Außenhandelspolitik der Industrieländer. Es geht dabei u. a. um die Subventionen im Agrarsektor sowie die unzureichende Öffnung der Märkte der Industrieländer für die kleinbäuerlichen Produkte aus Ländern der Dritten Welt. Hierbei sollte jedoch beachtet werden, dass es zwei unterschiedliche Kritikebenen gibt: zum einen geht es um Kleinbauern, die grundsätzlich keinen Zugang zu den Weltmärkten haben, da sie in ihren eigenen Ländern nicht entsprechend gefördert werden, und zum anderen geht es um Bauern, die durch Handelsrestriktionen der Industrieländer von deren Märkten ausgeschlossen werden. Diese beiden Kritikebenen überschneiden sich vielfach, wobei die erste Kritikebene in diesem Zusammenhang oft vernachlässigt wird und besonders den eigenen Regierungen anzulasten ist.

Neben dem ruinösen Verdrängungswettbewerb durch die agroindustrielle Produktion mit deren umwelt- und sozialschädlichen Produktionsmethoden, lässt sich das zentrale Problem wie folgt charakterisieren: Für Kleinbauern in Entwicklungsländern gibt es neben den geringen bzw. schwankenden Weltmarktpreisen und den Handelsrestriktionen der Industrieländer auch interne Probleme. So haben viele Kleinbauern grundsätzlich nicht die Möglichkeit, am internationalen Handel direkt teilzunehmen (sie produzieren zu geringe Mengen, es gibt einen Mangel an Verkehrsinfrastruktur, sie haben unzureichende Kenntnisse über die Funktionsweise des internationalen Handels etc.) und verkaufen daher ihre Produkte an lokale bzw. regionale Zwischenhändler, was die Einnahmen der Kleinbauern stark verringert. Das erklärte Ziel des Fairen Handels ist somit die Verbesserung der Arbeits- und Lebenssituation, besonders von Kleinbauern in Entwicklungsländern. Die Förderung zielt auf die Vorgabe ökonomischer, ökologischer und sozialer Standards bei der Produktion und die Unterstützung der Produzenten bei dem Auf- und Ausbau ihrer Kapazitäten und ihres Absatzes ab. Heute wird der Faire Handel von seinen Befürwortern somit als eine Form der Entwicklungszusammenarbeit und insbesondere der Armutsbekämpfung eingeordnet. Der Faire Handel ist zudem ein praxistauglicher Ansatz zur Erreichung der SDGS, insbesondere hinsichtlich SDG 1 Armutsbekämpfung, SDG 2 Hunger und Stärkung nachhaltiger Landwirtschaft, SDG 4 Förderung von Bildung und Weiterbildung für nachhaltige Entwicklung, SDG 5 Geschlechtergerechtigkeit, SDG 8 Nachhaltiges Wirtschaftswachstum und menschenwürdige Arbeitsbedingungen, SDG 12 Nachhaltige Konsum- und Produktionsmuster und SDG 12 Maßnahmen zum Klimaschutz.

Obwohl in den vergangenen Jahren zu dem Thema Fair Trade eine Vielzahl von Publikationen erschienen sind, die sich aber überwiegend mit den Fragen des nachhaltigen Konsums beschäftigen, sollten die theoretischen und empirischen Erkenntnisse, die belegen, ob und in welchem Maße der Faire Handel diesen Ansprüchen gerecht wird, weiter vertieft werden. Es gibt auch nur unzureichende Erkenntnisse darüber, ob das Konzept für die Produzenten in den Entwicklungsländern vorteilhafter ist als andere Handelskonzepte bzw. entwicklungspolitische Konzepte. Hinzu kommt, dass es in zunehmendem Maße auch große Einzelhandelskonzerne gibt, die Fair-Trade-Produkte anbieten. Dies führt bezüglich Produktion und Absatz zu veränderten Bedingungen, deren Auswirkungen noch kontrovers diskutiert werden.

Es stellt sich zunächst die grundsätzliche Frage, ob der Faire Handel dem freien Handel, welcher ohne Eingriffe und Beschränkungen abläuft, im Prinzip entsprechen würde. Wäre dies der Fall, müssten „nur" alle Handelshemmnisse für benachteiligte Produzenten beseitigt werden. Das ist natürlich eine theoretische Fragestellung, da der freie Handel nur ein Idealzustand ist, der in der Realität kaum zu erreichen ist. Dennoch wird im Zusammenhang mit dem Freihandelsprinzip das Konzept des Fairen Handels oft kritisiert. Im Zentrum der Kritik steht die Einflussnahme auf die Produktpreise. Ein weiterer Kritikpunkt am Konzept Fairer Handel ist die unzureichende Zusammenarbeit der Fair-Handels-Organisationen mit Regierungen (sowohl in Industrie- als auch in Entwicklungsländern) und internationalen Organisationen (z.B. WTO, NRO).

Betrachtet man die Relevanz des Konzeptes, so belegen verschiedene Studien zum Fairen Handel, dass fair gehandelte Produkte trotz positiver Wachstumsraten noch einen Nischenmarkt bedienen. Die Ausdehnung des Umsatzvolumens fair gehandelter Produkte ist u.a. durch das begrenzte Produktsortiment und die Präferenzen der Konsumenten beschränkt. Daher wird oft die Frage gestellt, in welchem Maße eine Erhöhung der Nachfrage für fair gehandelte Produkte zum Beispiel in Deutschland, aber auch in anderen Ländern Europas überhaupt realisierbar ist bzw. wo hier die Grenzen des Konzeptes liegen.

Dabei ist zu berücksichtigen, dass in einigen europäischen Ländern wie der Schweiz und Großbritannien die Anteile schon heute deutlich höher liegen als in Deutschland. Daher ist auch nach den Gründen dieser unterschiedlichen Entwicklung in den verschiedenen Ländern zu fragen. Weiterhin ist zu analysieren, inwieweit es möglich ist, die von den Organisationen festgelegten Ziele umzusetzen und welchen Beitrag der Faire Handel bei der Erfüllung entwicklungspolitischer Aufgaben leisten kann. Der Bezugsrahmen für die Bewertung ist seit einigen Jahren das Paradigma der nachhaltigen Entwicklung. Die exemplarische Präsentation der Problemstellung zeigt, dass es zu dem Konzept Fair Trade eine kontroverse Diskussion gibt, die in den folgenden Kapiteln berücksichtigt wird.

1.2 Aufbau des Buches

Das vorliegende Buch beschäftigt sich mit dem Konzept des Fairen Handels und den daraus entstehenden entwicklungspolitischen Konsequenzen für die beteiligten Produzenten und Produzentenländer. In Kapitel 2 werden zunächst die Struktur des Welthandelssystems und die Entwicklung des internationalen Handels erläutert. Dabei geht es um die Frage, ob und in welchem Maße Ungleichgewichte zu ungunsten der Entwicklungsländer bzw. bestimmter Gruppen festzustellen sind.

Das Konzept des fairen Handels ist auf das Leitbild nachhaltiger Entwicklung ausgerichtet. Daher werden im folgenden Kapitel 3 die Anforderungen des Paradigmas nachhaltiger Entwicklung an Fair Trade erläutert. Daraus wird auch deutlich, welchen konkreten Anforderungen das Konzept Fair Trade genügen muss. Aus diesem Paradigma leiten sich schließlich für den internationalen Handel Anforderungen ab, die in der Außenhandelsliteratur und in den internationalen Verhandlungen bisher noch weitgehend vernachlässigt beziehungsweise nicht akzeptiert wurden.

In Kapitel 4 wird das Konzept des Fairen Handels vorgestellt. Dabei geht es sowohl um die Entstehung als auch um die Entwicklung und um aktuelle Entwicklungstrends des Konzepts. Hierbei wird auch auf die Grundprinzipien und die in den Fairen Handel involvierten Akteure eingegangen. Weiterhin werden der politische Einfluss und der Stellenwert der Produkte innerhalb des Welthandels analysiert.

In Kapitel 5 werden ausgewählte außenhandelstheoretische Ansätze vorgestellt und diskutiert. Dabei geht es um die Frage, welcher der außenhandelstheoretischen Ansätze auf das Konzept des Fair Trade angewandt werden kann. Die Begründung des internationalen Handels erfolgt zunächst anhand des Ansatzes von Ricardo und anschließend durch den Ansatz von Heckscher und Ohlin. In dem folgenden Schritt wird der Ansatz der steigenden Skalenerträge, der der neuen Handelstheorie zuzuordnen ist, erläutert. Aufbauend auf der theoretischen Analyse erfolgt die Beurteilung des Fairen Handels aus handelstheoretischer Sicht. Dabei geht es auch um mögliche externe Effekte. Dabei wird deutlich, ob bzw. in welchem Maße Fair Trade ein alternatives Handelskonzept ist. Die Darstellung der verschiedenen außenhandelstheoretischen Ansätze erfolgt in dem Kapitel jedoch ganz allgemeinverständlich. Im Anhang wird für interessierte Leser noch die Darstellung der formalen, d.h. mathematisch und grafisch dargestellten theoretischen Ansätze bzw. Modelle, vorgestellt.

Die Auswirkungen des Fairen Handels primär auf die Produzenten werden in Kapitel 6 aufgezeigt. Dabei wird sowohl auf positive als auch auf noch nicht befriedigende Effekte eingegangen. Das Ziel ist, die ökologischen, ökonomischen und sozialen Auswirkungen des Fairen Handels im Vergleich zu dem durch den konventionellen Handel benachteiligten Produzenten in den Ländern der Dritten Welt aufzuzeigen. Unter Einbeziehung empirischer Untersuchungen und Fallstudien werden die Auswirkungen näher beleuchtet. Das Konzept Fair Trade wird in Kapitel 7 in den Kontext von Entwicklungspolitik und Entwicklungszusammenarbeit gestellt. Dabei werden auch entwicklungspolitische Alternativen vorgestellt und bewertet. In Kapitel 8 erfolgt eine Zusammenfassung des Buches und ein Ausblick auf zukünftige Entwicklungstendenzen.

2 Die Struktur des Welthandelssystems und Entwicklungstendenzen des internationalen Handels

Die Kritik am konventionellen Handel führte zur Entstehung des Konzeptes Fairer Handel. Im folgenden Kapitel wird die Entwicklung des Welthandelssystems mit besonderer Berücksichtigung der Entwicklungsländer dargestellt. Einige Fragen hierzu sind: In welchem Maße sind Enwicklungsländer in den internationalen Handel eingebunden? Unter welchen Bedingungen haben sie die Möglichkeit daran teilzunehmen? In diesem Kontext sind die verschiedenen Formen von Handelshemmnissen von Bedeutung? Ein grundlegendes Problem des gegenwärtigen internationalen Handelssystems ist das Nichtvorhandensein einer neutralen „Weltregierung" im Sinne einer Global Governance, die für eine Abstimmung der nationalen Außenhandelspolitiken zuständig ist, diese koordiniert und eine demokratische Aufsichtsfunktion einnimmt.[2] Dieses Defizit führt zu Interessenkonflikten, und es kommt in der globalen Wirtschaft zu großen Ungleichgewichten.[3]

Während in der Außenhandelstheorie aufgezeigt wurde, dass der Freihandel grundsätzlich für alle Länder von Vorteil ist, kommt es in der Realität zu vielfältigen Formen von Handelshemmnissen. Sie beeinflussen den internationalen Handel in hohem Maße. Es wird allgemein unterschieden zwischen tarifären und nicht-tarifären Handelshemmnissen. Die tarifären Handelshemmnisse (hauptsächlich Zölle) werden primär durch die Quantität der importierten Güter bestimmt. Die nicht tarifären Handelshemmnisse werden verstärkt angewandt, wenn tarifäre Handelshemmnisse durch internationale Bestimmungen und Abkommen limitiert oder gar untersagt sind. Blickt man in die Vergangenheit, so stellt man fest, dass nicht tarifäre Handelshemmnisse verstärkt zum Einsatz kamen, nachdem in den 1970er Jahren die Zölle in den einzelnen GATT Runden immer mehr abgebaut wurden.

Zu den nicht-tarifären Handelshemmnissen gehören beispielsweise Subventionen, Anti-Dumping-Zölle, sowie ökologische oder soziale Standards. Die Erfüllung dieser Standards muss von den jeweiligen Produzenten nachgewiesen werden. Die Anwendung der genannten Beschränkungen sollen Unternehmen und Branchen im eigenen Land schützen. Oftmals stehen diese Instrumente zur Beschränkung der Einfuhr von Produkten aus anderen Ländern mit der wirtschaftlichen Lage im Importland in engem Zusammenhang. Der Schutz eines Unternehmens, einer Branche oder eines

---

[2] Koch, E.: Globalisirung : Wirtschaft und Politik. Chancen – Risiken – Antworten, Wiesbaden 2014, S. 135.

[3] Krugman,P. R., Obstfeld, M., Melitz, M. J. : Internationale Wirtschaft – Theorie und Politik der Außenwirtschaft, 10. Aufl., München 2015.

Sektors durch außenpolitische Maßnahmen wird als Protektionismus bezeichnet. Die protektionistischen Maßnahmen der Industrieländer können Produzenten in Enwicklungsländern die Teilnahme am internationalen Handel erschweren.

Das Konzept des Fairen Handels soll dazu beitragen, dass Produzenten in Enwicklungsländern am internationalen Handel teilnehmen und von ihm profitieren können. Es geht aber auch um die Stärkung des „empowerments" der Produzenten. In dem folgenden Abschnitt wird zunächst die Entwicklung des Welthandelssystems in den letzten Jahrzehnten dargestellt.

2.1 Die Entwicklung der Struktur des internationalen Handels von 1929 bis heute

Die ersten Tendenzen einer Intensivierung des internationalen Handels und damit einer zunehmenden Verflechtung der Märkte kann man seit Ende des ausgehenden 19. Jahrhunderts feststellen. Die Entwicklung war vor allem durch die Liberalisierung der Märkte geprägt. Diese Entwicklung wurde jedoch durch die Weltwirtschaftskrise im Jahr 1929 in starkem Maße eingeschränkt. Die wachsenden nationalen Wirtschaftsprobleme führten dazu, dass die Aktivitäten auf den internationalen Märkten sehr stark abnahmen. Schutzmaßnahmen der eigenen Binnenmärkte waren die Konsequenz. Es wurden besonders tarifäre Handelshemmnisse, wie Zölle, eingesetzt. Neben dem Ziel, den Binnenmarkt vor ausländischen Produzenten zu schützen, waren Zölle zu diesem Zeitpunkt auch eine wichtige Einnahmequelle des Staates. Der Schutz der eigenen Märkte führte zu einem Rückgang des Welthandels auf ein Sechstel des Standes vor 1929.[4] Diese Phase des verstärkten Protektionismus hielt bis zum Ende des Zweiten Weltkrieges an.

Noch während des Zweiten Weltkrieges kam es zwischen den Alliierten zu den berühmten Verhandlungen in Bretton Woods. Die Gestaltung und Förderung der internationalen Handelsbeziehungen stand auf der Tagesordnung. Der Schwerpunkt lag auf der Konzipierung eines stabilen internationalen Währungssystems als wichtige Voraussetzung der Ausweitung des weltweiten Handels. Als Ergebnis dieser Verhandlungen wurden die internationalen Finanzinstitutionen, d. h. der Internationale Währungsfond (IWF)

---

[4] Reichert, T.; Desai, J.: Die Welthandelsdebatte. Eine Herausforderung für den Fairen Handel; in: TransFair; Fair trade policy; H. 1; 1. Aufl.; Aachen 1999; S. 17.

und die Weltbank (WB) als verantwortliche Institutionen zur Stabilisierung der internationalen Währungs- und Finanzpolitik gegründet.

Im Jahr 1946 folgte die internationale Konferenz für Handel und Beschäftigung. Das Ziel dieser Konferenz war die Gründung einer Welthandelsorganisation welche die bereits bestehenden internationalen Finanzinstitutionen ergänzen sollte. Dieses Vorhaben konnte jedoch nicht realisiert werden. Einige Staaten – besonders die USA – befürchteten einen zu großen Einfluss der geplanten Welthandelsorganisation auf die Souveränität der nationalen (Handels-) Politik. Als Minimallösung kam es im Jahr 1947 zur Gründung des „General Agreement on Tariffs and Trade (GATT)". GATT wurde zunächst von 23 Ländern unterzeichnet und trat 1948 in Kraft. Im Mittelpunkt von GATT standen Vereinbarungen über Zollsenkungen.[5] GATT war ursprünglich als eine Unterorganisation bzw. als ein Politikbereich der internationalen Handelsorganisation, d. h. der International Trade Organization (ITO), geplant. Die Bildung der internationalen Handelsorganisation zur Förderung des internationalen Handels scheiterte schließlich 1948 auf der Havanna-Konferenz.

Nach der Gründung von GATT wurden in den folgenden Jahrzehnten zahlreiche Handelsbarrieren abgeschafft. Dabei ging es besonders um ein Absenken des Zollniveaus. Diese Phase der zunehmenden Liberalisierung der Märkte hielt bis zu dem ersten Ölpreisschock im Jahr 1973 an. Im Rahmen der Verteuerung der Energiepreise verschlechterte sich die wirtschaftliche Lage der Öl importierenden Länder in starkem Maße. Die Reaktion der Regierungen dieser Länder war das Ergreifen von Schutzmaßnahmen, d. h. die verstärkte Einführung von Handelsbarrieren.

Da die Einführung neuer tarifärer Handelshemmnisse durch GATT untersagt war, wurden nun verstärkt nicht tarifäre Handelshemmnisse eingeführt. Hierzu gehörten zum Beispiel auch die Anti-Dumping-Zölle (Ausgleich von Nachteilen, die durch Dumping ausländischer Anbieter entstehen). Während alle GATT-Mitglieder in den 1960er Jahren circa 12 Anti-Dumping-Maßnahmen pro Jahr einführten, waren es in den 1970er Jahren allein in den USA schon 35 Maßnahmen pro Jahr. Der Anteil der begründeten Anti-Dumping-Zölle ist dabei als gering einzuschätzen.[6]

---

[5] Reichert; Desai; 1999; S. 17.

[6] Gould, D. M.; Gruben, W. C.: Will fair trade diminish free trade? In: Business Economics; Bd. 32; H. 2; 1997; S. 7-13.

Bis Anfang der 1980er Jahre hielt die Phase des Protektionismus an. Während der Uruguay-Runde (1986-1994) wurden die Verhandlungen über einen erneuten Zollabbau wieder aufgenommen. Neben der Forderung nach dem weiteren Abbau aller tarifären Handelshemmnisse wurde auch die Umwandlung der nicht tarifären in tarifäre Handelshemmnisse diskutiert, welche anschließend schrittweise abgebaut werden sollten. Diese Verhandlungen führten nur teilweise zum Erfolg. Zwar sanken nach der Uruguay-Runde die durchschnittlichen Zölle um 40% auf 3,9%. Aber es gibt bis heute noch einige hohe Zölle.[7]

Beispielsweise wurden die von den USA und der EU umgewandelten nicht tarifären Handelshemmnisse als tarifäre Handelshemmnisse höher angesetzt.[8] Als wichtigstes Ergebnis dieser Verhandlungsrunde wurde jedoch am 15.4.1994 die Gründung der World Trade Organization (WTO) initiiert. Sie trat am 1.1.1995 in Kraft. Dabei konnten auch die ehemaligen Kritiker wie die USA mit eingebunden werden. Das Ziel ist der Abbau von Handelshemmnissen, d. h. die Liberalisierung des internationalen Handels. Dabei geht sie weit über die Möglichkeiten von GATT hinaus, wie im Folgenden noch gezeigt wird. Als eigenständige Institution kann die WTO nationale Handelspolitiken und die Umsetzung von vereinbarten Maßnahmen überwachen und hat eine Vollmacht zur Durchsetzung ihrer Grundprinzipien. In der Präambel ist folgende Vereinbarung zu finden, die im Zusammenhang mit Fair Trade von hoher Relevanz ist:

The Parties to this Agreement,

"Recognizing that their relations in the field of trade and economic endeavour should be conducted with a view to raising standards of living, ensuring full employment and a large and steadily growing volume of real income and effective demand, and expanding the production of and trade in goods and services, while allowing for the optimal use of the world's resources in accordance with the objective of sustainable development, seeking both to protect and preserve the environment and to enhance the means for doing so in a manner consistent with their respective needs and concerns at different levels of economic development."

---

[7] Sautter, H.: Weltwirtschaftsordnung. Die Institutionen der Ökonomie; München 2004; S. 10.

[8] Anderson, K.: The future agenda of the WTO; in: The WTO Secretariat (Hrsg.): From GATT to WTO: The Multilateral Trading System in the New Millenium; o.O. 2000; S. 14.

Die WTO untergliedert sich in vier eigenständige Aufgabenbereiche. Wie in Abbildung 2-1 aufgezeigt wird, geht es dabei um folgende Aufgabenbereiche:

- General Agreement on Tariffs and Trade (GATT),
- General Agreement on Trade in Services (GATS),
- Dispute Settlement Board (DSB) und
- Trade-Related Aspects of Intellectual Property Rights (TRIP's).

Während das GATT bereits kurz erläutert wurde, handelt es sich bei dem General Agreement on Trade in Services (GATS) um ein Abkommen über den Handel mit Dienstleistungen. Das Agreement on Trade Related Aspects of Intellectual Property Rights (TRIP's) legt die minimalen Anforderungen hinsichtlich handelsbezogener Aspekte der Rechte am geistigen Eigentum fest. Folgende Gebiete werden dabei u.a. einbezogen: Patente, Urheberrechte und Markenzeichen, Dienstleistungsmarken und Industriell Design. Die Absicht der Vereinbarungen ist es, die Unterschiede der einzelnen Nationen in der Behandlung der Eigentumsrechte zu reduzieren und gemeinsame internationale Regeln festzulegen (Minimum Schutz Level). Das Dispute Settlement Board (DSB) ist die Streitschlichtungsinstanz der WTO zur Beilegung strittiger handelsrechtlicher Fragen. Bei einem Verstoß gegen die Handelsregeln können die beteiligten Mitglieder Beschwerde beim DSB einreichen, woraufhin unabhängige Expertengremien die vorgelegten Fälle untersuchen und zu einer Schlichtung führen.[9]

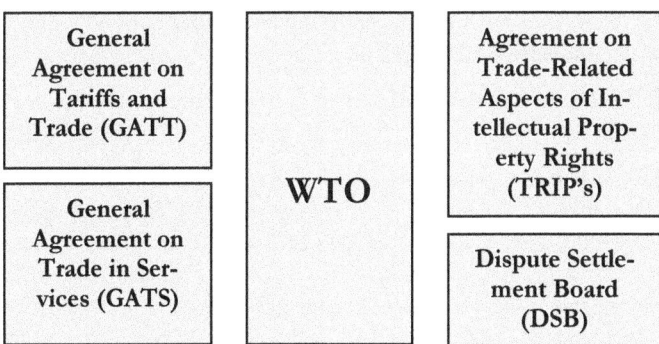

Abb. 2-1: Das Welthandelssystem[10]

---

[9] Krugman; Obstfeld; Melitz; 2015; S. 346.
[10] Eigene Darstellung

Durch die Abkommen, die während der Uruguay-Runde getroffen wurden, kam es nach 1994 zu einer Reihe von weiteren Handelsliberalisierungen, die hier jedoch nicht aufgeführt werden sollen. Der WTO gehören gegenwärtig 164 Länder an (Stand 29.07.2016), die 97% des Welthandels auf sich vereinen. Weitere Staaten befinden sich in Beitrittsverhandlungen.[11] Der Anteil der Entwicklungsländer als Mitglieder der WTO liegt bei etwa zwei Drittel. Von den insgesamt 48 Least Developed Countries (LDC) sind 35 Länder Mitglied der WTO. Die aktuelle Verhandlungsrunde der WTO wird nach dem Ort ihres Verhandlungsbeginns „Doha-Runde" genannt. Ihr liegt die Doha Development Agenda (DDA) zu Grunde. Diese Runde wurde im Jahr 2001 begonnen. Sie konnte jedoch nicht wie geplant im Dezember 2004 abgeschlossen werden. WTO Verhandlungen unterliegen dem Prinzip des "Single Undertaking" – Beschlüsse zu einzelnen Punkten werden erst verbindlich, wenn zu allen Verhandlungsgegenständen Konsens besteht. Die Doha-Runde wird im Folgenden ausführlicher vorgestellt, da sie die Konflikte zwischen Entwicklungs- und Industrieländern verdeutlicht.

Das Ziel der Doha-Runde ist die weitere Öffnung der internationalen Märkte und die bessere Integration der Entwicklungsländer in das Welthandelssystem. Die klare Ausrichtung einer Verhandlungsrunde auf die Verbesserung der Position der Entwicklungsländer im Welthandel ist hier besonders hervorzuheben. Im Vordergrund steht der Agrarsektor. Die Entwicklungsländer fordern einen besseren Marktzugang für ihre landwirtschaftlichen Produkte in Industrieländern. Dies soll durch einen Abbau von Importquoten und Zöllen, aber auch durch die Reduzierung der Subventionen im Agrarsektor der Industrieländer erreicht werden.

Die Ministererklärung, welche am 14.11.2001 in Doha verabschiedet wurde, beschreibt dies wie folgt:

"2. International trade can play a major role in the promotion of economic development and the alleviation of poverty. [...] The majority of WTO Members are developing countries. We seek to place their needs and interests at the heart of the Work Programme adopted in this Declaration. Recalling the Preamble to the Marrakesh Agreement, we shall continue to make positive efforts designed to ensure that developing countries, and especially the least-developed among them, secure a share in the growth of world trade commensurate with the needs of their economic development".[12]

---

[11] World Trade Organization; www.wto.org; Stand: 29.07.2016.
[12] WTO: Ministerial Declaration; Article 2; Doha 2001; S. 1.

Die Industrieländer fordern eine Senkung der Industriegüterzölle der Schwellenländer. Während der Verhandlung festgelegte Liberalisierungsvereinbarungen sollen für Entwicklungsländer nur bedingt gelten. Die Konferenz scheiterte jedoch im September 2003 im mexikanischen Cancún. Grund hierfür waren die für die Entwicklungsländer nicht zufriedenstellenden Verhandlungen zum Subventionsabbau in der Landwirtschaft der EU und der USA. Im Mai 2004 wurden die Verhandlungen auf Initiative der EU wieder aufgenommen. Doch auch dieser Versuch scheiterte. Dennoch wurde von den damaligen 148 Mitgliedsländern eine Rahmenvereinbarung für die Fortsetzung der Runde verabschiedet. Zu den Inhalten dieser Vereinbarung zählen unter anderem die weitere Begrenzung der landwirtschaftlichen Beihilfen und das Auslaufen aller Exportsubventionen für landwirtschaftliche Produkte.

Auf der Ministerkonferenz der WTO in Hongkong im Dezember 2005 wurde festgelegt, dass bis zum Jahr 2013 alle landwirtschaftlichen Agrar--Exportsubventionen in Industrieländern (insbesondere EU, USA und Kanada) abgeschafft werden sollen. Ein zusätzliches Maßnahmenpaket zielt darauf ab, dass den LDC's ein quotenfreier Zugang zu allen Industrieländern und ausgewählten Schwellenländern gewährt wird. Die Ministerkonferenz in Hongkong wurde mit dem Beschluss, die aktuelle Entwicklungsrunde bis 2006 erfolgreich abzuschließen, beendet. Dieser Beschluss konnte jedoch nicht in die Realität umgesetzt werden, da es im Jahr 2006 weitere Uneinigkeiten bezüglich der Zollkürzungen bei Agrar- und Industriegütern und des Abbaus der Agrarbeihilfen gab.[13]

Im Februar 2007 folgte eine erneute Aufnahme der Verhandlungen. Es wurden Gespräche zwischen verschiedenen Ländern geführt. Die Handelsminister der G8-Staaten hatten sich den Abschluss der Doha-Runde bis Ende 2007 zum Ziel gesetzt. Der Vorsitzende der Agrarverhandlungen legte ein Diskussionspapier mit konkreten Zielvorgaben vor. Im Juni 2007 gab es ein weiteres Treffen der G4-Staaten (EU, USA, Brasilien und Indien). Auch diese Gespräche wurden aufgrund von Meinungsverschiedenheiten hinsichtlich der Agrarsubventionen vorzeitig und ohne Ergebnis abgebrochen. Der EU-Handelskommissar Peter Mandelson forderte im Gegenzug eine Marktöffnung der Schwellenländer für Industriegüter. Ein wesentlicher Grund für

---

[13] Auswärtiges Amt: Die WTO und die neue Handelsrunde; http://www.auswaertiges-amt.de/diplo/de/Aussenpolitik/Weltwirtschaft/WirtschaftEntwicklung/WTO.html; Stand: 24.02.2008.

einen erneuten Abbruch der Verhandlungsrunde war die Weigerung von Indien und China, ihre Agrarmärkte zu öffnen. Es ging ihnen darum, ihre Kleinbauern vor der subventionierten Konkurrenz aus Industrieländern zu schützen. Hier spiegelt sich einer der zentralen Konflikte wider, der im Kontext von Fair Trade eine große Bedeutung hat.

Für Juli 2008 wurde daher ein weiteres Treffen in Genf vereinbart. Hauptziel dieser Verhandlungsrunde war eine Senkung der Zölle und der Agrarsubventionen. Eine weitere Ministerkonferenz fand im Dezember 2009 statt. Hier wurde von allen Mitgliedern deutlich hervorgehoben, dass es das Ziel sein muss, die Doha-Runde erfolgreich abzuschließen. Im November 2010 sagten die Mitglieder der G20 ihre Bereitschaft zu, die Verhandlungen zu beschleunigen und 2011 abzuschließen. Die USA erhoben aber Einspruch gegen die bereits 2008 erzielten Verhandlungsergebnisse und forderten einen verbesserten Zugang zu Agrar- und Industriegütermärkten in Brasilien, China und Indien.

Die Mitglieder der Doha-Runde fühlen sich im Prinzip zum abschließenden Erfolg der Verhandlungen verpflichtet. Gegensätzliche Positionen blockieren die Verhandlungen aber immer wieder. Im Mai 2012 berichtete P. Lamy dem allgemeinen Rat der WTO, dass die Doha-Verhandlungen fortgesetzt werden sollen. Auf der Agenda stand der Abschluss weniger strittiger Themen (z. B. zoll- und quotenfreier Marktzugang für LDC Länder in allen Industrie- und Schwellenländern).[14] Am 19.12.2015 kam es auf der 10. Ministerkonferenz der Welthandelsorganisation in Nairobi nach langem Ringen, die eine Reihe von Einigungen brachte, zu einem historischen Wendepunkt der Doha-Runde. Vertreter einiger Staaten haben sich erstmals offiziell für den Abbruch der 14 Jahre dauernden Doha Verhandlungen ausgesprochen. Während die Entwicklungsländer weiter verhandeln wollten, haben sich Vertreter einiger Industrieländer, besonders der USA, für einen Abbruch ausgesprochen. Obwohl es also nicht zu dem erhofften großen Durchbruch kam, konnten dennoch einige Meilensteine realisiert werden. Zu nennen ist besonders die Einigung, wonach Exportsubventionen für landwirtschaftliche Produkte rund um den Globus abgeschafft werden. Dies war bisher einer der wesentlichen Streitpunkte woran ein Doha-Durchbruch scheiterte. So kann festgestellt werden, dass multilaterale Verhandlungen

---

[14] World Trade Organization: http://www.wto.org/english/news_e/news12e/gc_rpt_01may12_e.htm; Stand: 03.05.2017.

durchaus zu Erfolgen führen können, auch wenn ein Maximum nicht realisiert wird.

Bewertet man zum Beispiel die Wirkungen von Agrarsubventionen, die von Entwicklungsländern besonders heftig kritisiert wurden, so kann man zu unterschiedlichen Erkenntnissen kommen. Sie sind aus der Perspektive von Fair Trade hoch relevant. Das am häufigsten genannte Beispiel in diesem Zusammenhang sind Baumwollsubventionen der USA, die die Weltmarktpreise für Baumwolle drücken und damit z.B. den Baumwollbauern in Westafrika schaden. Grundsätzlich kann man jedoch feststellen, dass Exportsubventionen normalerweise die Wohlfahrt des Importlandes steigern, da die Waren kostengünstiger einzukaufen sind. Somit hätten die Entwicklungsländer also einen Vorteil. Empirische Studien belegen, dass die Abschaffung der Agrarsubventionen z.B. China deutlich schlechter stellt, da dieses Land Industriegüter exportiert und Nahrungsmittel sowie andere Agrarprodukte importiert. Bei näherer Betrachtung gelten diese Erkenntnisse jedoch nur für die Konsumenten – in diesem Fall – von China. Dagegen bringen Agrarsubventionen die Landwirte des importierenden Landes in Bedrängnis. Weiterhin ist nach Schätzungen festzustellen, dass afrikanische Länder mit einem geringeren Einkommen durch Agrarsubventionen der Industrieländer schlechter gestellt werden.[15]

Ein weiteres wichtiges Strukturmerkmal des Weltwirtschaftssystems ist, dass sich neben der Etablierung der WTO verschiedene Integrationsräume gebildet haben, in denen sich Länder mit dem Ziel der Förderung gemeinsamer wirtschaftlicher Vorteile, besonders durch den Ausbau des Handels, zusammengeschlossen haben. Der am weitesten fortgeschrittene Integrationsraum ist die Europäische Union (EU), welche 1993 aus der Europäischen Wirtschaftsgemeinschaft (EWG) heraus entstanden ist. Das erklärte Ziel war die Abschaffung der Handelsbarrieren zwischen den Mitgliedsstaaten und die Schaffung einer Wirtschafts- und Währungsunion.

Gegenwärtig (2016) wickeln die Mitgliedsländer der EU 64% der Exporte und 64% der Importe innerhalb der EU ab (im Jahr 2000 waren es 68% der Exporte und 64% der Importe)[16]. Daneben existieren noch eine Reihe weiterer Wirtschaftsräume, wie zum Beispiel das North American Free Trade

---

[15] Krugman; Obstfeld; Melitz; 2015; S. 353

[16] Eurostat: http://ec.europa.eu/eurostat/documents/2995521/7958470/6-29032017-AP-DE.pdf/df5d18a8-7539-4ca3-88a5-c98a0da22382; Stand 29.03.2017.

Agreement (NAFTA), welches 1994 gegründet wurde. Zu den Mitgliedsländern zählen Mexiko, die USA und Kanada. Dieses Abkommen garantiert den Mitgliedern im Rahmen der Regularien einen freien Handel. Im Jahr 2011 wickelten diese Länder 48% der Exporte und 33% der Importe untereinander ab (im Jahr 2000 waren es 56% der Exporte und 40% der Importe).

Die südamerikanische Zollunion Mercado Común del Cono Sur (MERCOSUR) der Länder Argentinien, Paraguay, Uruguay und Brasilien entstand 1995 mit dem Ziel des Abbaus von Handelshemmnissen zwischen den Ländern in Südamerika. Der Anteil der Exporte und Importe der Länder zu den Mitgliedern der Zollunion ist sehr unterschiedlich. Zusammengefasst liefen im Jahr 2011 15% der Exporte und 16% der Importe innerhalb der Länder ab (im Jahr 2000 waren es 21% der Exporte und 20% der Importe). Daneben gibt es weitere bedeutende regionale Integrationsräume wie die „Association of South-East Asian Nations (ASEAN)", die ebenfalls einen starken Zuwachs des Handels zwischen den Mitgliedstaaten zu verzeichnen hat. Diese Zusammenschlüsse sollen hier jedoch nicht weiter vertieft werden.

Die viel diskutierten geplanten bilateralen Freihandelsabkommen TTIP (zwischen EU und USA) und CETA (zwischen EU und Kanada) bevorzugen die beteiligten Länder und schließen Entwicklungsländer aus. Insofern führt die Realisierung von TTIP und CETA für die meisten restlichen Industrie- und insbesondere Entwicklungs- und Schwellenländer zu Wohlfahrtsverlusten. Man spricht hier von den handelsumlenkenden Effekten: Die Reduzierung der Handelskosten zwischen den Ländern des Freihandelsabkommens hätte zur Folge, dass die Handelsaktivitäten der vertragsschließenden Volkswirtschaften mit dem Rest der Welt abnähmen. Diese Effekte haben eine Reihe von Untersuchungen mit Berechnungen für unterschiedliche Szenarien nachgewiesen.

Immer häufiger kommt es aber auch zu bilateralen Verhandlungen zwischen verschiedenen Nationen, weil die Verhandlungen innerhalb der WTO aufgrund der großen Anzahl der Mitglieder und deren unterschiedlicher Vorstellungen sehr schwierig und langwierig sind. Von einigen Ökonomen wird diese Tendenz kritisiert. Durch die bilateralen Abkommen werden zwar Handelsbarrieren abgebaut, von denen jedoch nur die beteiligten Länder profitieren. Die Vielzahl an unterschiedlichen Barrieren erschwert somit den Handel zwischen den Nationen und ist nach Aussage der meisten Ökonomen für den internationalen Wettbewerb und nicht zuletzt auch für die Autorität der Welthandelsorganisation als Institution von Nachteil.[17]

Das Geschehen auf den internationalen Märkten wird neben den einzelnen Ländern zunehmend auch von Transnationalen Unternehmen (TNU) beeinflusst. Durch die Liberalisierung der Märkte und die Intensivierung des Welthandels kommt es verstärkt zu grenzüberschreitenden Zusammenschlüssen von Unternehmen.[18] Die daraus entstandenen Transnationalen Unternehmen (Global Player) wirken in hohem Maße auf den internationalen Wettbewerb ein. Von 1993 bis 2008 hat sich die Zahl der TNU von 38.000 auf 80.000 erhöht, denen etwa 800.000 Tochterfirmen angegliedert sind. 1993 waren es noch 250.000 Tochterunternehmen.[19] Ein großer Teil des internationalen Handels – mit steigender Tendenz – wird von diesen Unternehmen beeinflusst. In 2008 beispielsweise erzielten die 10 größten multinationalen Unternehmen einen Umsatz von 2,32 Billionen US-$. Die Umsätze einiger dieser Konzerne, wie Exxon Mobil (460 Mrd. US-$ in 2008) oder Shell (458,4 Mrd. US-$ in 2008), übersteigen bereits das BIP vieler Entwicklungsländer.[20]

Ein weiteres Strukturmerkmal ist, dass sich die Verteilung des Welthandels auf die unterschiedlichen Sektoren (primärer, sekundärer und tertiärer Sektor) in den letzten Jahrzehnten stark verändert hat. Diese Struktur ist für die Mehrzahl der Entwicklungsländer in hohem Maße relevant. In den nachfolgenden Abbildungen 2-2 und 2-3 ist zu erkennen, wie sich die Weltexporte gegenwärtig auf die einzelnen Sektoren verteilen. Anschließend wird die Verteilung auf die einzelnen Länder bzw. Ländergruppen aufgezeigt.

---

[17] Fischermann, T.: Zu zweit gegen den Rest der Welt; in: Die Zeit; H. 48; 2003; S. 28.

[18] Enquete-Kommission: Schlussbericht. Globalisierung und Weltwirtschaft – Herausforderungen und Antworten; Waren- und Dienstleistungsmärkte; Berlin 2002; S. 160.

[19] Koch, E.: Globalisierung: Wirtschaft und Politik. Chancen – Risiken – Antworten, Wiesbaden 2014, S. 48.

[20] Fortune Global 500; http://money.cnn.com/magazines/fortune/global500/2010/full_list/index.html; Stand: 20.08.2007. Vgl. International Monetary Fund: Data and Statistics; www.imf.org /external/data.htm#data; Stand: 17.01.2011.

	2002		2008		2011		2015	
Landwirtschaft	583	7,4%	1.342	7,0%	1.660	7,6%	1.576	7,4%
Bergbau & Öl	790	10,1%	3.530	18,5%	4.008	18,2%	2.836	13,4%
Industriegüter	4.709	60,1%	10.458	54,7%	11.511	52,4%	11.575	54,5%
Dienstleistungen	1.570	20,0%	3.780	19,8%	4.170	19,0%	4.755	22,4%
Andere	188	2,4%	0	0,0%	637	2,9%	484	2,3%
Gesamt	**7.840**		**19.110**		**21.986**		**21.226**	

Abb. 2-2: Weltexporte in den Jahren 2002, 2008, 2011 und 2015 (Mrd. US-$ und Anteil in Prozenten)[21]

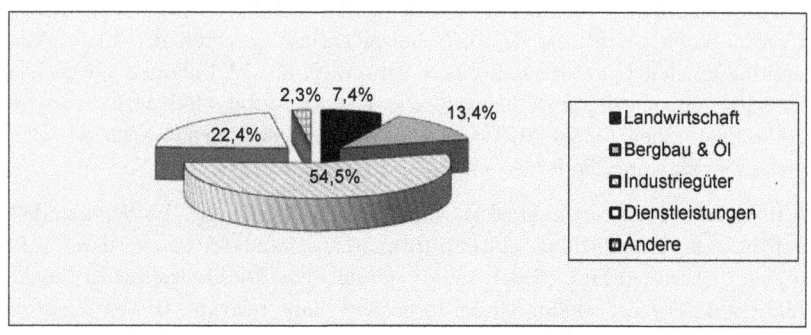

Abb. 2-3: Prozentuale Anteile der Sektoren an den Weltexporten 2015[22]

Im Sinne einer wertmäßigen Betrachtung wird deutlich, dass der sekundäre Sektor, also der Handel mit Industriegütern, den größten Anteil am Welthandel ausmacht (in 2015 54,5% der Exporte). Auf Agrar- und Rohstoffe entfallen gegenwärtig 7,4% der gesamten Exporte. Der Handel mit Agrar- und Rohstoffen hat insbesondere für die Entwicklungsländer eine sehr große Bedeutung.

---

[21] World Trade Organization: International trade statistics; Genf 2003; S. 2, 103; World Trade Organization: International trade statistics; Genf 2006; S. 108–109. World Trade Organization: International trade statistics; Genf 2009; S. 41, 121. World Trade Organization: International trade statistics 2012; S. 1. World Trade Organization: World Trade Statistical Review, Genf 2016; S. 104–109, 134.

[22] Quelle: World Trade Organization: World Trade Statistical Review 2016; S. 104–109.

Es konnte gezeigt werden, dass die Struktur des Welthandelssystems bisher nicht zu einer Integration der Entwicklungsländer beigetragen hat. Es wurden primär externe Ursachenfaktoren identifiziert. Im Kontext der externen Ursachenfaktoren sollte jedoch die Globalisierung nicht per se verantwortlich gemacht werden. Das Problem sieht beispielsweise Stiglitz in der Ausgestaltung der Globalisierung. Die „unsichtbare Hand", die von Adam Smith als Steuerungsmechanismus hervorgehoben wurde, funktioniert nach Stiglitz zumindest für viele Entwicklungsländer nicht.[23]

Handel kann im Prinzip zur Entwicklung aller beitragen, wenn er unter fairen Rahmenbedingungen stattfindet. Dazu bedarf es einer Umgestaltung des vorherrschenden Regelwerks. Auf der globalen Ebene müssen Handelsschranken besonders für jene Güter fallen, bei denen Entwicklungsländer komparative Vorteile haben und diese wegen der Handelshemmnisse der Industrieländer nicht nutzen können. Die ungleiche Behandlung der einzelnen Entwicklungsländer und Lösungswege werden in dem Human Development Report 2005 sehr differenziert aufgezeigt.[24] Auf der einzelwirtschaftlichen Ebene müssen die Produzenten in Entwicklungsländern besser in die Wertschöpfungsketten eingebunden werden, was bisher im Kontext der Struktur des Welthandelssystems nicht ausreichend stattfindet. Die Globalisierung ist daher fehlgesteuert und hat die einzelnen Volkswirtschaften in eine Weltwirtschaft transformiert, in der ein starkes Ungleichgewicht vorherrscht.[25]

In diesem Zusammenhang sollten jedoch die internen Ursachenfaktoren mangelnder Entwicklung besonders ländlicher Regionen nicht vernachlässigt werden. Es reicht nicht aus, den Industrieländern die alleinige Verantwortung für die ungleichgewichtige Welthandelsstruktur anzulasten. Regierungen in vielen Entwicklungsländern sind vielmehr große Versäumnisse vorzuhalten, die am Ende des folgenden Abschnitts ausgeführt werden. Die Folge dieser politischen Versäumnisse sind eine unbefriedigende Entwicklung ländlicher Regionen und geringe Exporte ländlicher Erzeugnisse.

---

[23] Stiglitz, J.: Die Schatten der Globalisierung, Berlin 2002, S. 36 ff
[24] UNDP: Human Development Report 2005, New York 2005
[25] Stiglitz, J.; Charlton, A.: Fair Trade for all – How Trade can Promote Development, New York 2005, S. 11 ff.

2.2 Die aktuelle Position der Entwicklungsländer im Welthandel

Die Entwicklung des Welthandels ist – wie bereits erläutert wurde – in starkem Maße durch die Globalisierung geprägt, die sich durch eine zunehmende Liberalisierung der Märkte auszeichnet. Das hat neben anderen Faktoren, wie dem Zusammenbruch des Ostblocks, zu einer starken Dynamik des Welthandels geführt. Die sich immer weiter entwickelnden Informations- und Kommunikationstechnologien führen zu sinkenden Kommunikationskosten. Der Ausbau der Infrastruktur in vielen Industrie- und Entwicklungsländern und die steigende Effizienz der Transportmittel haben zu sinkenden Transportkosten geführt.

Der Welthandel ist jedoch – das wurde bereits aufgezeigt – nicht gleichgewichtig über den Globus verteilt. Ein wichtiges Merkmal des Welthandels ist vielmehr die ungleiche Verteilung zwischen vielen Entwicklungs- und Industrieländern aber auch zwischen bestimmten Regionen. Das Missverhältnis entsteht also nicht ausschließlich durch Ländergrenzen. Einen ersten Eindruck der Ungleichverteilung vermittelt das folgende Schaubild 2-4: Es hat sich eine Triade gebildet, zu der Nordamerika, Europa (besonders die EU) und Asien (insbesondere die ostasiatischen Staaten) gehören.

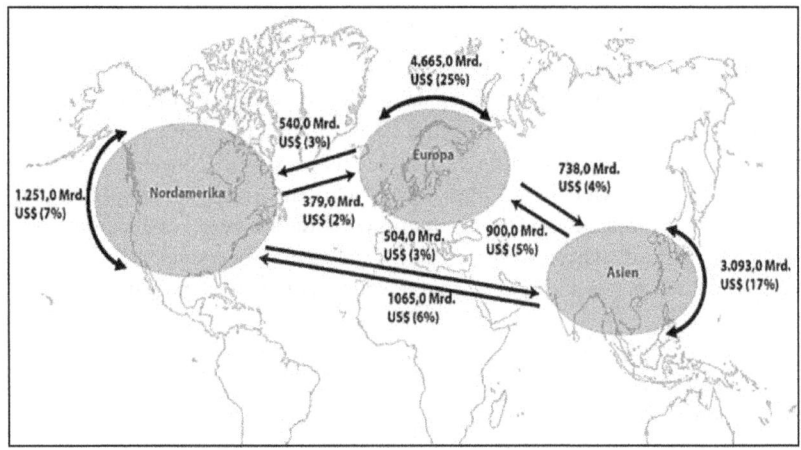

Abb. 2-4: Hauptströme des Welthandels innerhalb der Triade im Jahr 2014[26]

---

[26] Eigene Darstellung, Datengrundlage: World Trade Organization: International trade statistics 2015, Genf 2015, S. 41.

2.2 Die aktuelle Position der Entwicklungsländer im Welthandel

Regionen wie Afrika und Südamerika aber auch Länder im asiatischen Raum sind bisher am Welthandel nur in relativ geringem Maße beteiligt. Aus dem Schaubild 2-4 ist auch der starke innereuropäische Handel zu erkennen. Für die Zukunft ist jedoch zu erwarten, dass sich die Verteilung des Welthandels verändert: Die fünf BRICS-Staaten (Brasilien, Russland, Indien, China und Südafrika) werden nach Auffassung vieler Experten ganz wesentlich an Bedeutung gewinnen.

Der internationale Handel ist in den letzten Jahrzehnten stark angestiegen und schneller gewachsen als die weltweite Produktion. Einige wenige Entwicklungsländer haben an dem Wachstum des Welthandels erfolgreich teilgenommen. Heute kommt bereits ein Drittel der Weltexporte aus der Gruppe der Entwicklungsländer. Vor 20 Jahren waren es noch etwa 20%.[27]

Hierbei ist jedoch zu berücksichtigen, dass es nur wenigen Entwicklungsländern gelang, sich stärker in den Welthandel zu integrieren. In den Abbildungen 2-5 und 2-6 wird die Entwicklung der prozentualen Anteile der einzelnen Regionen an den Warenexporten aufgezeigt. Die Abbildung 2-5 zeigt sehr deutlich die ungleichgewichtige Situation. Lag der Anteil Europas an den Weltexporten im Warenhandel bis ca. 2008 weit vor Asien und Nordamerika, so ist der Anteil Asiens seit 1963 kontinuierlich auf 34% Im Jahr 2015 angestiegen und erreicht somit fast das Niveau von Europa. Der Anteil Nordamerikas ist über die letzten 60 Jahre von 24% auf 12% gesunken. Der Anteil Europas lag seit Beginn der 60er Jahre relativ konstant zwischen 42% und 46%, ist aber seit 2008/2009 bis 2011 immer weiter gesunken und lag im Jahr 2014 bei 34,6%.[28]

---

[27] Immel, K. A. (DWHH): Afrikas Anteil am Welthandel; 2004; www.welthungerhilfe.de/WHHDE/aktuelles/infografiken/texte/afrika_handel_doc.doc; Stand: 22.04.2005.

[28] Bundeszentrale für politische Bildung: Warenexporte; http://www.bpb.de/nachschlagen/zahlen-und-fakten/globalisierung/52551/anteile-am-warenexport; Stand: 23.05.2017

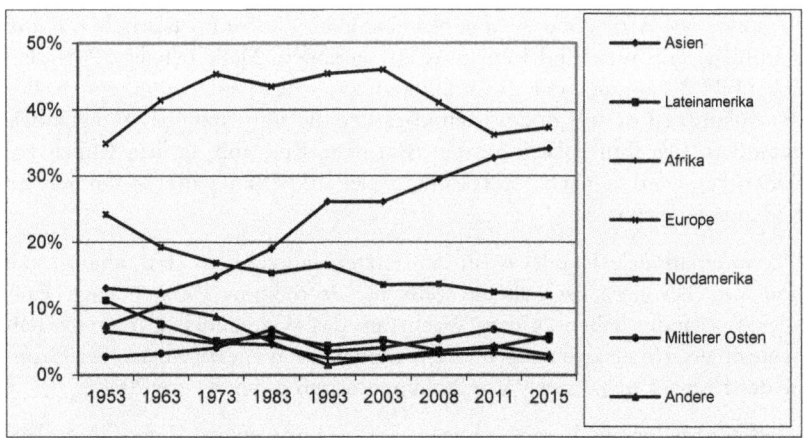

Abb. 2-5: Prozentualer Anteil an den Weltexporten (Waren) 1953-2015 nach Regionen[29]

Vergleicht man die drei „Entwicklungskontinente" Asien, Lateinamerika und Afrika, so lassen sich ganz unterschiedliche Entwicklungstrends feststellen. Für Asien gilt, dass der Anteil am Welthandel seit 1960 stark angestiegen ist. Dagegen sind die Anteile von Lateinamerika und auch Afrika im Durchschnitt seit dem Beginn der 1950er Jahre zunächst weiterhin leicht fallend und erst in den letzten Jahren leicht gestiegen. Sie befinden sich jedoch auf einem geringen Niveau. In den letzten Jahren kamen in zunehmendem Maße noch China und auch Indien hinzu. In China und Indien tragen die einzelnen Regionen jedoch sehr unterschiedlich zum Welthandel bei. So gibt es beispielsweise im landwirtschaftlichen Sektor noch sehr rückständige Regionen. Große regionale Unterschiede in Bezug auf Wirtschaftswachstum und Entwicklung sind die Folge.

Betrachtet man die Entwicklung Asiens genauer, muss jedoch festgestellt werden, dass nur wenige Länder zum Anstieg der Welthandelsexporte beigetragen haben. Zu nennen sind besonders Japan und die vier asiatischen Tigerstaaten Korea Taiwan, Singapur und Hongkong.

---

[29] World Trade Organization: International Trade Statistics; Genf 2006-2012; eigene Berechnungen; World Trade Organization: World Trade Statistical Review 2016.

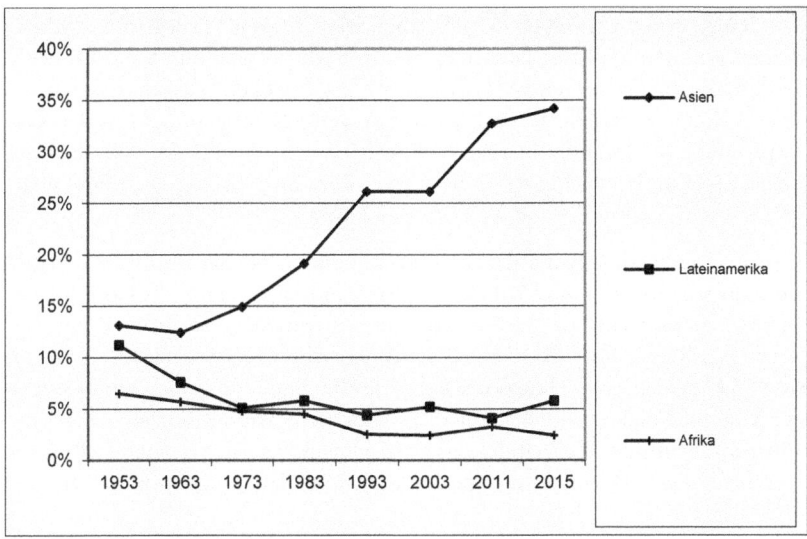

Abb. 2-6: Prozentualer Anteil an den Weltexporten (Waren) 1953-2015 (Asien, Lateinamerika, Afrika)[30]

Fragt man nach den Ursachen des steigenden Anteils einiger asiatischer Länder am Welthandel, so lässt sich feststellen, dass sie durch die Öffnung ihrer Märkte und einer sich dynamisch entwickelnden Weltwirtschaft aktiv am Globalisierungsprozess teilnehmen und ihre gesamtwirtschaftliche Entwicklung verbessern konnten. Hierzu gehören, auch in zunehmendem Maße neben den schon genannten Ländern Malaysia, Thailand und die Philippinen. Ein weiterer Faktor ist die Konzentration der Exporte auf Produkte des verarbeitenden Gewerbes.

Die ungleiche Verteilung der Globalisierungsgewinne in den aufstrebenden asiatischen Ländern führt jedoch z. B. in China und Indien in zunehmendem Maße zu sozialen Spannungen. Aber auch die Umweltbelastungen sind mit den Globalisierungsgewinnen stark gestiegen. Das begründet sich ganz wesentlich aus den wachsenden Transportdienstleistungen. Ein weiteres Problem ist das Umwelt- oder Ökodumping. Die Globalisierung veranlasst alle

---

[30] World Trade Organization: International Trade Statistics; Genf 2006–2012; eigene Berechnungen; World Trade Organization: World Trade Statistical Review 2016.

Länder zu einer Erhöhung der Wettbewerbsfähigkeit. Viele Entwicklungsländer sind häufig nur in der Lage, Wettbewerbsvorteile durch die Vernachlässigung von Sozial- und Ökostandards zu erreichen. Ökodumping kann immer dann unterstellt werden, wenn Umweltbelastungen nicht in den Güterpreisen berücksichtigt werden.[31] Daher kann festgestellt werden: die Globalisierung in Entwicklungsländern entspricht nur bedingt – wenn überhaupt – dem Leitbild nachhaltiger Entwicklung.

Für die Länder Lateinamerikas kam es zu einem sehr dynamischen Liberalisierungsprozess, der zu hohen Anpassungskosten führte. Ökonomische Instabilität und eine ungleiche Einkommensverteilung sind in vielen Ländern noch heute die Folge. Für den afrikanischen Kontinent stellen besonders die schlechten Transportwege, die fehlende Kommunikationsinfrastruktur und die Instabilität einiger politischer Systeme Barrieren bei einer Integration in den Welthandel dar.[32] In einigen Ländern Afrikas nahm die Verarmung der Bevölkerung zu, der Anteil an den Weltexporten liegt seit 1980 unter 5%.

Die Exporte dieser Länder konzentrieren sich auf Primärgüter (Rohöl, Erze, landwirtschaftliche Produkte wie Baumwolle, Kaffee und Kakao).[33] Die Anteile der einzelnen Ländergruppen an den weltweiten Im- und Exporten wird noch einmal in der folgenden Abbildung 2-7 und 2-8 für das Jahr 2015 dargestellt.

---

[31] Koch; 2014; S. 102

[32] Immel; 2004

[33] Nübler, I.: Die Wirkungen der Globalisierung auf die Entwicklungsländer; in: Mummert, U.; Sell, F.-L. (Hrsg.): Globalisierung und nationale Entwicklungspolitik. Schriften zur internationalen Wirtschaftspolitik; Münster 2003; S. 37–38.

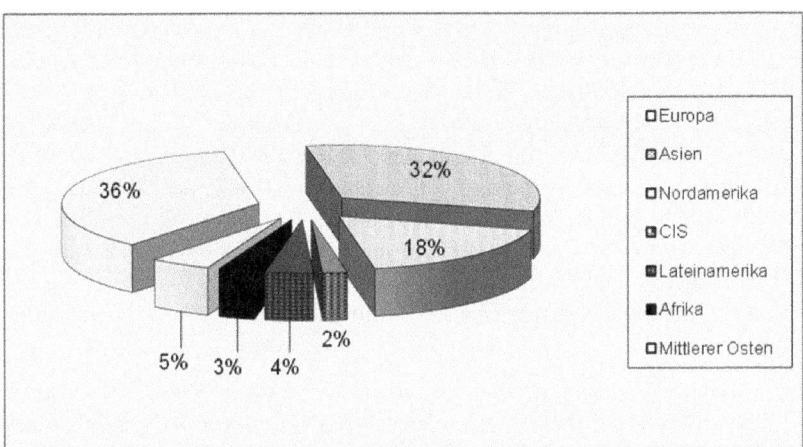

Abb. 2-7: Verteilung der Exporte (Waren und Dienstleistungen) im Jahr 2015 in Prozenten[34]

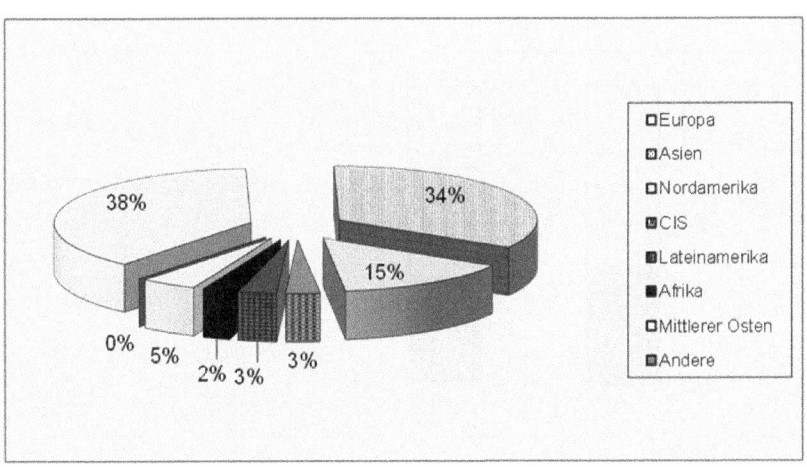

Abb. 2-8: Verteilung der Importe (Waren und Dienstleistungen im Jahr 2015 in Prozenten[35]

---

[34] World Trade Organization: World Trade Statistical Review 2016; S. 134–137; 142–145.
[35] World Trade Organization: World Trade Statistical Review 2016; S. 138–141; 146–149.

Die Regionen Nordamerika (Kanada und USA) und Europa hatten im Jahr 2011 einen Anteil von 51% der Exporte und einen Anteil von 62% der Importe auf sich vereint. Der Anteil Asiens an den Exporten betrug 29%. Die verbleibenden Anteile von 19% bzw. 38% verteilen sich z. T. mit sehr geringen Quoten auf die Vielzahl der übrigen Länder. In Abbildung 2-9 und 2-10 wird noch einmal die Verteilung der Warenexporte bzw. der Warenimporte für die beiden Jahre 1953 und 2015 deutlich. Im Jahr 1953 verteilten sich 39% bzw. 25% der Exporte auf Europa und Nordamerika. Asien lag bei einem Anteil von 13%. Im Jahr 2015 entfielen 36% der Warenexporte auf Europa, Asien hat Nordamerika (14%) überholt und liegt bei einem Anteil von 36%.

Der gesamte Warenexport stieg zwischen den Jahren 1953 bis 2015 von 84 Milliarden US-$ auf 16.482 Milliarden US-$. Die Importe an Waren stiegen in diesen Jahren von 85 Milliarden US-$ auf 16.724 Milliarden US-$. An diesem Beispiel wird die dynamische Entwicklung des internationalen Handels auch unter Berücksichtigung des Rückgangs in dem Krisenjahr 2008 noch einmal sehr deutlich.

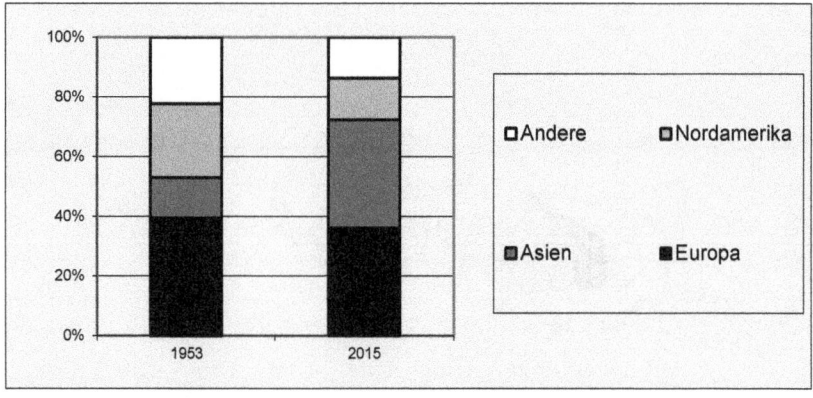

Abb. 2-9: Verteilung der Warenexporte in den Jahren 1953 und 2015[36]

---

[36] World Trade Organization: World Trade Statistical Review 2016; S. 134-137.

2.2 Die aktuelle Position der Entwicklungsländer im Welthandel 49

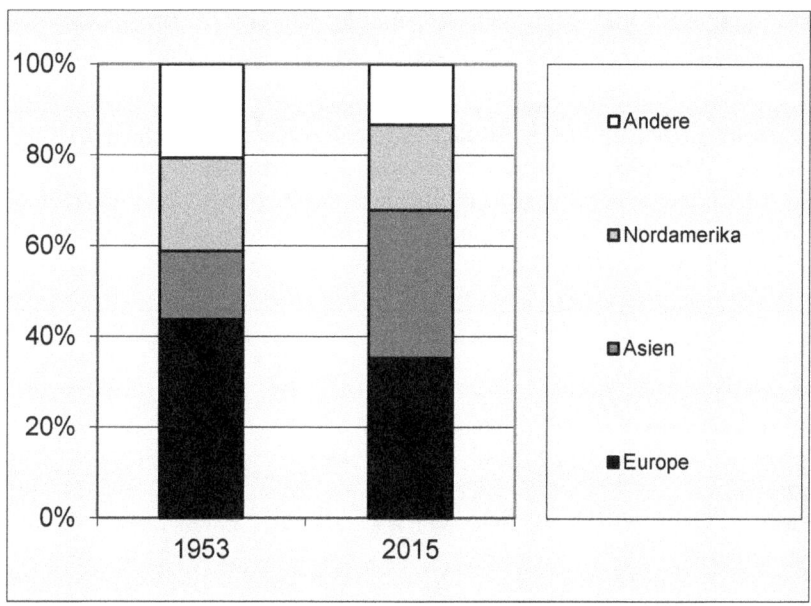

Abb. 2-10: Verteilung der Warenimporte in den Jahren 1953 und 2015[37]

Die Verteilung des Welthandels wird noch ungleichgewichtiger, wenn man von der bisher gewählten und üblichen Differenzierung abweicht. Untergliedert man die Länder nach den drei Gruppen „Developed Countries", „Developing Countries" und „Least Developed Countries" so ergibt sich folgende Verteilung: Im Jahr 2015 hatten die „Developed Countries" einen Anteil am internationalen Export von 53,5% und am Import von 57%, die „Developing Countries" einen Anteil am internationalen Export von 45,5% und am Import von 41,5% und die „Least Developed Countries" einen Anteil von am internationalen Export von 1% und am Import von 1,5%.[38] Bei den ärmsten Entwicklungsländern (Least Developed Countries) handelt es sich um 49 Länder. Die Zusammensetzung dieser Gruppe hat sich in den vergangenen Jahren kaum geändert. Das bedeutet, dass diese Länder schon seit vielen Jahren nur ganz geringfügig am Welthandel beteiligt sind. Daraus

---

[37] World Trade Organization: World Trade Statistical Review 2016; S. 138–141.
[38] World Trade Organization: World Trade Statistical Review 2016; S. 55, 59.

2 Die Struktur des Welthandelssystems

begründet sich, dass diesen Ländern hinsichtlich einer Integration in den Welthandel eine besondere Aufmerksamkeit zukommen sollte.

Im Kontext von Fair Trade ist es notwendig, sich weiterhin die regionale Verteilung der landwirtschaftlichen Produkte näher zu betrachten. Die folgenden Abbildungen 2-11 und 2-12 zeigen den wertmäßigen Anteil (in absoluten Werten und prozentualen Anteilen) der Exporte von Primärgütern (landwirtschaftliche Produkte) verschiedener Regionen. Der größte Anteil geht auf Europa zurück (47% im Jahr 2005).

	2003		2005		2006		2009		2011		2014
Welt	681	25%	852	11%	945	24%	1169	-1%	1160	52%	1765
Nordamerika	115	19%	137	11%	152	17%	178	41%	251	10%	277
Zentral- und Südamerika	67	40%	94	10%	102	36%	139	48%	206	3%	212
Europa	323	23%	396	10%	436	21%	528	27%	670	7%	719
GUS	19	40%	27	12%	30	31%	39	51%	59	15%	68
Afrika	24	37%	32	-1%	32	22%	39	51%	59	8%	64
Mittlerer Osten	8	48%	12	11%	14	30%	18	78%	32	-6%	30
Asien	121	27%	154	16%	179	26%	225	70%	383	3%	396

Abb. 2-11: Absoluter und prozentualer Anstieg der Exporte des primären Sektors (in Mrd. US-$ und %) 2003-2014[39]

---

[39] World Trade Organization: International trade statistics 2005; Genf 2005; S. 46–86; S. 113; International trade statistics 2006; Genf 2006; S. 111 and International Trade Statistics 2007; Genf 2007; S. 47, World Trade Organization: World Trade Report 2011, Genf 2011, S. 217ff.; World Trade Organization: International trade statistics 2015, Genf 2015, S. 72.

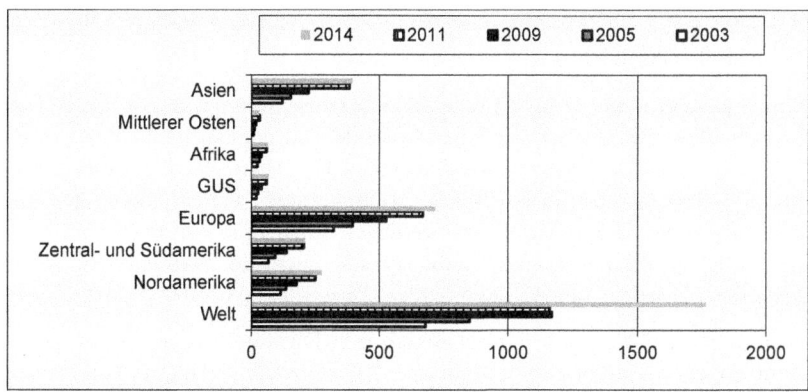

Abb. 2-12: Wachstum der Exporte von Gütern des primären Sektors nach Regionen in Mrd. US-$ 2003–2014[40]

Daraus ergibt sich ein erstes Resümee, wonach die Mehrzahl der Entwicklungsländer eine geringe Bedeutung hinsichtlich der Teilnahme am internationalen Handel aufweist. Hierfür gibt es eine Vielzahl von Ursachenfaktoren, die man – wie schon erwähnt – in interne und externe Ursachenfaktoren unterscheiden kann. Zunächst werden einige interne Ursachenfaktoren genannt. Entwicklungsländer und besonders die LDCs

- verfügen nur in geringem Maße über Humankapital,
- haben qualitativ und quantitativ unzureichende Produktionskapazitäten,
- verfügen über schwache Institutionen,
- weisen eine schlechte geografische Lage (schlechte Böden, häufige Naturkatastrophen) und eine unzureichende Infrastruktur auf,
- haben ein unzureichendes Gesundheitswesen,
- kaum diversifizierte Branchen,
- einen begrenzten Zugang zu sozialen Dienstleistungen und

---

[40] World Trade Organization: International trade statistics 2005; Genf 2005; S. 46–86; S. 113; International trade statistics 2006; Genf 2006; S. 111 and International Trade Statistics 2007; Genf 2007; S. 47, World Trade Organization: World Trade Report 2011; Genf; S. 217ff; World Trade Organization: International trade statistics 2015, Genf 2015, S. 72.

- einen unzureichenden Zugang zu Informations- und Kommunikationstechnologien.[41]

Hinzu kommt noch eine unzureichende Versorgung mit Energie, die in den benachteiligten ländlichen Regionen besonders ausgeprägt ist. Daraus erklärt sich, dass viele Menschen, trotz steigendem Wirtschaftswachstum im informellen Sektor des ländlichen Raums große Schwierigkeiten haben, ein Einkommen zu erzielen mit welchem sie ihren Lebensunterhalt bestreiten können. Der informelle Sektor bleibt, gerade auch im Kontext des internationalen Handels, „im unbedeutenden Abseits".

Nun geht es um externe Ursachenfaktoren: Die Globalisierung hat insgesamt zu einer stärkeren Verflechtung des weltweiten Handels geführt, an dem auch Entwicklungsländer direkt oder z.b. als Produktionsstandorte von internationalen Unternehmen teilhaben können. Betrachtet man die Anteile der Entwicklungsländer an den Wertschöpfungsketten, so ist immer noch eine große Ungleichverteilung festzustellen.[42]

Hinzu kommt, dass die Möglichkeiten der Entwicklungsländer, Primärprodukte zu exportieren, durch Industrieländer beeinträchtigt werden: Das Zollniveau der Industrieländer für einige Produkte aus Entwicklungsländern ist hoch. Aber auch nicht tarifäre Handelshemmnisse, wie Subventionen, beeinträchtigen den Handel. Das betrifft vor allem landwirtschaftliche Produkte und Textilien. Die Zölle der Industrieländer für Landwirtschaftsprodukte übersteigen die durchschnittlichen Zölle der Industriewaren aus diesen Ländern um das Fünffache.[43]

Weitere Maßnahmen der Industrieländer zum Schutz ihrer eigenen Märkte sind sehr häufig Anti-Dumping-Zölle. Nach Artikel 6 des GATT und dem ergänzenden Anti-Dumping-Abkommen gibt es für Länder die Möglichkeit der Einführung eines Importzolls, wenn der Preis eines zu importierenden Gutes unter dem Preis des Gutes im Exportland liegt. Alle Anti-Dumping-Maßnahmen müssen durch einen umgehenden und detaillierten Bericht an

---

[41] Stiglitz; Charlton; 2005; S. 87.

[42] Sachs, W. et al.: Die zwei Ebenen einer gerechten Weltwirtschaft – Oder warum FAIRTRADE heute besonders wichtig ist, in: Eigner, C. et al. (Hrsg.): UN/Fair Trade – Die Kunst der Gerechtigkeit, Wien 2008, S. 192–201.

[43] World Bank: World Development Report 2000/2001. Attacking Poverty; Washington 2001; S. 180.

das Komitee der WTO bekannt gegeben werden. Die Regierung des jeweiligen Landes muss glaubhaft darlegen können, dass der Preis einer Ware, die aus einem Land eingeführt wird, billiger ist als der Verkaufspreis der gleichen Ware im selben Land.

Das bedeutet, dass die Dumpingmarge (der prozentuale Anteil, um den der eigentliche Preis des Produktes den Importpreis übersteigt) über 2% liegt und das Gesamtvolumen des importierten Gutes aus dem jeweiligen Land mehr als 3% der gesamten Importe dieses Gutes ausmacht. Neben der Bestimmung des üblichen Produktpreises nach dem Binnenmarkt des Exportlandes gibt es zwei weitere Möglichkeiten der Berechnung. Zum einen kann der Preis, welcher für das Produkt auf einem anderen Markt verlangt wird, als Richtgröße verwendet werden. Die dritte Möglichkeit ergibt sich aus der Berechnung von Produktionskosten, sonstigen Kosten und einer angemessenen Profitmarge.[44]

Anti-Dumping-Maßnahmen werden oft genutzt, um die eigenen Produzenten und deren Erzeugnisse vor der ausländischen Konkurrenz zu schützen. Das hat zur Folge, dass Entwicklungsländer ihre Produkte langwierigen Kontrollen unterziehen müssen oder diese erst gar nicht auf den Märkten der Industrieländer anbieten können. Für die Produzenten dieser Güter entstehen aus diesem beschränkten Marktzugang große Nachteile.

In der Summe ergeben sich für die Entwicklungsländer zahlreiche Hindernisse, die es den Produzenten erschweren, auf dem internationalen Markt aktiv zu werden und mit Produkten aus den Industrieländern zu konkurrieren. Zusätzlich fällt es Entwicklungsländern schwer in Verhandlungen mit der WTO, ihre Position erfolgreich zu vertreten. Neben der mangelnden Erfahrung im Umgang mit dieser Institution beschränkt auch die geringe Verfügbarkeit von finanziellen Mitteln den Handlungsspielraum der Entwicklungsländer. Während die Industrienationen eine Vielzahl von Experten zu den WTO-Verhandlungen schicken können, ist das Budget der Entwicklungsländer sehr viel begrenzter. Das hat zur Folge, dass nur eine geringe Anzahl an Delegierten zu Verhandlungen und Ausschüssen entsandt werden können.[45] Daraus leitet sich Handlungsbedarf auf der Seite der Industrie-

---

[44] World Trade Organization: Understanding the WTO: The Agreements; https://www.wto.org/english/thewto_e/whatis_e/tif_e/ agrm8_e.htm; Stand: 17.05.2017.

[45] Sautter; 2004; S. 328ff.

nationen gegenüber den Entwicklungsländern ab. Möglichkeiten zur Unterstützung bieten sich in Form der Entwicklungspolitik der Industrieländer und in Projekten der Entwicklungszusammenarbeit.

Die Analyse des Welthandels auf der Grundlage der empirischen Erkenntnisse zeigt, dass es bisher nur wenigen Ländern gelungen ist, sich erfolgreich in die Handelsbeziehungen zu integrieren. Vielfach gibt es hierzu eine Kontroverse, ob primär die internen oder die externen Ursachenfaktoren für diese Situation verantwortlich sind. In der Regel handelt es sich um eine Kombination aus internen und externen Ursachenfaktoren. Daher sollte mit Lösungsansätzen begonnen werden, die schon am Ende des Abschnitts 2.1 kurz aufgezeigt wurden: Abbau von Handelshemmnissen zugunsten der Entwicklungsländer und Einbeziehung der Kleinproduzenten in Entwicklungsländern in die globalen Wertschöpfungsketten. Die Doha-Verhandlungen haben die Probleme sehr deutlich gemacht und zeigen, wie schwer sich Entwicklungs- und Industrieländer mit Lösungen tun.[46] Die internen Probleme der Entwicklungsländer können nur von ihnen selbst gelöst werden, die Industrieländer können dabei im Rahmen der Entwicklungszusammenarbeit eine unterstützende Funktion einnehmen.[47]

---

[46] Stiglitz; Charlton; 2005; S. 57 ff.

[47] v. Hauff, M., Kuhnke, C. (eds): Sustainable Development Policy – A European Perspective; Routledge 2017.

3 Anforderungen des Paradigmas nachhaltiger Entwicklung an den internationalen Handel

Fair Trade hat einen klaren Bezug zu dem Paradigma nachhaltiger Entwicklung. Dieser Bezug wurde im Kontext der SDGs weiter konkretisiert. Die Konkretisierung des Leitbildes ist notwendig um die Maßnahmen und deren Wirkungsweisen von Fair Trade bewerten zu können. Daher werden die Anforderungen nachhaltiger Entwicklung in diesem Kapitel ausführlich behandelt. Entsprechend dem Leitbild nachhaltiger Entwicklung haben nach der Agenda 21 als Handlungsprogramm für das 21. Jahrhundert die internationalen Wirtschaftsbeziehungen eine große Bedeutung. Das gilt besonders für die Entwicklungsländer.

„Sowohl die Wirtschaftspolitik einzelner Länder als auch die internationalen Wirtschaftsbeziehungen sind für eine nachhaltige Entwicklung enorm wichtig. Um die Entwicklung neu zu beleben und voranzutreiben, bedarf es dynamischer und kooperativer internationaler wirtschaftlicher Rahmenbedingungen und einer entschlossenen Wirtschaftspolitik auf nationaler Ebene. Ist eine dieser beiden Vorgaben nicht erfüllt, sind alle Bemühungen zwecklos. Günstige außenwirtschaftliche Rahmenbedingungen sind hierbei von entscheidender Bedeutung." [48]

Im Kontext des internationalen Handels sind wichtige Akteure die Handel treibenden Unternehmen und hier besonders multinationale und transnationale Unternehmen, Handelsgesellschaften, aber auch Interessenverbände der Unternehmen und Banken zu nennen, die sich in ihren Nachhaltigkeitsberichten diesem Leitbild verschrieben haben. Auf nationaler Ebene sind es die Regierungen, die Außenhandelspolitik betreiben. Aber auch Staatenverbünde, wie die EU, nehmen Einfluss auf den internationalen Handel. Weiterhin gibt es internationale Organisationen, die Einfluss auf den internationalen Handel nehmen. Besonders hervorzuheben ist – wie schon erwähnt – die Welthandelsorganisation (WTO), die sich in ihrer Präambel eindeutig zu dem Leitbild nachhaltiger Entwicklung bekennt.

Die verschiedenen Akteure gestalten die Rahmenbedingungen bzw. nehmen darauf Einfluss. Daher geht es nun zunächst darum, die grundsätzlichen

---

[48] Bundesministerium für Umwelt, Naturschutz und Reaktorsicherheit: Agenda 21, S. 5

Anforderungen bzw. konstitutiven Merkmale nachhaltiger Entwicklung aufzuzeigen. Hierbei lässt sich dann bewerten, in welchem Maße die in Kapitel zwei aufgezeigte Struktur des Welthandelssystems und die Entwicklungstendenzen des internationalen Handels diesen Anforderungen entsprechen. In dem folgenden Kapitel, das sich mit dem Konzept des Fairen Handels beschäftigt, wird dann analysiert, ob dieses Konzept den Anforderungen nachhaltiger Entwicklung entspricht bzw. den Anforderungen gerecht wird.

Im Jahr 1992 verpflichteten sich auf der „United Nations Conference on Environment and Development (UNCED)" in Rio de Janeiro Vertreter aus 178 Nationen zu dem Leitbild nachhaltiger Entwicklung. Die Weltkonferenz führte dazu, dass das Leitbild nachhaltiger Entwicklung international eine große Popularität und wachsende politische Gestaltungsorientierung erfahren hat. Seit der Rio Konferenz kam es zu einer Vielzahl von Publikationen, die sich einerseits mit der theoretischen Begründung nachhaltiger Entwicklung und andererseits mit der konkreten Umsetzung des neuen Paradigmas beschäftigen. Dennoch muss sowohl die theoretische Begründung als auch die praktische Umsetzung weiterentwickelt bzw. weiter ausdifferenziert werden. Das gilt besonders für einen nachhaltigen internationalen Handel.

Das Paradigma der nachhaltigen Entwicklung stellt spezifische Anforderungen, die sich beispielsweise von der neoklassischen Ökonomie eindeutig unterscheiden. Zwei wesentliche Anforderungen sind:[49]

- die Dreidimensionalität, wonach die ökologische, die ökonomische und die soziale Dimension gleichrangig zu einem Gleichgewicht zusammengeführt werden und
- die Realisierung der intra- und intergenerationellen Gerechtigkeit.

Das sind Anforderungen, die nie vollständig erreicht werden können, aber zumindest angestrebt werden sollen. Die Entwicklung nachhaltiger internationaler Wirtschaftsbeziehungen muss auf diesen Anforderungen basieren bzw. diesen Anforderungen so weit als möglich gerecht werden. In dem Aktionsprogramm der Agenda 21 werden die wichtigsten Ziele, Programme und Instrumente für eine gerechte Entwicklung heutiger und zukünftiger Generationen aufgeführt. Darin wurde auch festgelegt, dass die nationalen

---

[49] v. Hauff, M.: Nachhaltige Entwicklung – Grundlagen und Umsetzung, 2. Auflage, München 2014

Regierungen in Zusammenarbeit mit internationalen Organisationen bis zum Jahr 2002 eine nationale Strategie für nachhaltige Entwicklung vorlegen und verabschieden.

Deutschland gehört mit anderen europäischen Ländern zu den wenigen Ländern weltweit, die im Jahr 2002 eine nationale Nachhaltigkeitsstrategie vorlegten. Klare Aufträge für den internationalen Handel enthält auch die Fortschreibung der nationalen Nachhaltigkeitsstrategie von 2016, die explizit auf den 17 Sustainable Development Goals (SDGs) basiert, nicht. Die relativ langsam voranschreitende Umsetzung des Paradigmas nachhaltiger Entwicklung lässt sich jedoch nicht mit dem hohen Abstraktionsgrad – wie häufig behauptet wird – begründen. Für das langsame Umsetzen nachhaltiger Entwicklung ist die mangelnde Bereitschaft vieler wichtiger Akteure verantwortlich. Das gilt auch für die Mehrzahl der Vertreter wirtschaftswissenschaftlicher Disziplinen, wie den internationalen Wirtschaftsbeziehungen, die das Paradigma der nachhaltigen Entwicklung bisher nicht bzw. nur in Ausnahmefällen zur Kenntnis nehmen.

Dabei gibt es über die Relevanz nachhaltiger Entwicklung einen breiten Konsens. Analysiert man die wirtschaftliche Entwicklung vieler Nationen, aber auch die weltweite wirtschaftliche Entwicklung, so lassen sich gegensätzliche Entwicklungstendenzen beobachten. Der Wohlstand, gemessen an dem Indikator Pro-Kopf-Einkommen, ist in den letzten Jahrzehnten in vielen Ländern gestiegen. In einer Reihe von Ländern, wozu auch einige Entwicklungsländer besonders in Asien und Südamerika gehören, hat auch der internationale Handel zur Steigerung des Pro-Kopf-Einkommens beigetragen.

Daher wurde nach weitverbreiteter ökonomischer Lehrmeinung ein wesentliches Ziel wirtschaftlichen Handels realisiert: Der Handel hat zu dem Wohlstand beigetragen. Dabei ist jedoch nichts über die Verteilung der Handelsgewinne ausgesagt. Gleichzeitig kam es zu einer Reihe von ökonomischen Krisensymptomen bzw. Ungleichgewichten, die sich in den letzten Jahren teilweise noch verschärft haben. Sie haben die prekäre Lebenslage auch von Kleinbauernn in Entwicklungsländer vielfach noch verschärft. Beispielhaft hierfür kann aufgeführt werden:

- die Klimaveränderungen mit ihren vielfältigen Folgen wie Überschwemmungen und Trockenheit,
- die wachsende Umweltbelastung bzw. die sich verschärfende Wasserknappheit in vielen Regionen weltweit,

- die verschiedenen regionalen Finanzkrisen seit Mitte der 1980er Jahre,
- die globale Finanzkrise 2007/2008,
- die steigende Verschuldung vieler Entwicklungsländer,
- die zunehmende Verbreitung von Land Grabbing und Lebensmittelspekulationen.

Sie beeinträchtigten bzw. beeinträchtigen auch heute zunehmend den wirtschaftlichen Entwicklungsprozess besonders der ländlichen Bevölkerung in einer wachsenden Zahl von Ländern. Ein weiteres Phänomen, das dem Paradigma nachhaltiger Entwicklung diametral entgegensteht, ist die wachsende Ungleichverteilung von Einkommen und Vermögen in der Mehrzahl der Länder, aber auch zwischen den Ländern weltweit.[50] Sie erklärt sich in Entwicklungsländern ganz wesentlich aus der ungleichen Chancenverteilung im Rahmen nationaler Bildungs- und Gesundheitssysteme und der ungleichen Vermögensverteilung. Somit gibt es vielfältige Belege für eine mangelnde intra- und intergenerationelle Gerechtigkeit.

Neben vielen anderen Ungleichgewichten besteht noch ein weiteres – in diesem Kontext besonders wichtiges – Phänomen. Danach sind in den reichen Ländern weniger als zwei Prozent der Erwerbstätigen in der Landwirtschaft tätig, wobei die Landwirte staatlich subventioniert werden. Den Landwirten aus den Entwicklungsländern, wo die Landwirtschaft die Lebensgrundlage für einen Großteil der armen Bevölkerung bildet, wird der Absatz ihrer Produkte dadurch erschwert bzw. verwehrt. „Wie bizarr die Situation ist, zeigt sich daran, dass die entwickelten Länder den Entwicklungsländern jährlich mit rund 100 Milliarden US-$ Entwicklungshilfe unter die Arme greifen, während gleichzeitig die protektionistische Handelspolitik der entwickelten Länder die Entwicklungsländer mit Kosten in dreifacher Höhe belastet."[51]

Die aufkommenden Krisensymptome wurden sowohl von einigen Ökonomen als auch von Vertretern internationaler Organisationen – besonders der Vereinten Nationen – bereits in den 1970er Jahren wahrgenommen und kritisch reflektiert. In diesem Kontext wurde auf internationaler Ebene beispielsweise mit der Einberufung der Brundtland-Kommission und der Durchführung einer Vielzahl von internationalen Konferenzen reagiert. Auf

---

[50] Piketty, T.: Das Kapital im 21. Jahrhundert, München 2014
[51] Stiglitz; Charlton; 2005; S. 7.

diesem Hintergrund entstand die Forderung nach einem neuen Paradigma, das – wie schon erwähnt – von der Völkergemeinschaft auf der Weltkonferenz 1992 in Rio de Janeiro vereinbart wurde. Nachhaltige Entwicklung (Sustainable Development) ist eine normative – keine völkerrechtlich einklagbare – Vereinbarung.

Das Paradigma der nachhaltigen Entwicklung fand bisher weder in der Theorie der internationalen Wirtschaftsbeziehungen noch in der angewandten Handelspolitik eine entsprechende Beachtung. Dabei ist zu erwarten, dass nachhaltige internationale Wirtschaftsbeziehungen ganz wesentlich zu einer gleichgewichtigeren wirtschaftlichen Entwicklung und damit auch zu mehr Stabilität in Entwicklungsländern beitragen können. Die aufgeführten Krisensymptome könnten langfristig verringert und die Lebensqualität der Bevölkerung, d. h. besonders der Bevölkerung in den Entwicklungsländern, deutlich erhöht werden.

Die inhaltliche Konkretisierung nachhaltiger internationaler Wirtschaftsbeziehungen erfordert jedoch zunächst eine allgemeine Klärung der Anforderungen nachhaltiger Entwicklung. In dem folgenden Abschnitt wird kurz aufgezeigt, wie es zu der Entstehung dieses Paradigmas kam. In Abschnitt 3.2 wird die Dreidimensionalität, d. h. die Gleichrangigkeit der drei Dimensionen Ökologie, Ökonomie und Soziales, inhaltlich konkretisiert. In Abschnitt 3.3 werden konträre Positionen nachhaltiger Entwicklung gegeneinander abgegrenzt und versucht, die Kontroverse aufzulösen: Dabei geht es um die Kontroverse schwache versus starke Nachhaltigkeit. Abschließend geht es dann um die Frage, ob die Struktur des Welthandelssystems bzw. die Entwicklung des internationalen Handels den Anforderungen nachhaltiger Entwicklung entsprechen.

3.1 Wichtige Etappen der Entstehung des Paradigmas nachhaltiger Entwicklung

Nachhaltigkeit hat verschiedene historische Vorläufer, wobei einer der bedeutendsten die Forstwirtschaft ist. Carl von Carlowitz stellte bereits 1713 in seiner viel beachteten Schrift „Sylvicultura oeconomica" fest, dass der Bergbau und die Verhüttung einen hohen Holzbedarf verursachen. Daher war die Umgebung der Bergbaustätten häufig entwaldet. Die Folge war, dass Holz über größere Entfernungen – meistens über Flößerei – transportiert werden musste. Die Holzpreise stiegen, und damit stiegen auch die Produktionskosten. Diese Erkenntnis hat heute im Zusammenhang mit der Vernichtung von Regenwäldern z.B. zum Anbau von Ölbaumplantagen und die Folgen für den Klimawandel eine hohe Relevanz.

Im Prinzip war diese Situation ein Vorläufer der Diskussion über die „Grenzen des Wachstums". Daher stellte von Carlowitz fest, dass in der Forstwirtschaft ökonomisches Handeln mit den Erfordernissen der Natur in Einklang zu bringen sei. Seine Maxime war, dass pro Jahr nicht mehr Holz geschlagen werden sollte als nachwächst. Es handelt sich um das in der Literatur heute weithin akzeptierte ressourcenökonomische Prinzip. Es ist für viele Entwicklungsländer, aber natürlich auch für Industrieländer, heute von großer Relevanz. Im Jahr 2013 hatte das Prinzip der nachhaltigen Entwicklung sein dreihundertjähriges Bestehen.

In der Fachliteratur gibt es in neuerer Zeit unterschiedliche Einschätzungen, wann die Nachhaltigkeitsdiskussion wieder aufgenommen wurde.[52] Es ist hinreichend belegt, dass einige Ökonomen wie John Galbraith, Kenneth Boulding, Wilhelm Kapp und auch Edward Mishan bereits in den 1960er Jahren auf die wachsenden Umweltprobleme aufmerksam machten und somit einen Beitrag zur ökologischen Nachhaltigkeit leisteten. Besondere Beachtung fand das Buch von Mishan mit dem Titel „The costs of economic growth" (1969). 1972 wurde der erste Bericht an den Club of Rome "The limits to growth"[53] veröffentlicht, der eine besondere Aufmerksamkeit erfuhr. Die wichtigste Botschaft des Berichtes war, dass eine Fortschreibung der aktuellen Trends hinsichtlich des Bevölkerungswachstums und der Nachfrage nach nichtregenerativen Ressourcen bis Mitte des 21. Jahrhunderts zu großen Problemen und Engpässen in Bezug auf wirtschaftliches Wachstum führen wird.

Ein wichtiger Meilenstein hinsichtlich der aufkommenden Diskussion über nachhaltige Entwicklung war 1980 die Gründung der „World Commission on Environment and Development (WCED)". Durch sie wurde die Brundtland-Kommission im Jahr 1983 eingesetzt. Vor dem Hintergrund der wachsenden ökologischen, ökonomischen aber auch sozialen Probleme, nahm die Kommission unter dem Vorsitz der norwegischen Ministerpräsidentin Gro Harlem Brundtland ihre Arbeit auf. Die Kommission sollte Handlungsempfehlungen zur Erreichung einer dauerhaften Entwicklung erarbeiten und hat

---

[52] Dresdner, S.: The principles of sustainability; London 2008; S. 25.
[53] Meadows, D. et al.: The Limits to Growth; New York 1972.

den Begriff „Nachhaltige Entwicklung" erstmals als globales Leitbild einer breiten Öffentlichkeit vorgestellt.

Eine besondere Aufmerksamkeit in diesem Bericht fand die folgende Definition:

„Dauerhafte Entwicklung ist Entwicklung, die die Bedürfnisse der Gegenwart befriedigt, ohne zu riskieren, dass künftige Generationen ihre eigenen Bedürfnisse nicht befriedigen können."[54]

Der Brundtland-Bericht stellt sowohl die menschlichen Bedürfnisse der gegenwärtig lebenden Menschen als auch ihre Beziehung zu den künftigen Generationen in den Mittelpunkt. Es geht also in dieser Definition sowohl um intra- als auch um intergenerationelle Gerechtigkeit. Die Brundtland-Kommission machte schließlich auch den Vorschlag zur Durchführung einer Weltkonferenz, die 1992 als sogenannte Rio-Konferenz stattfand.

Auf der „United Nations Conference on Environment and Development (UNCED)" verpflichtete sich die Völkergemeinschaft zu dem neuen Leitbild nachhaltiger Entwicklung. 2002 fand die Folgekonferenz, d. h. der zweite Weltgipfel für nachhaltige Entwicklung in Johannesburg statt. Auf dieser Konferenz wurde ein Implementierungsplan verabschiedet, in dem neue Ziele und Programme für Umweltschutz und Armutsbekämpfung enthalten sind. Die schon zuvor beschlossene Vereinbarung, wonach alle Länder bis 2002 eine nationale Nachhaltigkeitsstrategie entwickeln sollten, wurde auf der Johannesburg-Konferenz noch einmal mit Nachdruck eingefordert. 2012 fand schließlich der dritte Weltgipfel Rio+20 wieder in Rio de Janeiro unter dem Leitbild „Green Economy" statt.[55]

3.2 Die Konkretisierung der Dreidimensionalität

Die Übereinkunft zu nachhaltiger Entwicklung wird heute so interpretiert, dass die drei Dimensionen Ökologie, Ökonomie und Soziales gleichrangig in einer offenen Aushandlung unter Beteiligung aller Anspruchsgruppen (Stakeholder) zu berücksichtigen sind. Auf EU-Ebene hat sich die Dreidimensionalität nachhaltiger Entwicklung schon früh durchgesetzt. So „ist der Drei-

---

[54] Hauff, V.: Unsere gemeinsame Zukunft – Der Brundtland-Bericht der Weltkommission für Umwelt und Entwicklung; Greven 1987; S. 46.
[55] v. Hauff, M.; 2014; S. 11

klang Umweltschutz, wirtschaftlicher und sozialer Fortschritt bereits in der Präambel zum EU-Vertrag enthalten, verbunden durch den Grundsatz der nachhaltigen Entwicklung, der damit diesen Dreiklang ausfüllt und von dem Ziel eines starken Umweltschutzes nicht unbeeinflusst bleiben kann. Dadurch ist der Umweltschutz zum notwendigen integralen Bestandteil der wirtschaftlichen und sozialen Entwicklung geworden".[56] Auch die Enquete-Kommission „Schutz des Menschen und der Umwelt" (1998) hat das Drei-Säulen-Modell als konzeptionelle Grundlage gewählt. In diesem Sinne vertrat das BMU die Auffassung, dass der Kern des Leitbildes der nachhaltigen Entwicklung auf der Kenntnis beruhe, dass Ökologie, Ökonomie und soziale Sicherheit eine untrennbare Einheit bilden.

Das Drei-Säulen-Modell wurde jedoch mehrfach kritisiert. Es ist in der Tat unbefriedigend, dass im Drei-Säulen-Modell die Säulen Ökologie, Ökonomie und Soziales nebeneinander stehen. In diesem Kontext wird der Begriff der Nachhaltigkeit dann zu einer Art Dach über einer Säulenreihe. Es kommt zu einer Partialoptimierung, bei der die Integration der drei Säulen fehlt.[57] Daher wurde in diesem Zusammenhang das „integrierende Nachhaltigkeitsdreieck" eingeführt.[58] Mit dieser neuen Methodik wird das Innere des Dreiecks als Kontinuum der drei Dimensionen vollständig ausgefüllt. Es führt die drei Dimensionen zusammen, um der Anforderung nach Integration gerecht zu werden. Es lassen sich, wie in Abbildung 3.1 dargestellt wird, zunächst Bereiche abgrenzen, die anschließend in Handlungsfelder untergliedert werden. Das integrierende Nachhaltigkeitsdreieck ist auch auf internationale Wirtschaftsbeziehungen anzuwenden.

---

[56] Frenz, W. Unnerstall, H.: Nachhaltige Entwicklung im Europarecht; Baden-Baden 1999; S. 173.

[57] Ott, K., Döring, R.: Theorie und Praxis starker Nachhaltigkeit, 2. Aufl.; Marburg 2008; S. 38.

[58] v. Hauff, M.; 2014; S. 113.

3.2 Die Konkretisierung der Dreidimensionalität   65

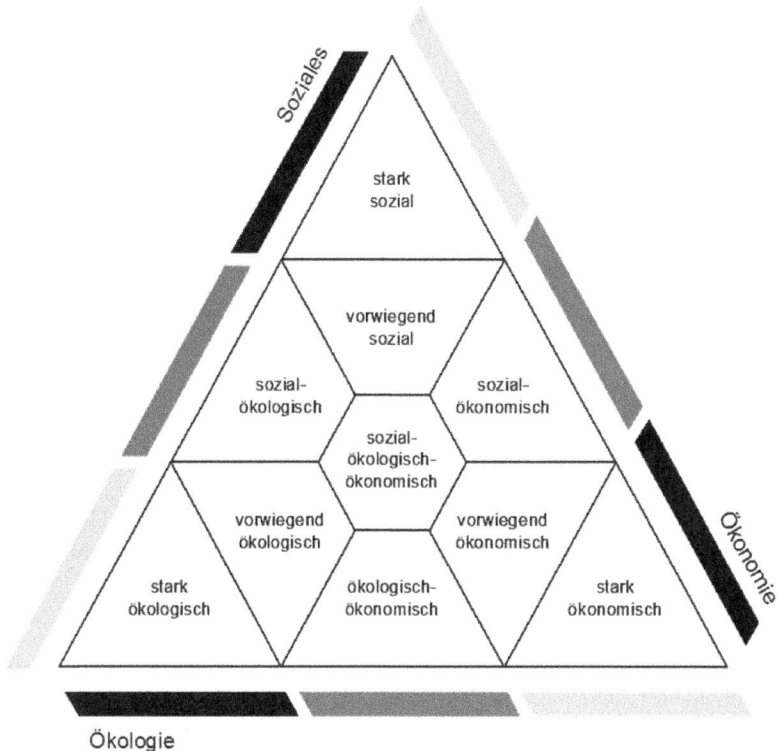

Abb. 3-1: Das Integrierende Nachhaltigkeitsdreieck[59]

Nach der Klärung der methodischen Vorgehensweise geht es nun um die inhaltliche Konkretisierung der drei Dimensionen. Aus ökonomischer Sicht (sustainability economics) zielt nachhaltige Entwicklung zunächst auf die langfristige Sicherung der Lebens- und Produktionsgrundlagen ab, wobei die Langfristigkeit durch Unsicherheit gekennzeichnet ist.[60] Die langfristige Sicherung der Lebens- und Produktionsgrundlagen führt auf der Grundlage intra- und intergenerationeller Gerechtigkeit zur Verbesserung der Lebensqualität bzw. der Wohlfahrt der heute lebenden und der zukünftigen Gene-

---

[59] v. Hauff, M.; 2014; S. 170.
[60] Baumgärtner, Quaas 2010; S. 449.

rationen. Der Anspruch nachhaltiger Entwicklung ist somit, die Umwelt global und dauerhaft zu erhalten, um auf dieser Grundlage die wirtschaftlichen und gesellschaftlichen Bedingungen zu entwickeln und zu stabilisieren, d. h. im Gleichgewicht zu halten.

Es besteht heute eine breite Übereinstimmung, wonach im Kontext der Dreidimensionalität die Ökologie eine besondere Bedeutung aufweist:[61] Die Beschädigung von Ökosystemen kann nur bedingt wieder beseitigt werden (siehe hierzu den Klimawandel). Dabei gilt zu berücksichtigen, dass die Funktionsweise von Ökosystemen eine wichtige Voraussetzung für die Produktion von Gütern und Dienstleistungen, aber auch für das gesellschaftliche Zusammenleben ist. Auf dieser Grundlage ist die Gleichrangigkeit der drei Dimensionen zu verstehen.

Nur die Berücksichtigung und Zusammenführung der drei Dimensionen kann zu einer Sicherung beziehungsweise Verbesserung der Lebensqualität führen. Ob es sich hierbei um das individuelle Wohlbefinden oder die gesellschaftliche Wohlfahrt handelt, ist nicht eindeutig geklärt. Vielmehr handelt es sich um zwei verschiedene Begründungsebenen, die nicht deckungsgleich sind, jedoch beide gleichermaßen ihre Berechtigung haben.[62] Die beiden Begründungsebenen lassen sich über das Konzept der Gerechtigkeit verknüpfen.

Die intra- und die intergenerationelle Gerechtigkeit lassen sich wie folgt abgrenzen:

- Die intragenerationelle Gerechtigkeit fordert einen gerechten Ausgleich zwischen den Interessen der Menschen in Industrie- und Entwicklungsländern.
- Die intergenerationelle Gerechtigkeit fordert, dass zukünftige Generationen in ihrer Bedürfnisbefriedigung nicht durch die Lebensweise der gegenwärtig lebenden Generation beeinträchtigt werden.

Die beiden Formen der Gerechtigkeit gehen in alle drei Dimensionen mit ein und sind somit als Querschnittanforderung nachhaltiger Entwicklung zu verstehen.

---

[61] v. Hauff, M.; 2014; S. 14.

[62] Diefenbacher, H. et al.: Aktualisierung und methodische Überarbeitung des nationalen Wohlfahrtsindex 2.0 für Deutschland 1991 bis 2012, Dessau-Roßlau 2016; S. 76.

Ökologische Nachhaltigkeit: Die Menschheit ist ohne eine bestimmte Qualität und Stabilität der Natur bzw. der ökologischen Systeme nicht überlebensfähig. Anders formuliert: Das ökonomische, aber auch das soziale System, können für sich alleine nicht nachhaltig sein. Ihre dauerhafte Existenz hängt von dem Zusammenspiel der Wirtschaft und der Gesellschaft und von dem ökologischen System ab.[63] Obwohl es hierzu sowohl national als auch international einen breiten Konsens gibt, haben die Natur bzw. einzelne ökologische Systeme teilweise schon ein Niveau der Übernutzung erreicht, die von der Menschheit verursacht wurde und die für die Menschheit – besonders für die nächsten Generationen – zunehmend bedrohlich wird. Das gilt nicht nur für Industrie-, sondern auch für Entwicklungsländer.

Das betrifft sowohl den Abbau und die Nutzung von Rohstoffen als auch die zunehmende Belastung durch Emissionen. Die wachsenden Bedrohungspotenziale erfordern daher einerseits die Produktionsformen und andererseits die Konsumstile an die ökologischen Systeme anzupassen. Daher fordert die ökologische Nachhaltigkeit von der Politik, den Akteuren der privaten Wirtschaft (Unternehmen und Wirtschaftsverbänden), den Haushalten und sonstigen gesellschaftlichen Akteuren eine stärkere Anpassung an die Belastbarkeit ökologischer Systeme. Hierzu gibt es in der Ökonomie die Kontroverse zwischen Vertretern der schwachen Nachhaltigkeit und jenen der starken Nachhaltigkeit.

Die schwache Nachhaltigkeit zielt darauf ab, den Kapitalbestand für zukünftige Generationen zumindest zu erhalten. Die Summe aus Natur- und Sachkapital darf also nicht abnehmen. Nimmt das Naturkapital ab, so kann dies durch ein Mehr an Sachkapital ausgeglichen werden. Hier spricht man von der sogenannten Substitutionsregel. Die Substitutionsregel wird von den Befürwortern der starken Nachhaltigkeit abgelehnt. Sie plädieren vielmehr für den Erhalt des Naturkapitals. Das gilt besonders dann, wenn ökologische Systeme wie Gewässer, Wälder aber auch landwirtschaftliche Nutzflächen durch die Abnahme des Naturkapitals gefährdet sind. Insofern kann man davon ausgehen, dass die Vertreter von Fair Trade die starke Nachhaltigkeit mit Nachdruck befürworten. Die ökologische Nachhaltigkeit fordert daher die Einhaltung von Handlungsregeln, wie sie in der folgenden Abbildung aufgezeigt werden. Weiterhin fordert die ökologische Nachhaltigkeit, jene Ökosysteme konsequent zu schonen, die für das Überleben der Menschheit notwendig sind.

---

[63] v. Hauff, M.; 2014; S. 23

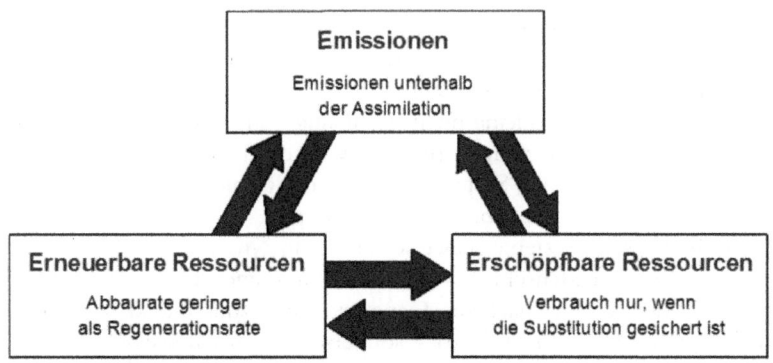

Abb. 3-2: Handlungsregeln für eine nachhaltige Entwicklung[64]

Aus der Abbildung wird deutlich, dass

- erneuerbare Ressourcen nur in dem Maße abgebaut werden dürfen, in dem sie sich erneuern können,
- nicht erneuerbare Ressourcen nur dann verbraucht werden dürfen, wenn die Substitutionsmöglichkeit zur Verminderung zukünftigen Ressourcenabbaus geschaffen werden sowie
- die Grenzen der Aufnahmefähigkeit der Natur als Senke für Emissionen eingehalten werden.

Es ist hinreichend belegt, dass die Menschen sowohl von dem Abbau und der Nutzung von Rohstoffen als auch von der zunehmenden Belastung durch Emissionen sehr unterschiedlich profitieren bzw. belastet werden. Es ist weiterhin unbestritten, dass die zukünftigen Generationen durch den starken Abbau von Rohstoffen, aber auch durch die zunehmende Belastung durch Emissionen, stärker als die heute lebende Generation belastet werden. Insofern ist davon auszugehen, dass weder die intra- noch die intergenerationelle Gerechtigkeit befriedigend realisiert werden.

Ökonomische Nachhaltigkeit: Einen weit verbreiteten Zugang zu der ökonomischen Nachhaltigkeit bietet die Wachstumstheorie. Deren Kernaussage ist, dass im langfristigen Gleichgewicht eine Steigerung des Pro-Kopf-Wachstums, besonders durch technischen Fortschritt und ein verbessertes

---

[64] in Anlehnung an Daly; 1990; S. 2.

3.2 Die Konkretisierung der Dreidimensionalität

Humankapital, möglich ist. Hierzu gibt es in den Wirtschaftswissenschaften, zumindest seit dem ersten Bericht an den *Club of Rome* „Grenzen des Wachstums", eine intensive Kontroverse über die Relevanz des quantitativen Wirtschaftswachstums[65]. In diesem Zusammenhang ist jedoch daran zu erinnern, dass in dem Bericht der *Brundtland-Kommission* die Relevanz des technischen Fortschritts und des wirtschaftlichen Wachstums, besonders zur Armutsbekämpfung, hervorgehoben wird.[66] Die Notwendigkeit des Wachstums wird jedoch nicht nur im Kontext der Bekämpfung von Armut in Entwicklungsländern, sondern auch mit der Notwendigkeit der Verwirklichung intragenerationeller Gerechtigkeit in Industrieländern begründet.

Das führt zu der Frage, wie technischer Fortschritt auf die Inanspruchnahme der Produktionsfaktoren Arbeit, Sachkapital und natürliches Kapital wirkt. Geht man davon aus, dass der technische Fortschritt arbeits- oder kapitalvermehrend wirkt, während die Produktivität des natürlichen Kapitals nicht bzw. nicht in gleichem Maße steigt, induziert Wachstum einen höheren Einsatz natürlicher Ressourcen bzw. eine höhere Beanspruchung der Aufnahmekapazität der Umweltmedien.[67] Langfristig führt das zu einer Überlastung der Umwelt. Durch einen umweltorientierten technischen Fortschritt kann es aber auch zu einer Entkopplung von Wachstum und der Nutzung des natürlichen Kapitals bzw. der Natur als Senke kommen. Die Entkopplung kann neben technischen Innovationen durch soziale und institutionelle Innovationen verstärkt werden, was bei Fair Trade eine wichtige Rolle spielt. Die Forderung nach Gerechtigkeit kann sowohl über die Einkommens- und Vermögensverteilung bzw. -umverteilung erfolgen, als auch durch – wie Sen es bezeichnet – die Stärkung der Verwirklichungschancen.[68]

Betrachtet man die ökonomische Nachhaltigkeit von der Nachfrageseite, so zielt sie auf die Aufrechterhaltung bzw. die Steigerung einer gewünschten Lebensqualität im Zeitablauf ab. Dabei wird die Lebensqualität oft mit öko-

---

[65] v. Hauff, M., Jörg, A.: Nachhaltiges Wachstum, 2. Aufl., München 2017
[66] Hauff, V.; 1987.
[67] Hillebrand, B. u. a.: Nachhaltige Entwicklung in Deutschland – ausgewählte Problemfelder und Lösungsansätze; Untersuchungen des Rheinisch-Westfälischen Instituts für Wirtschaftsforschung, Nr. 36, Essen 2000; S. 32.
[68] Sen, A. K.: Equality of What?, in: McMurren, S. M. (eds): The Tanner Lecture on Human Values; Salt Lake City 1980; S. 195–220; Drèze, J., Senn, A.: Indien. Ein Land und seine Widersprüche, München 2014, S. 205ff

nomischem Wohlstand und daher mit dem Indikator des Bruttoinlandsproduktes (BIP) bzw. Pro-Kopf-Einkommens verbunden. Das Wohlbefinden der Bürger wird jedoch zunehmend von einem stetigen Wirtschaftswachstum abgekoppelt. Einerseits ist nicht sichergestellt, dass alle Bevölkerungsgruppen von einem steigenden Pro-Kopf-Einkommen profitieren, und zum anderen können sich auch negative ökologische Ereignisse positiv darin niederschlagen (z. B. durch die Erfassung von Aufbauarbeiten nach Naturkatastrophen). In diesem Kontext wird zunehmend ein qualitatives bzw. nachhaltiges Wachstum gefordert.[69] Das betrifft natürlich auch das aus dem internationalen Handel begründete Wachstum.

Dieser Begründungszusammenhang spiegelt sich in der aktuellen Diskussion um alternative Messmethoden zum BIP bzw. alternative Indikatoren wider. Dabei steht häufig nicht die Abschaffung des traditionellen Indikators BIP im Mittelpunkt, der weiterhin als Strukturindikator erhalten werden soll.[70] Als solcher kann er aufzeigen, welche Branchen bzw. Wirtschaftssektoren in welchem Maße wachsen. Daraus lässt sich dann die wirtschaftliche Entwicklung im Sinne einer nachhaltigen Entwicklung ableiten und gestalten. In diesem Kontext hat Wachstum von Fair Trade-Produkten einen anderen Stellenwert als Wachstum z.B. von umweltbelastenden Produkten.

Ergänzend hierzu sollten aber auch Indikatoren entwickelt werden, die etwas über die Wohlfahrtsentwicklung einer Gesellschaft aussagen. Zu nennen ist beispielsweise der in Deutschland jüngst entwickelte „Nationale Wohlfahrtsindex 2.0". Der NWI erfasst Faktoren, wie eine gerechte Einkommensverteilung, den Wert von sozialen Netzwerken und bürgerschaftlichem Engagement sowie die Minderung von Umweltbelastungen.[71] Hier wird noch einmal der integrative Zusammenhang der drei Dimensionen nachhaltiger Entwicklung besonders deutlich.

Soziale Nachhaltigkeit: In der wirtschaftswissenschaftlichen Diskussion zur nachhaltigen Entwicklung findet die soziale Dimension eine wachsende Aufmerksamkeit. Sie hat bisher jedoch noch nicht die Bedeutung erfahren wie die anderen beiden Dimensionen. Dabei ist die soziale Nachhaltigkeit,

---

[69] v. Hauff, M., Jörg, A.: Nachhaltiges Wachstum, 2. Aufl., München 2017

[70] Stiglitz, J. E., Sen, A. K, Fitoussi, J.-P. (2009): Issues Paper, Commission on the Measurement of Economic Performance and Social Progress, o.O., http://www.stiglitz-sen-fitoussi.fr/documents/rapport_anglais.pdf.

[71] Diefenbacher et al.; 2016; S. 75ff.

die den gesellschaftlichen Zusammenhalt in Humanität, Freiheit und Gerechtigkeit zum Ziel hat, nicht weniger bedeutend als die zwei anderen Dimensionen, um die Zukunftsfähigkeit einer Gesellschaft bzw. einer Volkswirtschaft zu gewährleisten.[72] In diesem Zusammenhang spricht man auch von der Kohäsionsfunktion sozialer Nachhaltigkeit. So ist der Zusammenhalt z.b. im Rahmen von Produzentenkooperativen, wie sie im Kontext von Fair Trade üblich sind, von großer Bedeutung.

Einen möglichen theoretischen Zugang zur sozialen Nachhaltigkeit bietet die Neue Institutionenökonomik. In der Neuen Institutionenökonomik geht es um formelle und informelle Normen und Regeln, die den dauerhaften Zusammenhalt einer Gesellschaft begünstigen oder beeinträchtigen können. Ein wichtiger Ansatz innerhalb der Neuen Institutionenökonomik ist der Transaktionskostenansatz. Danach weisen alle Güter physische sowie eigentumsrechtliche Merkmale auf, wobei bei der Änderung von Letzteren Transaktionskosten entstehen.[73] Dabei können die Transaktionskosten unterschiedlich hoch ausfallen.[74] In Bezug auf die soziale Nachhaltigkeit bedeutet dies, dass eine Norm, die den gesellschaftlichen Zusammenhalt fördert, dann von der Gesellschaft anerkannt wird, wenn ihr Grenznutzen (z. B. die Sicherheit) ihre Grenzkosten (z. B. die Einschränkung der individuellen Handlungsmöglichkeiten) übersteigt.[75]

Eine Verknüpfung zwischen individueller Nutzenmaximierung und dem gesellschaftlichen Wohlergehen bieten interdependente Nutzenfunktionen. Individuen sind demnach bereit, ein nicht normenkonformes, die Gemeinschaft schädigendes Verhalten anderer Gesellschaftsmitglieder zu sanktionieren, auch wenn es sie scheinbar nicht direkt betrifft.[76] Ein Individuum

---

[72] v. Hauff, M., Schiffer, H.: Soziale Nachhaltigkeit im Kontext der Neuen Institutionsökonomik, Volkswirtschaftliche Diskussionsbeiträge an der Technischen Universität Kaiserslautern, Nr. 30-10, Kaiserslautern 2010; S. 1.

[73] North, D. C., Wallis, J. J.: Integrating Institutional Change and Technical Change in Economic History. A Transaction Cost Approach, in: Journal of Institutional and Theoretical Economics; Jg. 150, Heft 4, 1994; S. 611ff.

[74] Scott, W. R.: Reflexionen über ein halbes Jahrhundert Organisationssoziologie, in: Senge, K., Hellmann, K.-U. (Hrsg.): Einführung in den Neo-Institutionalismus; Wiesbaden 2006; S. 207.

[75] v. Hauff, M., Schiffer, H.; 2010; S. 15.

[76] Voigt, S.: Institutionenökonomik, 2. Auflage; Paderborn 2009; S. 196.

sorgt sich demnach nicht nur um sein eigenes Wohlergehen, sondern auch um das seiner Mitmenschen und das der zukünftigen Generationen, wenn seine eigene Nutzenfunktion positiv von deren Güterbündeln abhängt: Ein Unternehmen lässt sich auf des Prinzip von Fair Trade z. B. als Produzent von Schokolade oder auf den Verkauf fair gehandelter Produkte dann ein, wenn es davon einen Nutzen hat. Gleiches gilt für die Mitglieder einer Produzentenkooperation.

Gerechtigkeit in Verbindung mit der sozialen Dimension nachhaltiger Entwicklung geht mit gerechter Verteilung von Sozialkapital, den Ressourcen, die nach Pierre Bourdieu auf der Zugehörigkeit zu einer Gruppe beruhen, einher.[77] Das kann dann erfolgen, wenn man zwischen den unterschiedlichen Gesellschaftsgruppen eine Verbindung herstellt.[78] Eine besondere Bedeutung kommt dabei dem lebenslangen Lernen, das zur Bildung und Weiterentwicklung individueller Kompetenzen beiträgt und dem Zugang zu Kultur zu.[79] Kultur kann in ihrem weitesten Sinne „als die Gesamtheit der einzigartigen geistigen, materiellen, intellektuellen und emotionalen Aspekte angesehen werden (…), die eine Gesellschaft oder eine soziale Gruppe kennzeichnen. Dies schließt nicht nur Kunst und Literatur ein, sondern auch Lebensformen, die Grundrechte des Menschen, Wertsysteme, Traditionen und Glaubensrichtungen."[80]

Die inhaltliche Konkretisierung der drei Dimensionen konnte nur ansatzweise deren Beziehung zueinander aufzeigen. Daher ist es wichtig, die Komplementarität der drei Dimensionen zu analysieren und zu verdeutlichen. In der neueren Diskussion wird beispielsweise zunehmend die Rolle des sozialen Kapitals für die Erhaltung, die Akkumulation und Produktivität der beiden anderen Kapitalarten, wie Sachkapital und Naturkapital, diskutiert. Das lässt sich durch die Bereiche der Rechtssicherheit, der Verwirklichung von Chancengleichheit und der Partizipation (z. B. Bürgerbeteiligung), die der sozialen Nachhaltigkeit zuzuordnen sind, nachweisen.

Aber auch die ökologische Nachhaltigkeit kann für die ökonomische Nachhaltigkeit einen wichtigen Beitrag leisten: So lässt sich exemplarisch verdeut-

---

[77] Bourdieu, P.: Ökonomisches Kapital, kulturelles Kapital, soziales Kapital; in: Kreckel, R. (Hrsg.): Soziale Ungleichheiten, Göttingen 1983, S. 190f.
[78] Stiglitz, J. E., Sen, A. K, Fitoussi, J.-P.; 2009; S. 10.
[79] v. Hauff, M., Schiffer, H.; 2010; S. 18ff.
[80] Deutsche UNESCO-Kommission e. V.; 2010.

lichen, dass saubere Luft und sauberes Wasser die menschliche Gesundheit und somit die Produktivität von Humankapital verbessern. Es lässt sich also ableiten, dass die Synergien aus der Komplementarität von zwei oder mehr Kapitalarten die Lebensqualität erhöhen. Abschließend ist noch einmal zu bedenken, dass die gleichrangige Realisierung und Zusammenführung der drei Dimensionen zu einem neuen Gleichgewicht ein Idealzustand ist, der angestrebt wird, aber nur in Ausnahmesituationen zu erreichen ist.

3.3 Die Beziehung der drei Dimensionen zueinander

Die inhaltliche Abgrenzung und Konkretisierung der drei Dimensionen erfordert noch eine Klärung der Beziehungen zueinander. Die drei Dimensionen können zwar jeweils für sich genommen für die Lebenslage bzw. Lebensqualität der Produzenten, die in dem Umfeld von Fair Trade tätig sind, schon einen positiven Beitrag leisten. Die Zusammenführung der drei Dimensionen kann jedoch den positiven Beitrag auf die Lebenssituation der Produzenten noch wesentlich erhöhen. Daher ist es notwendig die Komplementarität der drei Dimensionen zu analysieren und zu begründen. Hierbei ist festzustellen, dass die Beziehung zwischen der ökologischen und ökonomischen Dimension in der Literatur bisher umfassend behandelt wurde. Lange Zeit ging man von einem Konflikt zwischen Umwelt und Wirtschaft aus. Heute gibt es jedoch viele Beispiele die zeigen, dass eine umweltorientierte Produktion durchaus wirtschaftlich sinnvoll sein kann, wie noch ausführlich konkretisiert wird.

In neuerer Zeit gibt es aber auch Beiträge, in denen aufgezeigt wird, welche Bedeutung die soziale Dimension für die Stärkung der beiden anderen Dimensionen haben kann. Beispiele hierfür sind die Erhöhung der Rechtssicherheit, die Verwirklichung von Chancengleichheit und Partizipation, die Stärkung der Gemeinschaft bzw. Kooperative und damit die Verringerung von Abhängigkeiten der Einzelnen. Sie sind der sozialen Nachhaltigkeit zuzuordnen. Auch hier stellt sich jedoch die Frage, in welchem Maße diese Ansprüche umgesetzt werden.

Es soll zunächst exemplarisch gezeigt werden, welchen Beitrag die ökologische Nachhaltigkeit für die ökonomische Nachhaltigkeit leisten kann. So ist unbestritten, dass sauberes Wasser, aber auch saubere Luft wichtige Voraussetzungen für die Erhaltung bzw. Stärkung der menschlichen Gesundheit und damit auch für die Produktivität von Humankapital ist.[81] So lässt sich eine Vielzahl von Krankheiten in Entwicklungsländern besonders bei Kindern auf verschmutztes Wasser zurückführen.[82] Auch die Verwendung von bestimmten Pflanzenschutzmitteln wie zum Beispiel Pestizide wirken sich häufig negativ auf die Gesundheit von Kleinbauern und den mitarbeitenden Familienmitgliedern aus. Der Einsatz von Pflanzenschutzmitteln wirkt sich zusätzlich auch oft negtiv auf die Erträge der landwirtschaftlichen Nutzflächen aus. Aus diesen Beispielen wird bereits deutlich, dass die Synergien aus der Komplementarität von zwei oder drei Dimensionen der Nachhaltigkeit die Lebensqualität der betroffenen Bevölkerung erhöhen kann.

Betrachtet man sich die sozialen Strukturen, denen Kleinbauern in Entwicklungsländern häufig ausgesetzt sind, so kommt es in vielen Regionen durch eine starke Machtkonzentration auf einzelne Personen zu negativen Auswirkungen. Das lässt sich am Beispiel von Geldverleihen, die aufgrund ihrer monopolähnlichen Stellung völlig überhöhte Zinsen von Kleinbauernn verlangen, aufzeigen. Dadurch sind schon viele Kleinbauern in existenzielle Nöte geraten. Eine weitere machtvolle Gruppe sind die Zwischenhändler von Lebensmitteln, die den Kleinbauern die Preise „diktieren". Auch hierdurch sind bereits viele kleine Bauern in existenzielle Nöte geraten bzw. haben ihre Existenz verloren.

Wie schon erwähnt, kann die Stärkung sozialer Beziehungen zum Beispiel durch die Bildung von Kooperativen dazu führen, dass die Macht von Geldverleihern und Lebensmittelhändlern zumindest verringert wird. Die Stärkung sozialer Beziehungen kann aber auch dazu führen, dass umweltschädliches Verhalten als unsozial und unproduktiv empfunden wird. Die Folge hiervon wäre, dass umweltschädliches Verhalten verringert wird. Es gibt aber auch Beispiele dafür, dass im Umfeld von ökologisch orientierten Produktionskooperativen Kleinbauern, die nicht Mitglied in der Kooperative sind, auf biologischen Landbau umstellen. Insgesamt ist jedoch festzustellen, dass die Beziehungen zwischen den drei Dimensionen noch nicht in vollem Maße erforscht wurden und somit weiterer Forschungsbedarf gegeben ist.

---

[81] v. Hauff, M.: Fair Trade. Ein Konzept nachhaltiger Entwicklung, Wiesbaden 2014, S. 37.

[82] v. Hauff, M., Mistri, A.: Economic Development and Water Sustainability – Study from an Emerging Nation, India, Delhi 2016, S. 70.

3.4 Anforderungen nachhaltiger Entwicklung an das Welthandelssystem und die Entwicklung des internationalen Handels

In Kapitel zwei konnte gezeigt werden, dass die Struktur des Welthandelssystems und die Entwicklungstendenzen des internationalen Handels sich durch große Ungleichgewichte auszeichnen und daher den Anforderungen nachhaltiger Entwicklung nicht entsprechen. Dabei weist die Präambel der WTO eindeutig auf die Verpflichtung zu dem Leitbild nachhaltiger Entwicklung hin. Die vielfältigen Verhandlungsrunden im Rahmen des GATT und seit 1995 der Welthandelsorganisation führten jedoch nicht dazu, dass es zu einer Integration der Mehrzahl der Entwicklungsländer in das Welthandelssystem kam. Das konnte exemplarisch auch am Beispiel der Doha-Runde verdeutlicht werden. Dies ist jedoch, wie auch gezeigt werden konnte, nicht nur den Akteuren der internationalen Wirtschaftsbeziehungen zuzuschreiben.

Es gibt eine Vielzahl von internen Ursachenfaktoren, wie die mangelnde Infrastruktur, das unzureichende Bildungssystem, aber auch eine unzureichende Versorgung mit Energie und Wasser, die eine Integration vieler Kleinbauern in Entwicklungsländern in das Welthandelssystem mit verhindert haben. Betrachtet man sich die externen Ursachenfaktoren, so hat die „unsichtbare Hand", die bereits 1786 von Adam Smith als Steuerungsmechanismus hervorgehoben wurde, nicht funktioniert. Dazu bedarf es einer Umgestaltung des vorherrschenden Regelwerkes und der Machtstrukturen des Weltwirtschaftssystems.

Die ungleichgewichtigen Handelsstrukturen spiegeln sich auch in der Entwicklung des internationalen Handels wider. Zweifellos ist es einigen wenigen Entwicklungsländern, wie beispielsweise China und Brasilien und in zunehmendem Maße auch Indien, gelungen, ihren internationalen Handel auszudehnen. Insgesamt ist jedoch festzustellen, dass die Entwicklung des internationalen Handels für viele Entwicklungsländer ein starkes Ungleichgewicht aufweist. Betrachtet man besonders den internationalen Handel primärer Produkte (landwirtschaftlicher Produkte), so ist die Entwicklung des Handels mit diesen Produkten nur dann zu ändern, wenn die Handelshemmnisse der Industrieländer weiter abgebaut werden. Weiterhin müsste es entsprechend der Anforderungen nachhaltiger Entwicklung auch dazu kommen, dass die kleinen Produzenten in Entwicklungsländern stärker in die globalen Wertschöpfungsketten mit einbezogen werden. Daher stellt sich nun die Frage, ob der Faire Handel die aufgezeigten Defizite des internationalen Handels kompensieren bzw. verringern kann.

4 Das Konzept und die Bedeutung des Fairen Handels

Die Existenz zahlreicher Akteure und Organisationen im Fairen Handel hat im Laufe der Zeit dazu geführt, dass sich verschiedene Definitionen zu dem Konzept entwickelten. Im Jahr 2009 entwickelten die Mitglieder der „World Fair Trade Organisation, (WFTO)" und die Fairtrade Siegelling Organization International (FI) die Charta des Fairen Handels, welche neben den Kernprinzipien des fairen Handels auch die gegenwärtig akzeptierte Definition des Fairen Handels beinhaltet (die überarbeitete Version erscheint im November 2017):

„Fair Trade is a trading partnership, based on dialogue, transparency and respect, that seeks greater equity in international trade. It contributes to sustainable development by offering better trading conditions to, and securing the rights of, marginalized producers and workers – especially in the South.

Fair Trade organisations have a clear commitment to Fair Trade as the principal core of their mission. They, backed by consumers, are engaged actively in supporting producers, awareness raising and in campaigning for changes in the rules and practice of conventional international trade.'[83]

Im Folgenden wird nun das Konzept des Fairen Handels vorgestellt. Zunächst wird in Abschnitt 4.1 die historische Entwicklung aufgezeigt. Dabei wird deutlich, wie sich in den vergangenen Jahrzehnten die Ausrichtung des Konzeptes verändert hat. In dem darauf folgenden Abschnitt werden dann die Grundsätze und Ziele aufgezeigt. In Abschnitt 4.3 wird die Organisationstruktur des Fairen Handels betrachtet. Die Produkte und Produzenten werden in Abschnitt 4.4 vorgestellt. Sowohl bezüglich der Organisationsstruktur als auch der involvierten Produzenten und der angebotenen Produkte gab es in den vergangenen Jahren Veränderungen.

Ein wesentliches Merkmal von Fair Trade ist die Zusammensetzung des „Fairen Preises", welcher in Abschnitt 4.5 vorgestellt wird. In Abschnitt 4.6 wird die Distribution der Produkte analysiert. Welche Stellung der Faire Handel innerhalb des Welthandelssystems einnimmt, wird in Abschnitt 4.7 erläutert. In dem letzten Abschnitt 4.8 wird schließlich der politische Einfluss des Fairen Handels betrachtet.

Neben den Anforderungen, die an die Handelsbeziehung zwischen den Importorganisationen und den Produzenten gestellt werden, ist es also wich-

---

[83] WFTO: What is fair trade? 2009; http://wfto.com/fair-trade/definition-fair-trade; Stand: 17.05.2017.

tig zu analysieren, welche Rolle der Faire Handel in der Politik und bei der Kaufentscheidung der Konsumenten spielt. Um die Idee des Konzeptes des Fairen Handels zu verstehen, ist es weiterhin von Bedeutung, die Verflechtung der verschiedenen Initiativen und Organisationen nachvollziehen zu können. Schließlich ist im Kontext von Kapitel 4 zu prüfen, wie sich das Konzept Fair Trade in das Paradigma der nachhaltigen Entwicklung einordnet.

4.1 Historische Entwicklung

Die Entwicklung des Fairen Handels lässt sich in verschiedene Phasen unterteilen. Dabei wird der Wandel von Fair Trade deutlich, der bei den verschiedenen Akteuren wie den Herstellern, den Konsumenten, aber auch der Zivilgesellschaft, der Politik und der öffentlichen Verwaltung und schließlich dem Handel zu einem veränderten Bewusstsein und Verhalten geführt hat.[84] Nach Moore (2004) und Schaber/van Dok (2008) lassen sich vier Phasen unterscheiden.[85]

Erste Phase 1945 bis Ende der 1960er Jahre:
Fairer Handel als Wohltätigkeit

Die Anfänge der Fair-Trade-Bewegung begannen nach dem zweiten Weltkrieg in den USA. Die religiös begründete Wohlfahrtsorganisation „Ten Thousand Villages" (ehemals „Selfhelp Crafts") begann im Jahr 1946 Handwerksprodukte aus Puerto Rico zu importieren. Diese wurden dann über das kircheneigene Netzwerk verkauft. Im Jahr 1958 eröffnete in den USA das erste Fair-Trade- Geschäft.

In dieser Zeit kam es zu einer Teilung der am Welthandel beteiligten Länder in die Gruppe der marktwirtschaftlich orientierten Länder und in die Gruppe der planwirtschaftlich orientierten Länder. Die Einteilung in „Erste Welt" und „Zweite Welt" war das Ergebnis des Ost-Westkonflikts (Kalter Krieg). Eine Gruppe von Ländern ließ sich jedoch weder der Ersten noch

---

[84] CEval: Verändert der Faire Handel die Gesellschaft?, Abschlussbericht, Saarbrücken 2016

[85] Moore, G.: The Fair Trade Movement: Parameters, Issues and Future Research, in: Journal Business Ethics, No 1-2, 53Jg.; 2004: S. 80, Schaber, C., van Dok, G.: Die Zukunft des Fairen Handels; Luzern 2008; S. 28

der Zweiten Welt zuordnen. So entstand der Begriff „Dritte Welt", welcher später zum Synonym für die Gruppe der „Entwicklungsländer" wurde. Es entwickelte sich langsam ein Bewusstsein für die im internationalen Handel benachteiligten Produzenten in den Entwicklungsländern.

Danach begannen Organisationen in Nordeuropa und in Nordamerika Handwerksprodukte von Kunsthandwerkern aus Entwicklungsländern zu verkaufen. Der Verkauf der Produkte wurde u.a. von den Organisationen „Oxfam UK", „Dutch Catholic Fairtrade Organisatie (S.O.S Wereldhandel)" in Europa und „Mennonite Central Committee" in Nordamerika initiiert. Die britische Hilfsorganisation Oxfarm, die in Europa eine gewisse Vorreiterrolle einnahm, begann Handwerkserzeugnisse von Flüchtlingen aus China in ihren eigenen Oxfam Geschäften zu verkaufen. Sie gründete im Jahr 1964 die erste einhundertprozentige Food and Agricultural Organization (FAO), die sich ausschließlich dem Geschäft des Fairen Handels widmete.[86]

In den folgenden Jahren entstanden daraus die sogenannten Alternativ Trade Organizations (ATO). In dieser Zeit wandten sich die Entwicklungsländer auch verstärkt an internationale Organisationen wie die „United Nations Conference on Trade and Development (UNCTAD)", die 1968 eine Konferenz in New Delhi abhielt. Während dieser Konferenz etablierte sich der Slogan „Trade not Aid". Dieses Motto beschreibt die Forderung nach einer fairen und gleichberechtigten Handelsbeziehung zwischen Entwicklungsländern und Industrieländern.

Die „alternativen Handelsorganisationen (AHO)" bzw. „Alternative Trade Organizations (ATO)" waren in dieser Phase noch kirchlich organisiert. Ihre Motivation bestand darin „gutes zu tun", wodurch der faire Handel die Form einer reinen „Charity Initiative" einnahm.[87] Die historische Entstehungsphase war ganz wesentlich durch das Engagement der Zivilgesellschaft geprägt, die den traditionellen Handel als zunehmend ungerecht empfand. Hierbei spielten kirchliche Gruppen bzw. Organisationen eine wichtige Rolle.

---

[86] Kocken, M.: 50. Jahre Fairer Handel – Eine kurze geschichtliche Darstellung der Bewegung des Fairen Handels; http://doku. cac.at/geschichte_fairtrade_byifat.pdf; Stand: 23.05.2017.

[87] Nicholls, A., Opal, C.: Fair Trade – Market-Driven Ethical Consumption; London 2004; S. 99.

Zweite Phase Beginn der 1970er bis Mitte der 1980er Jahre: Fairer Handel als Handel aus Solidarität

Im Jahr 1969 öffnete der erste Weltladen in den Niederlanden. In Deutschland kam es im Jahr 1970 zu einem ökumenischen entwicklungspolitischen Arbeitskreis und im selben Jahr zu der sogenannten Aktion Dritte-Welt-Handel (A3WH). Sie war darauf ausgerichtet durch den Verkauf von Produkten aus der Dritten Welt Informationen über die Bedingungen in den Herkunftsländern zu vermitteln (Advocacy Aufgabe). Die Aktion bot besonders den kirchlichen Jugendverbänden die Möglichkeit sich mit entwicklungspolitisch relevanten Themen wie Weltwirtschaft, der Lebenssituation in Entwicklungsländern, aber auch mit dem Konsumverhalten in Industrieländern zu beschäftigen.[88] Das war im Prinzip der Beginn der Fair-Trade-Bewegung in Deutschland, die zunächst unter dem Begriff Dritte-Welt-Handel begann.[89] Der Faire Handel entwickelte sich zu Beginn der 1970 Jahre zu einer großen Solidaritätsbewegung. In den 1970er und 1980er Jahren vergrößerte sich das Fair-Trade-Netzwerk, und die Verkaufszahlen stiegen.

In Österreich, Deutschland und der Schweiz kam es zur Gründung von Tochtergesellschaften von S.O.S Wereldhandel. Die Gesellschaft für Handel mit der Dritten Welt wurde als deutsche Tochter in der Form einer Stiftung ins Leben gerufen und war der Vorläufer der Gesellschaft zur Förderung der Partnerschaft mit der Dritten Welt (GEPA). Bis zu diesem Zeitpunkt wurden ausschließlich Handwerksprodukte im Rahmen des Fairen Handels verkauft. Als erstes Lebensmittel wurde der Kaffee in das Produktsortiment aufgenommen: Im Jahr 1973 initiierte Fairtrade Organisatie den Verkauf des ersten fair gehandelten Kaffees. Im Rahmen des Fair Trade kam es verstärkt zum Import von Waren aus weniger entwickelten Ländern, die aufgrund politischer Bedingungen vom Welthandel ausgeschlossen waren. Der erste fair gehandelte Kaffee wurde beispielsweise von kleinen Produzenten aus Guatemala importiert.

Im Gegensatz zu Nordamerika wuchs der Markt für fair gehandelte Produkte in Europa immer weiter. In den 1990er Jahren gab es bereits mehr als 60

---

[88] Quaas, R.: Fair Trade. Eine global-lokale Geschichte am Beispiel des Kaffees, Köln/Weimar/Wien 2015

[89] Raschke, M.: Fairer Handel – Engagement für eine gerechte Weltwirtschaft, 2. Aufl.; Ostfildern 2009; S. 47ff.

Organisationen, die Fair-Trade-Produkte aus Entwicklungsländern importierten. Das hatte zur Folge, dass immer mehr Weltläden eröffnet wurden. Im Jahr 1988 wurde die Max Havelaar Foundation in den Niederlanden gegründet. Das vorrangige Ziel dieser Stiftung war die Entwicklung eines Siegels. Dieses Siegel sollten Importorganisationen gegen Zahlung einer Zertifizierungsgebühr erhalten. Die Einfuhr der Produkte auf der Basis festgelegter Standards galt als Voraussetzung der Zertifizierung. Die GEPA weitete ihren Betrieb im Jahr 1989 auf Bio- und Naturkostläden, den Lebensmittel Einzelhandel und den Großhandel aus und erweiterte so den Zugang der Konsumenten zu fair gehandelten Produkten.

Aus ökonomischer Perspektive lässt sich feststellen, dass der Faire Handel Anfang der 1970er bis Ende der 1980er Jahre weitestgehend angebotsorientiert war. Das Konzept entwickelte sich auf der Grundlage des Angebotes der Produzenten und Händler, wogegen die Nachfrage der Kunden eher eine untergeordnete Rolle spielte. Mit der Gründung der nationalen Zertifizierungsgesellschaften und strategischer Organisationen, wie die der European Fairtrade Association (EFTA) und die „International Federation of Alternative Trade", erfolgte immer mehr eine Entwicklung zu einem produktorientierten Handel.

Ein erster Wandel in der Fair Trade-Bewegung zeichnete sich Ende der 1970er Jahre ab. Es ging darum, Entwicklungsfragen mit eigenen Konsummustern zu verbinden. Dies lässt sich sehr gut durch die Aktion „Jute statt Plastik" verdeutlichen, in deren Kontext der Jutebeutel zum Symbol eines alternativen Lebensstils avancierte.[90] Dabei ging es auch um die Unterstützung bzw. Solidarität mit den Produzentinnen, d.h. mit Frauengruppen, die die Jutetaschen herstellten.

Bezeichnend für die zweite Phase ist auch, dass die Produzenten im Süden immer stärker zu Partnern der Fair-Trade-Organisationen in den Industrieländern wurden. Die Produzenten entwickelten sich von Wohltätigkeitsempfängern zu Handelspartnern. Der Handel wurde auch zunehmend durch Förderprogramme begleitet, womit die Produzenten sich besser auf die Situation im globalen Markt vorbereiten konnten. Die FAOs verstanden sich in dieser Phase hauptsächlich als Bindeglied zwischen dem Produzenten und Konsumenten, die die Idee des Fairen Handels unterstützten und ein anderes bzw. alternatives Handelsgefüge etablieren wollten. Im Vordergrund

---

[90] Quaas; 2015; S. 196.

stand weiterhin die Erzielung eines höheren Einkommens für die Handelspartner aus den Entwicklungsländern.[91] Das übergeordnete Ziel war die Transformation des Regelwerkes des traditionellen Welthandels in ein gerechteres Regelwerk.

Dritte Phase Mitte der 1980er bis Ende der 1990er Jahre: Konsolidierung und Professionalisierung

Die Strategie, die sich überwiegend an den Möglichkeiten der Produzenten orientierte und weniger die Wünsche der Konsumenten im Blickfeld hatte, stellte sich zunehmend als problematisch heraus.

Die AHO und Weltläden waren in zunehmendem Maße mit rückläufigen Verkaufszahlen konfrontiert. Daher mussten viele AHO erhebliche Verluste hinnehmen. Bei einer Analyse der Handelskette von Oxfam fand die Unternehmensberatung McKinsey im Jahr 2000 heraus, dass Oxfam ein Produkt für 36 Dollar verkaufte, wobei die Kosten 54 Dollar betrugen. Grund für den niedrigen Verkaufspreis war, dass Oxfam Schwierigkeiten hatte, das Produkt am Markt zu verkaufen und aus diesem Grund einen geringeren Verkaufspreis akzeptierte. Dadurch verlor Oxfam pro Produkt, das sie verkauften, 18 Dollar.[92]

In dieser Phase hatten viele AHO Schwierigkeiten, sich an die veränderten Bedingungen anzupassen. Die Konsequenz waren Insolvenzen. Im Jahr 1989 kam es zum Scheitern des Internationalen Kaffeeabkommens, weshalb jedes Land nun beliebig viel Kaffee produzieren und exportieren durfte. Für die Kleinbauern in den Entwicklungsländern hatte dies einen Einkommensrückgang zur Folge. Die Preise sanken deutlich, wodurch der Absatz der Waren zu einer existenziellen Frage wurde. Die AHO erkannten zunehmend, dass eine Steigerung der Absatzmenge nötig war. Als Lösung wurde ein Siegel angestrebt, das sich am Biosiegel orientieren und somit auch den Verkauf im konventionellen Handel möglich machen sollte.

Die Orientierung an der Nachfrage der Kunden gewann daher in der dritten Phase, d. h. in den 1990er Jahren an Bedeutung. Ende der 1990er Jahre gab es bereits verschiedene nationale Initiativen (Max Havelaar, TransFair, Fairtrade Foundation) in Europa, Nordamerika und Japan, die seit 1997 unter

---

[91] Nicholls, Opal; 2004; S. 80.
[92] ebd.; S. 83.

der Fairtrade Siegelling Organization (FI) koordiniert wurden.[93]. In den Niederlanden wurde das erste Gütesiegel unter dem Namen „Max Havelaar" im Jahr 1988 eingeführt.

In Deutschland kam es zur Gründung von TransFair e.V. TransFair als deutsche Siegel Initiative (heute: nationale Fairtrade-Organisation) wurde von vielen kirchlichen Organisationen mitgegründet. Heute wird TransFair von 31 Mitgliedsorganisationen aus den Bereichen der Entwicklungszusammenarbeit, Kirche, Sozialarbeit, Verbraucherschutz, Genossenschaftswesen, Bildung, Politik und Umwelt getragen.[94]

In den 1990er Jahren folgten dann weltweit Fair-Handelsimportorganisationen, kirchliche Initiativen und NGOs dieser Vorgehensweise und gründeten ebenfalls nationale Siegel-Initiativen. Diese Initiativen führten zu einem Kontroll- und Zertifizierungssystem, mit dem garantiert wurde, dass die gesiegelten Produkte unter fairen Bedingungen produziert und gehandelt werden. Das Siegel machte es möglich, dass die fair gehandelten Produkte auch in Bioläden und über Einzelhandelsketten verkauft werden konnten. Das erste Produkt mit einem Siegel war Kaffee, es folgten weitere Produkte aus dem Landwirtschaftssektor (Kakao, Honig und Tee).

Die Zahl der beteiligten Akteure nahm deutlich zu. Daher wurde eine bessere Koordination und Kooperation zwischen den einzelnen Fairhandelsorganisationen und Weltläden notwendig. In diesem Kontext kam es jedoch zu verschiedenen Strömungen hinsichtlich der Frage der Handelsausweitung. Einerseits gab es Vertreter, die bei einer Kooperation mit dem konventionellen Handel zusätzliche Absatzmöglichkeiten erkannten. Dagegen befürchteten Vertreter der Weltläden und Aktionsgruppen ein Abrücken von dem originären Auftrag einer kritischen Bildungsarbeit.[95] Die logische Schlussfolgerung daraus war die Gründung von Dachverbänden.[96] Im Jahr 1994 schlossen sich die europäischen Weltläden in dem neu gegründeten „Network of European Worldshops (NEWS!)" zusammen. Das Ziel dieses Zusammenschlusses war, die Markteffizienz zu erhöhen, gemeinsame Kam-

---

[93] Fridell, G.: The Fair Trade Network in Historical Perspective, in: Canadian Journal of Development Studies, Bd. 25, 2004; S. 411ff.

[94] TransFair e.V.: https://www.fairtrade-deutschland.de/service/ueber-transfair-ev/wer-wir-sind/mitgliedsorganisationen-foerderer.html; Stand: 17.05.2017.

[95] CEval; 2016; S. 33.

[96] Schaber, C., van Dok, G.: Die Zukunft des fairen Handels; Luzern 2008; S. 33f.

pagnen zu koordinieren und durchzuführen und ein verbesserter Informationsaustausch in Bezug auf die Markttrends und Absatzentwicklungen. Im Jahr 2007 waren in NEWS! 13 nationale Dachverbände (2060 Weltläden) in 12 Ländern zusammengeschlossen.[97]

**Vierte Phase Ende der 1990er Jahre bis zur Gegenwart:
Stetiges Wachstum und zunehmende Kommerzialisierung (heraus aus der Nische)**

Diese Phase war ebenfalls durch eine Reihe von Neuorientirungen geprägt, die auch die organisatorische Architektur von Fair Trade betraf. Es gab aber auch inhaltliche Meilensteine, die Beachtung verdienen. Dabei ging es besonders um eine Schärfung des Profils des Fairen Handels, zumal dem Fairen Handel Ende der 1990er Jahre eine „schwindende Kontur" vorgehalten wurde.[98] Das BMZ als einer der treibenden Akteuere strebte eine stärkere Koordinierung der Aktivitäten und eine Erhöhung des Bekanntheitsgrades an. In diesem Zusammenhang wurde auch das neue Fairtrade-Siegel beworben. 2003 hat sich TransFair im Rahmen der Internationalisierung des Fairtrade-Systems mit 19 nationalen Fairtrade-Organisationen auf das Fairtrade-Siegel geeinigt, das das TransFair-Siegel ablöste.[99] Ziel des gemeinsamen Siegels war die Sichtbarkeit zu erhöhen.

Um das Jahr 2005 ging es darum, weitere Vertriebswege zu erschließen. Ein entscheidender Schritt hierbei war 2006 der Einstieg von Lidl in den Verkauf von Fairtrade-Produkten. Die Causa Lidl führte zu einer heftigen Kontroverse. Die Befürworter betonten, dass dadurch viel mehr Konsumenten erreicht werden können und dadurch – zum Vorteil der Produzenten – auch mehr Fair Trade-Produkte abgesetzt werden können. Für die Gegner war es verwerflich, mit einem Unternehmen zusammen zu arbeiten,

---

[97] Krier, J.-M.: Fair Trade 2007: News Facts and Figures from an ongoing Success Story – A report on Fair Trade in 33 consumer countries, Dutch Association of Worldshop (DAWS), supported oft the FINE advocacy office, http://www.european-fair-trade-association.org/efta/Doc/FT-E-2007.pdf, Stand: 28.9.2010; S. 32.

[98] Für eine ausführliche Darstellung vgl. CEval; 2016; S. 40 ff.

[99] TransFair: Chronik. TransFair 2015a: Fairtrade-Standards für Mischprodukte bei Lebensmitteln. Verfügbar auf: https://www.fairtrade-deutschland.de/fileadmin/DE/ mediathek/pdf/fairtrade_statement_mischprodukte.pdf. Letzter Zugriff am: 03.08.2016.

das für sein Sozial- und Umwelt-Dumping oft kritisiert wurde. Das brachte der Profilbildung neuen Auftrieb.

Die Einbeziehung konventioneller Unternehmen führte für viele Experten zu der endgültigen Integration in den Mainstream und damit zu einer Kommerzialisierung bzw. Marktorientierung.[100] Dadurch wurde teilweise auch eine klare Trennung zum konventionellen Handel in Frage gestellt. Teilweise wird dies als „Zerreißprobe für die Fair-Trade-Bewegung" eingeordnet.[101] Zu dieser Entwicklung stellt Dolan fest:[102]

"The fairtrade movement diverged into two discrete paths: an idealist orientation toward trade justice, structural change, and human solidarity; and an instrumentalist focus on certification, standardization and market expansion. The first approach, pursued by the International Fairtrade Association (IFAT), markets goods that are produced, imported and/or distributed by specialized Fairtrade or Alternative Trade Organizations (FTOs or ATOs) through 'alternative' distribution chains that are oriented toward speciality outlets and defined by shared understandings of fairness, grassroots development and north south partnerships. The second approach, epitomized by FI, certifies and markets fairtrade products through mainstream distribution channels, with sales increasingly targeted toward supermarkets and transnational food corporations."

Ein wichtiger Schritt in der vierten Phase war, wie schon erwähnt, die zunehmende internationale Vernetzung. Zu erwähnen sind die zunehmende Bedeutung der World Fair Trade Organization (WFTO), die 2008 aus der International Federation of Alternative Trade (IFAT) hervor ging, die Auflösung des europäischen Weltladen-Netzwerkes (NEWS!) und schließlich die Gründung des Fair Trade Advocacy Office in Brüssel. Die Mitglieder der WFTO haben sich als Zeichen einer einheitlichen Zielsetzung auf 10 Prinzipien verpflichtet. 2013 wurde das WFTO-Garantiesystem eingeführt, bei dem es um einen Prüfprozess der Fair-Handels-Organisationen geht. Schließen sie diesen erfolgreich ab, können sie das WFTO-Logo auch für ihre Produkte verwenden. Nach CEval ist es auch für deutsche Fair-Handels-Akteure das Instrument zur Profilierung und Glaubwürdigkeit.[103] Auf euro-

---

[100] Nicholls, Opal; 2008; S. 80.

[101] Brot für die Welt, eed, BUND: Zukunftsfähiges Deutschland in einer globalisierten Welt, 2. Aufl.; Frankfurt 2008; S. 497ff

[102] Dolan, C. S.: Virtual Moralities: The Mainstreaming of Fairtrade in Kenyan tea fields, in: Geoforum, H. 1, 41. Jg.; 2008; S. 33–43.

[103] CEval; 2016; S. 46.

päischer Ebene übernimmt die WFTO gerade auch nach der Auflösung des Netzwerkes der europäischen Weltladenbewegung (NEWS!) eine wichtige Position ein.

Parallel zu diesem Netzwerk haben sich in den folgenden Jahren im Süden regionale Netzwerke gebildet. Beispielhaft sollen genannt warden: Asia Fair Trade Forum, Ecota Fair Trade Forum in Bangladesch, Fair Trade Group Nepal, Associated Partners for Fair Trade Philippines, Fair Trade Forum India, Kenia Federation for Alternative Trade, Coordinadora in Latin America u.a.[104] Hinzu kommen noch die Fairtrade-Netzwerke.

Abschließend lässt sich feststellen, dass die Standardsetzung im internationalen Fairtrade-System immer stärker harmonisiert wurde. Das gilt jedoch nur für den Fairtrade-Ansatz. Standardsetzung und Siegelling wurde vom WFTO-Ansatz nicht unterstützt. Seit dem ersten Fair Trade-Siegel der Max Havelaar Stiftung in den Niederlanden entstanden auch in anderen Ländern nationale Siegelorganisationen. Hierzu gehört auch der deutsche TransFair e.V. Die nationalen Siegelorganisationen schlossen sich bereits 1997 zur Fairtrade Siegelling Organizations International (FI) zusammen. Dies führte dazu, dass die Kompetenz für Standards und Zertifizierung der Mitgliedsorganisationen auf die internationale Ebene übertragen wurde. Die nationalen Fairtrade-Organisationen aber auch die Vertretung der Produzenten und weitere Stakeholder sind jedoch an der Standardentwicklung beteiligt. Um eine gleichberechtigte Partnerschaft zu gewährleisten, haben die Fairtrade-Produzentennetzwerke einen 50 prozentigen Stimmenanteil in allen Gremien von Fairtrade International der Hauptversammlung. Die Produzentenvertreter sind damit die „Halbeigentümer" des Fairtrade-Systems.

4.2 Grundsätze und Ziele

Der Faire Handel soll primär Kleinbauern in Entwicklungsländern bei der Produktion und Vermarktung ihrer Produkte unterstützen und ihnen die Möglichkeit geben, durch Handel ihre Lebensbedingungen zu verbessern. Benachteiligte Kleinbauern in Entwicklungsländern und ihre Familien können oftmals nicht ausreichend von der Produktion ihrer Produkte profitieren. Ihnen fehlen beispielsweise die finanziellen Mittel und der Zugang zu Infrastruktur, um die Waren auf entsprechende Märkte zu transportieren

---

[104] Kocken; 2010.

und dort zu verkaufen. Daher sind sie von Zwischenhändlern abhängig. Zwischenhändler kaufen mehreren Produzenten Waren ab und verkaufen diese dann in größeren Mengen weiter. Die Kleinbauern erhalten Informationen zu Marktentwicklungen, Marktpreisen oder Qualitätsanforderungen allein über die Zwischenhändler. Dadurch entsteht ein gewisses Abhängigkeitsverhältnis, da viele Kleinbauern auf wenige Zwischenhändler angewiesen sind. Daraus begründen sich die drei übergeordneten Ziele des Fairtrade-Systems, jedoch nicht von WFTO:

Goal 1: Make Trade Fair

Goal 2: Empower Small Producers and Workers

Goal 3: Foster Sustainable Livelihoods

Durch den Fairen Handel soll der Export der Produkte in die Industrieländer direkt, d.h. möglichst ohne Zwischenhandel, erfolgen. Um die Position der Kleinbauern zusätzlich zu stärken, ist der Zusammenschluss mehrerer Produzenten zu Kooperativen ein weiterer verpflichtender Bestandteil des Konzeptes „Fairer Handel".

Die Bedingungen, unter denen der Faire Handel zwischen Importeuren und Produzenten stattfindet, können zwischen den Organisationen variieren. Dennoch stehen hinter dem Konzept grundlegende Prinzipien, die von allen Organisationen akzeptiert und angestrebt werden. Ein Beispiel hierfür ist die Behandlung von Mischprodukten. Diese Produkte dürfen das Fairtrade-Siegel nur tragen, wenn alle Zutaten, die als Fairtrade-Rohstoffe verfügbar sind, aus Fairtrade-Quellen bezogen werden. Diese Regelung wird dadurch ergänzt, dass der Anteil aller Fairtrade-Zutaten, gemessen am Normalgewicht des Enddproduktes, mindestens 20 Prozent ausmachen muss.[105]

Eine wichtige Grundlage für das Konzept des Fairtradesystems bieten die internationalen Fairtrade-Standards, die gemeinsam mit den Produzentenvertretern, Händlern und entwicklungspolitischen Experten erarbeitet werden. Dazu gehören:

- Verbot von illegaler Kinderarbeit und Zwangsarbeit
- menschenwürdige Arbeitsbedingungen

---

[105] Fairtrade Deutschland: Fairtrade-Standards bei Mischprodukten; https://www.fairtrade-deutschland.de/was-ist-fairtrade/fairtrade-standards/misch produkte; Stand 22.4.2017.

- garantierte Mindestpreise
- Fairtrade-Prämien für soziale Projekte
- zusätzlicher Aufschlag für kontrolliert biologischen Landbau
- Vorfinanzierung der Ernte
- langfristige und möglichst direkte Lieferbeziehungen
- nachhaltige und umweltschonende Wirtschaftsweise
- Ursprungsgarantie und kontrollierter Warenfluss zu den Konsumentenländern

In Abbildung 4-1 wird deutlich, welche Prinzipien Bestandteil der Partnerschaft zwischen den Produzenten und den Fair-Handelshäusern sind. Die Verbindung zu dem Modell der drei Dimensionen der Nachhaltigkeit wird hier deutlich. Das Konzept des Fairen Handels setzt sich aus den drei in Abschnitt 3.2 vorgestellten Dimensionen Ökologie (Erhalt von Natur bzw. Ökosystemen für nachfolgende Generationen), Ökonomie (verantwortungsvoller Umgang mit wirtschaftlichen Ressourcen mit dem Ziel der Wohlstandsmehrung) und Soziales (Entwicklung einer Gesellschaft, in der alle Mitglieder gleichermaßen partizipieren) zusammen.[106] Das Konzept beinhaltet:

- die Festsetzung eines Mindestpreises für die Erzeugnisse,
- die Unterstützung der Produzenten bei der Finanzierung der Projekte,
- die zuverlässige Handelsbeziehung zwischen den Importeuren im Norden und den Produzenten im Süden,
- die sozial verträglichen Arbeitsbedingungen auf den Plantagen und in den Produzentenkooperativen sowie
- die Einhaltung bestimmter Umweltstandards zur Verbesserung der Umweltsituation in den Entwicklungsländern.

Im Folgenden werden die einzelnen Prinzipien in der Abbildung 4-1 zusammenhängend dargestellt und anschließend erläutert.

---

[106] v. Hauff, M.; 2014; S. 32 ff.

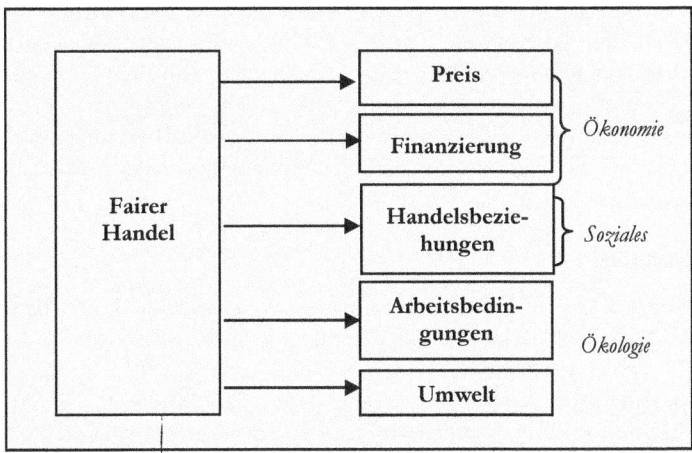

Abb. 4-1: Bestandteile des Konzeptes „Fairer Handel"[107]

Preis

Im Rahmen des Fairen Handels werden hauptsächlich Primärprodukte (vor allem landwirtschaftliche Produkte) angeboten, die sich durch eine geringe Preiselastizität auszeichnen. Eine geringe Preiselastizität bedeutet, dass sich die Nachfrage nach dem Produkt bei Preisanpassungen kaum ändert: sinkt der Preis, so steigt nicht unbedingt die Nachfrage. Diese Produkte werden auf dem Weltmarkt teilweise zu einem Preis angeboten, welcher unter den Produktionskosten liegt. Hier setzt das Konzept des Fairen Handels mit einem Mindestpreis an, der im Idealfall von den Importorganisationen in den Industrieländern und den Produzenten in den Entwicklungsländern gemeinsam festgelegt wird. Das gilt jedoch nur für den WFTO-Ansatz. Im Fairtrade-System wird der Mindestpreis nach einer festgelegten Methodik entwickelt, welche die Kosten der nachhaltigen Produktion ermittelt und auf dessen Basis dann der Mindestpreis ermittelt wird. Zusätzlich zu dem festgelegten Mindestpreis wird den Produzenten eine „Fairtrade-Prämie" gezahlt.

Die Produzenten sollen von den Erlösen der exportierten Produkte direkt profitieren. Die Entscheidung über einen effizienten Einsatz der Fairtrade-Prämie soll gemeinschaftlich innerhalb der Kooperative getroffen werden.

---

[107] Eigene Darstellung

Ziel ist es, realistische Projekte auszuwählen, die einen Nutzen für alle Produzenten haben. So kann die Fairtrade-Prämie dafür eingesetzt werden, die Lebensbedingungen der Produzenten zu verbessern. Ein Beispiel ist der Bau von Schulen oder Krankenstationen.[108] Der höhere Preis, der von den Handelsgesellschaften für die Produkte gezahlt wird, kann als Kompensation für die aufwändige Einhaltung hoher ökologischer und sozialer Standards verstanden werden.

Vorfinanzierung

Ein weiteres Element des Konzeptes ist die Vorfinanzierung. Das bedeutet, dass die Produzenten einen Teil der Bezahlung für ihre Produkte im Voraus erhalten. Die Finanzmittel können beispielsweise für den Einkauf von Rohmaterialen und Saatgut verwendet werden. Des Weiteren können neue Produktionsanlagen beschafft werden. Die Produzenten sind durch diese finanzielle Unterstützung nicht mehr gezwungen, Kredite bei lokalen Geldverleihern aufzunehmen, die vielfach völlig überzogene Zinsen verlangen. Die Kleinbauern müssen sich somit auch nicht mehr verschulden, um die Produktion und die Produktionsmaterialien finanzieren zu können.

Ein Instrument im Bereich der Vorfinanzierung/Finanzierung wurde im Jahr 2012 mit dem Fairtrade Access Fund ins Leben gerufen. In einer Umfrage von Fairtrade International in Lateinamerika gaben die im Fairen Handel involvierten Produzentenorganisationen an, dass sie 500 Millionen US$ benötigen, um ihre finanziellen Bedürfnisse zu decken. Benötigt werden langfristige Darlehen zur Investition in Projekte, die das zukünftige Einkommen der Bauern verbessern. Aber gerade der Zugang zu langfristigen Krediten ist für die Produzentenorganisationen schwierig. Dieses Umfrageergebnis veranlasste Fairtrade International in Zusammenarbeit mit Incofin Investment Management und der Grameen Foundation den Fairtrade Access Fund ins Leben zu rufen. Für Investoren ergibt sich sowohl ein finanzieller (jährliche Dividenden), als auch ein sozialer Nutzen. Am 24.04.2012 wurde Starbucks Coffee Company als erster Investor bekannt

---

[108] Steinrücken, T.: Funktioniert ‚fairer' Handel? Ökonomische Überlegungen zum alternativen Handel mit Kaffee; Diskussionspapier Nr. 32; TU Illmenau; Illmenau 2003; S. 8; Fairtrade Intrenational: Strong Producers, Strong Future, Annual Report 2013-14, Bonn 2014, S. 8.

gegeben. Der Fairtrade Access Fund stellt verschiedene Darlehen und technische Unterstützung zur Verfügung.[109]

Der Fairtrade Access Fund begann in Lateinamerika und steht nun auch den Produzentenorganisationen in Afrika zur Verfügung. In Zukunft soll er auch im asiatischen Raum verfügbar sein. Bis zum 05.06.2013 wurden bereits 3,7 Millionen US$ zur Verfügung gestellt (7 Kooperativen in Lateinamerika erhielten Darlehen). 2016 stellte der Fund eine Gesamtsumme von 21,238 Millionen US$ zur Verfügung.[110]

Handelsbeziehungen

Die Handelsbeziehungen mit den Importorganisationen sollen für die Produzenten eine langfristige Alternative zum konventionellen Welthandel darstellen. Die Produzenten sind dadurch in der Lage, die Herstellung und den Vertrieb ihrer Produkte und damit ihre Wirtschaftlichkeit zu planen. In diesem Zusammenhang ist es wichtig, dass die Waren direkt von den Produzenten zu den Importorganisationen gelangen. Ziel ist es, den Zwischenhandel weitestgehend auszuschalten und die Abhängigkeit der Kleinbauern von Zwischenhändlern zu minimieren.

Der Einsatz von Zwischenhändlern begründet sich vor allem durch den Mangel an Verkehrsinfrastruktur und dem fehlenden Zugang zu finanziellen Mitteln. Außerdem haben viele Produzenten aufgrund der kleinen Menge, die sie produzieren, keine Möglichkeit, direkt an Importeure zu verkaufen. Die Unternehmen aus Industrieländern kaufen die Produkte von Zwischenhändlern, da diese große Mengen anbieten können. Der Transport und die Aufbereitung der Güter werden kostengünstiger. Diese Situation erklärt, dass die Zwischenhändler oft die einzigen Abnehmer für die Güter der Kleinbauern sind. Die Vielzahl von Kleinbauern (vollständige Konkurrenz) führt dazu, dass die einzelnen Anbieter keinen Einfluss auf den Preis ihrer Produkte haben. Da es oft nur eine begrenzte Anzahl von Zwischenhändlern (Oligopolisten) gibt, können diese die Preise maßgeblich beeinflus-

---

[109] Fairtrade International: Fairtrade Access Fund to provide long-term loans to smallholder bauerns. www.fairtrade.net; Stand: 19.06.2013.

[110] Fairtrade International: Fairtrade Access Fund's first loans making impact. www.fairtrade.net; Stand: 30.6.2016.

sen.[111] Im Kontext des Fairen Handels kann diese Preisbildung durch die direkte Handelsbeziehung zwischen den Produzenten und den Importorganisationen verhindert werden.

Im Rahmen des Fairen Handels hat das Konzept der Kooperative eine große Bedeutung: Als Handelspartner der Importorganisationen in Industrieländern treten oft Produzentenzusammenschlüsse in Form von Kooperativen auf. Aber auch auf der Seite der Importeure gibt es vereinzelt kooperative Strukturen. Von der International Co-Operative Alliance wird eine Kooperative wie folgt definiert:

„A co-operative is an autonomous association of persons united voluntarily to meet their common economic, social and cultural needs and aspirations through a jointly-owned and democratically-controlled enterprise." [112]

Die folgende Abbildung zeigt die Verflechtung der einzelnen Akteure im kooperativen Modell. Die einzelnen Produzenten verkaufen ihre Ware an die Kooperative. Diese kann als ein Zusammenschluss von Kleinbauern gesehen werden und wird auch von ihnen geleitet. Die Produkte werden für den Export vorbereitet und an Handelspartner aus den Industrieländern verkauft. Der festgelegte Mindestpreis und die Fairtrade-Prämie werden an die Kooperative gezahlt. Die Produzenten bekommen den vorher vereinbarten Betrag ausgezahlt. Ein Teil der Einnahmen (im Normalfall die Fairtrade-Prämie) verbleibt in der Kooperative und wird, wie schon erwähnt, für gemeinschaftliche Entwicklungsprojekte oder technische Verbesserungen verwendet.

---

[111] Liebig, K.; Sautter, H.: Politische Wirkungen des Fairen Handels; in: Misereor, Brot für die Welt, Friedrich-Ebert-Stiftung (Hrsg.): Entwicklungspolitische Wirkungen des fairen Handels. Beiträge zur Diskussion; Aachen 2000; S. 128–132.

[112] International Co-operative Alliance: Defintion of Co-operatives; www.ica.coop/en/whats-co-op/co-operative-identity-values-principles; Stand: 17.05.2017.

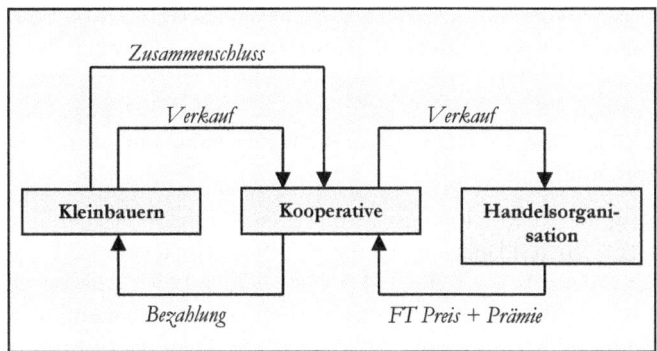

Abb. 4-2: Kooperative Struktur[113]

Der Vorteil eines Zusammenschlusses von Kleinbauern zu einer Kooperative besteht darin, dass größere Mengen des Produktes hergestellt und vertrieben werden können und damit auch höhere Gewinne zu erzielen sind. Weiterhin profitieren die Produzenten von einem institutionalisierten Eigentum und einer Organisationsstruktur, in der es leichter ist Entscheidungen zu treffen, insbesondere über die sinnvolle Verwendung der Fairtrade-Prämie mit dem Ziel der Verbesserung der Produktions- und Lebensbedingungen.

Die Kleinbauern haben im Idealfall die Möglichkeit moderne Geräte zu nutzen und können dadurch und durch den Erfahrungsaustausch mit anderen Produzenten und Fair-Trade-Organisationen ihre Produktivität und Profitabilität verbessern. Für die Fairtrade-Organisationen in den Industrieländern ist die Zusammenarbeit mit einer Produzentenkooperative ebenfalls von Vorteil, da ein höherer Grad an Verlässlichkeit und Stabilität gegeben ist.[114] Das gilt aber auch besonders für die Fairtrade-Lizenznehmer, Kunden und Aufkäufer, da für sie die Produktivität und Qualität entscheidende Kriterien für den Kauf von Fairtrade-Produkten aus Kooperativen sind.

Kleinbäuerliche Produzenten, die noch nicht ausreichend organisiert sind und aus diesem Grund die Bedingungen zur Teilnahme am Fairen Handel

---

[113] Nicholls, Opal 2004; S. 92 ff.

[114] Develtere, P.; Pollet, I.: Co-operatives and Fair-Trade (COPAC); Leuven 2005; S. 19.

für Kleinbauernorganisationen nicht erfüllen, haben die Möglichkeit über den sogenannten Vertragsanbau (contract production) eine Partnerschaft mit den Fair-Handels-Organisationen einzugehen. Voraussetzung für den Vertragsanbau ist die Partnerschaft zu einer Farm, Plantage, Fabrik oder NRO. Das langfristige Ziel ist dabei die Entwicklung hin zu einer Kleinbauernorganisation.

Seit Anfang der 1990 Jahre werden durch das Fairtrade-System (nicht durch die WFTO) auch Plantagen unterstützt. Im Plantagenmodell wählen die Mitarbeiter der Plantage einen Ausschuss (Premium CommitteePremium Committee). Dieser setzt sich sowohl aus Plantagenarbeitern als auch aus Mitgliedern des Managements zusammen. Die Plantage verkauft ihre Produkte an Handelsorganisationen aus den Industrieländern und erhält dafür den Mindestpreis und eine Prämie. Der Ausschuss entscheidet über die Verwendung der Prämie.

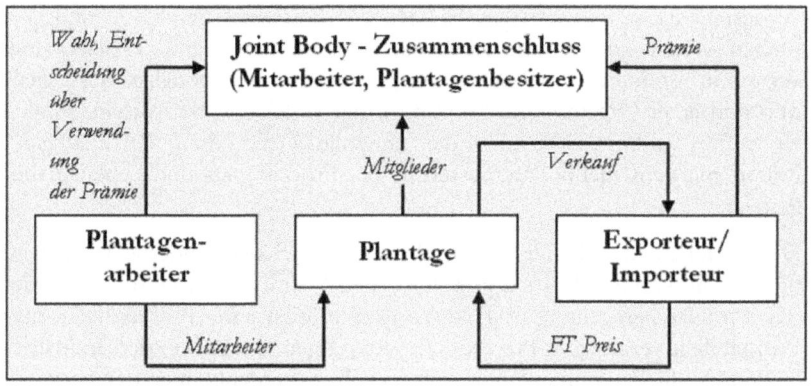

Abb. 4-3: Hired Labour Structure[115].

Die Einbeziehung der Plantagen in das Fairtrade-System wird dadurch begründet, dass landlose Arbeiter und ArbeiterInnen ebenso durch den konventionellen Handel benachteiligt sind und Unterstützung benötigen.

---

[115] Nicholls, Opal 2004; S. 92 ff.

Arbeitsbedingungen

Die Arbeitsbedingungen auf den Plantagen, Feldern und in den Produktionsstätten in Entwicklungsländern sind oft sehr schlecht. In der Regel stehen den Erwerbstätigen keine Sozialleistungen oder ärztliche Versorgung zur Verfügung. Das Konzept des Fairen Handels möchte dem entgegenwirken, indem darauf hingearbeitet wird, dass die international festgelegten Menschenrechte die Grundlage für die Gestaltung der Arbeits- und Lebensbedingungen sind. Ein Bestandteil davon sind die Kernarbeitsnormen nach den ILO-Standards:

- Recht auf Versammlungsfreiheit,
- Recht zur kollektiven Verhandlungsführung,
- Verbot von Kinderarbeit und Zwangsarbeit,
- Verbot der Diskriminierung.

Die Rechte der Kinder und Frauen in Entwicklungsländern sollen im Rahmen des Fairen Handels besonders gestärkt werden. So ist beispielsweise Kinderarbeit nach den Grundsätzen des Fairen Handels verboten. Weiterhin wird die Gleichstellung von Mann und Frau gefördert. Aus-, Fort- und Weiterbildungsprogramme besonders für Frauen sollen dabei einen wichtigen Beitrag leisten. Durch die besondere Förderung von Frauen soll deren Unabhängigkeit gestärkt werden. Bestimmte Sozialleistungen wie beispielsweise eine gesicherte Gesundheitsversorgung sollen allen Produzenten zur Verfügung stehen.

Gegenwärtig arbeiten etwa 200.000 Menschen auf Fairtrade-zertifizierten Farmen. Sie profitieren sowohl von der Einhaltung der Fairtrade-Kriterien zu Arbeitssicherheit, Gesundheit, Arbeitsverträgen und Versammlungsfreiheit als auch durch den Erhalt und die selbstbestimmte Verwendung der Fairtrade-Prämie.[116] Im Jahr 2009 wurden Fairtrade-Standards für lohnabhängige Beschäftigte auf Bananen-, Tee- und Blumenplantagen eingeführt und seit 2016 gibt es den Fairtrade-Textilstandard und das Fairtrade-Textilprogramm.

Versammlungsfreiheit und Stärkung der Plantagenarbeiter

Es soll sichergestellt werden, dass Plantagenarbeiter die Möglichkeit haben, ihre Arbeitsbedingungen zu verhandeln. Um dies zu ermöglichen, werden

---

[116] Fairtrade International: Fairtrade Standard for Hired Labour, Bonn 2014, S. 19 ff

die Arbeiter in ihren Verhandlungsfähigkeiten geschult und regelmäßig über ihre Rechte informiert werden. Grundsätzlich soll die Beziehung zwischen Management und Mitarbeitern verbessert werden. Vertrauen, Respekt und Dialog bilden dafür die Basis.

Festlegung eines Lohnes, der die Lebenshaltungskosten deckt

Die existierenden Fairtrade-Standards legen den gesetzlichen Mindestlohn und eine Entwicklung bis hin zu einem Lohn, welcher über dem Existenzminimum liegt, fest. Ziel ist es, für diese Entwicklung eine klare Zeitschiene vorzugeben. Zusätzlich sollen die Lebensumstände in der Region geprüft werden, um sicher zu stellen, dass die festgelegte Höhe des Lohnes ausreichend ist.

Verwendung der Fairtrade-Prämie

Gegenwärtig gilt die Regelung, dass die Fairtrade-Prämie für gemeinschaftliche Projekte eingesetzt werden muss. In der aktuellen Diskussion steht die Auflockerung dieser Regelung zur Debatte, mit dem Ziel, die Erfüllung der Grundbedürfnisse der Arbeiter an erste Stelle zu setzen. Zusätzlich sollen in Zukunft die Arbeiter alleine entscheiden, für welchen Zweck die Fairtrade-Prämie verwendet wird. Das Plantagenmanagement fungiert in diesem Konzept nur noch als Berater. Plantagenarbeiter diskutieren und verhandeln seit 2014 auf gleicher Ebene mit dem Management und nehmen aktiv an Entscheidungsprozessen teil.[117]

Umwelt

Ökologische Kriterien spielten zu Beginn des Fairen Handels eine untergeordnete Rolle. Neben den bereits aufgezeigten sozialen Standards wird heute jedoch im Rahmen des Fairen Handels auch eine ökologisch verträgliche Produktion gefördert. Es werden mit den Produzenten verbindliche ökologische Standards festgelegt, welche oftmals eine Umstellung der Produktions- und Anbaumethoden zur Folge haben. Maßnahmen in diesem Zusammenhang sind die Reduzierung des Einsatzes von Chemikalien (z.B. Pestizide) und das Verbot der Verwendung gentechnisch veränderter Organismen im Anbau, ein umfassendes Abfallmanagement, die Erhaltung der

---

[117] Fairtrade International: For Producers, with Producers; Annual Report 2011-2012; Bonn 2012; S. 7.

Bodenfruchtbarkeit, der Schutz der Wasserressourcen, die Bewahrung der Biodiversität und die Einhaltung von Sicherheitsvorkehrungen und Arbeitsschutzmaßnahmen.

Grundsätzlich gilt, dass Fair Trade-Produkte nicht biologisch angebaut werden müssen. Hierfür gibt es unterschiedliche Begründungen. So stellt z.B. der biologische Anbau hohe Anforderungen an die Bodenqualität. Die Umstellung auf die Bio-Produktion erfordert oft einen längeren Zeitraum, wodurch es zu einem Ertragsrückgang kommt.[118] Der biologische Anbau wird jedoch proaktiv gefördert und durch einen zusätzlichen Bioaufschlag unterstützt.[119] Heute sind etwa 52% der Fairtrade-Produzentenorganisationen Bio-zertifiziert. Die Unterstützung der Produzenten durch die Akteure des Fairen Handels geschieht durch gezielte und erprobte Beratungsangebote und Informationsmaterial, welches den Produzenten zur Verfügung gestellt wird.

Die genannten Standards gelten als Richtlinien für die gesamte Produktion. Weiterhin werden produktspezifische Standards festgelegt, welche die Zusammensetzung des Preises (Abschnitt 4.5), die Qualität der Produkte und die zum Einsatz kommenden Produktionsverfahren betreffen. Bei der Aufnahme einer Handelsbeziehung mit den Importeuren in den Industrieländern müssen die Kleinbauern noch nicht alle Kriterien der genannten Standards erfüllen. Sie müssen sich jedoch zu den Grundsätzen des Fairen Handels bekennen und an der Umsetzung der Standards arbeiten. Spätestens nach sechs Jahren müssen alle Kern- wie Entwicklungskriterien des jeweiligen Standards erfüllt werden.

Im Jahr 2011 erfolgte durch die FI eine Überarbeitung der Standards und in der Folge die Entwicklung des New Standards Framework (NSF), welches am 01.07.2011 in Kraft getreten ist. Ziel dabei war es, die Fairtrade-Standards verständlicher zu machen und den Produzenten zu ermöglichen, ihren Entwicklungsweg (development path) selbst zu bestimmen. Grundsätzlich haben sich die Standards in den Bereichen Ökonomie, Soziales und Ökologie nicht geändert.

---

[118] Fairtrade International: Fairtrade und Bio, https://www.fairtrade-deutschland.de/fileadmin/DE/mediathek/pdf/fairtrde, Stand: Februar 2016

[119] Fairtrade Deutschland: Fairtrade Standards; https://www.fairtrade-deutschland.de/was-ist-fairtrade/fairtrade-standards/mindestpreis-und-praemie.html; Stand: 18.05.2017.

Es wurde jeweils ein Standard für Kleinbauernorganisationen, Produzenten im Vertragsanbau und lohnabhängige Beschäftigte entwickelt. Zusätzlich dazu gibt es weiterhin spezielle Produktstandards. Deren Kriterien werden im NSF in Kern- und Entwicklungskriterien unterteilt. Die Kernkriterien müssen von den Produzenten erfüllt werden. Bei den Entwicklungskriterien ist es wichtig, einen gewissen Teil der Vorgaben zu erfüllen. Die Produzenten entscheiden mit Hilfe eines Entwicklungsplanes selbst in welchen Gebieten sie sich weiterentwickeln möchten. Grundsätzlich hat die FI die Fairtrade-Standards nach den von ISEAL (International Social and Environmental Accreditation and Siegelling Alliance) vorgegebenen Richtlinien festgelegt.[120] Das NSF wird den Produzenten mit Hilfe von Trainings und Weiterbildungsmaßnahmen näher gebracht.[121]

Fazit

Die Ziele und Standards des Fairen Handels haben eine nachhaltige Entwicklung und damit die Bekämpfung der Armut in den Entwicklungsländern zum Ziel. Die festgelegten Standards bewegen sich in den drei Dimensionen der Nachhaltigkeit. Die Unterstützung der Produzenten bei der Bildung von Kooperativen, die gezielte Beratung und die Bereitstellung von Trainings und Informationsmaterial, sowie die Bereitstellung von finanziellen Mitteln (Vorfinanzierung) zielen darauf ab, die Eigenverantwortlichkeit der Produzenten zu stärken. Die Beziehung zwischen Fair-Handels-Organisation und Produzent oder Kooperative soll dabei den Grundprinzipien einer Partnerschaft gerecht werden.

Die Entwicklung des Fairen Handels wird von den involvierten Akteuren unterschiedlich wahrgenommen und bewertet. Die Definition des Konzeptes kann anhand unterschiedlicher Ansätze erfolgen. Einerseits kann der Faire Handel darauf ausgerichtet sein, altruistische Ziele zu verfolgen und in erster Linie auf entwicklungspolitische Probleme aufmerksam zu machen.

Andererseits kann der Faire Handel auch als ein Konzept wahrgenommen werden, welches auf den gesamten internationalen Handel zu übertragen ist. Damit wird vorausgesetzt, dass die Prinzipien der Nachhaltigkeit für jegliche

---

[120] Fairtrade Deutschland und Der Handel: 20 Jahre TransFair-Sonderpublikation; Frankfurt am Main 2012; S. 13.

[121] Fairtrade Deutschland: Fairtrade Standards; https://www.fairtrade-deutschland.de/was-ist-fairtrade/fairtrade-standards.html; Stand: 24.05.2017.

Handelsaktivitäten anstrebenswert sind.[122] Hier stellt sich die entwicklungspolitisch bedeutsame Frage, ob der Faire Handel grundsätzlich als Alternative zum oder als Neuorientierung des konventionellen Handels gesehen werden sollte.[123]

Das Ziel der Importorganisationen ist es, den Produzenten in Entwicklungsländern den Zugang zum Weltmarkt und somit die Teilnahme am Welthandel zu ermöglichen. Unter Berücksichtigung der Tatsache, dass der Faire Handel ursprünglich aus der Kritik am konventionellen Handel entstanden ist, wird ein gewisser Widerspruch sichtbar, sobald eine Eingliederung der Beteiligten in den konventionellen Handel angestrebt wird. Es stellt sich also die Frage, welche Intention hinter dem Konzept Fairer Handel steht.

Gegenwärtig ist eine verstärkte Kommerzialisierung, also die Vermarktung der Produkte über konventionelle Handelswege (Supermärkte) zu erkennen. Die Befürworter begründen diese Zielrichtung, wie schon erwähnt, mit dem Slogan „raus aus der Nische". Dies lässt sich durchaus im Sinne einer möglichst umfangreichen und spürbaren Verbesserung der Lebenssituation der Produzenten in Entwicklungsländern, aber auch mit der Perspektive einer gerechteren Welthandelsordnung begründen.[124]

Im Fairen Handel sind also nicht mehr nur wertorientierte Akteure sondern auch marktorientierte Akteure aktiv. Sowohl die wertorientierten ATO's als auch die marktorientierten Supermärkte bekennen sich zu den festgelegten Standards des Fairen Handels und beiden Gruppen von Abnehmern kann unterstellt werden, dass sie wirtschaftlich handeln. Dennoch steht nach Tech bei den wertorientierten Akteuren die Unterstützung der Produzenten in den Entwicklungsländern im Vordergrund, während die marktorientierten Akteure vorrangig die Nachfrage der Konsumenten nach fair gehandelten Produkten erfüllen und damit einen Gewinn erzielen möchten.[125] Das Motiv

---

[122] Jones, S.; u.a. (Oxford Policy Management, Sustainable Markets Group): ‚Fair Trade: Overview, Impact, Challenges. Study to inform DFID's support to Fair Trade; Oxford, London 2000; S. vi.

[123] Piepel, K.; Möller, A.; Spiegel, K.-H.: Fairer Handel, wohin? Diskussionsanstöße aus den Studien über die entwicklungspolitischen Wirkungen des Fairen Handels; in: Entwicklungspolitik; H. 19; 2000; S. 40.

[124] Raschke 2008; S. 467

[125] Tech, M.: Kommerzialisierung des Fairen Handels. Auswirkungen auf Produzenten am Beispiel des südafrikanischen Rooibos-Tee-Sektors. In: Wissenschaftliche

der marktorientierten Akteure ist hierbei, die Erschließung eines neuen Marktsegments und eine Imageverbesserung im Sinne eines entwicklungspolitisch engagierten und verantwortungsbewusst handelnden Unternehmens.

Von einigen Befürwortern des Fairen Handels wird diese Entwicklung der Kommerzialisierung und die Organisation und Koordination der Akteure über Initiativen, wie beispielsweise die FI, kritisiert. Es gilt jedoch klar zu berücksichtigen, dass diese Entwicklung bereits eingeleitet wurde (vgl. historische Phase 4) und nicht rückgängig zu machen ist. Daher sollten den Befürchtungen, die besonders von politisch, solidarisch motivierten Kreisen des Fairen Handels geäußert werden, die Chancen entgegengehalten werden.

Unter Berücksichtigung und Einhaltung der Fairtrade-Standards, soweit Fairtrade-zertifiziert, dient der Verkauf der Produkte über zusätzliche Kanäle durchaus der Verbesserung der Lebensbedingungen der Produzenten, was dem ursprünglichen Anliegen der Fair-Handels-Bewegung entspricht. Nach Raschke könnte es auch zu einer weiteren Professionalisierung und Profilierung der Informations-, Bildungs- und Kampagnenarbeit im Fairen Handel kommen, wenn Bewusstseins- und Informationspolitik nicht zur reinen Werbepolitik werden.[126] Des Weiteren wird teilweise – jedoch nicht intern im Fairtrade-System – die Einbeziehung von Plantagen in das Fairtrade-System kritisiert. Durch günstigere Kostenstrukturen – so die Kritik – können die Plantagen zur ernsthaften Konkurrenz für die Kleinbauern werden.

Unterschiedliche Meinungen bezüglich der weiteren Entwicklung der Fair Trade-Bewegung führten auch dazu, dass die Organisation Fair Trade USA aus der FI Dachorganisation ausgetreten ist. Fair Trade USA verfolgte das Ziel bis 2015 den Verkauf von fair gehandelten Produkten zu verdoppeln. Um dieses Ziel zu erreichen, wurden die Zertifizierungsstandards auf Plantagenkaffee ausgeweitet (Zucker- und Kakao-Plantagen sollen folgen). Auch bei den Vorschriften bezüglich der Zusammensetzung der Produkte erfolgte bei Fair Trade USA eine „Lockerung" der Standards.[127]

Vereinigung für Entwicklungstheorie und Entwicklungspolitik e.V. (Hrsg.): Peripherie – Zeitschrift für Politik und Ökonomie in der Dritten Welt, Heft 128, 2012, S. 402–404.

[126] Raschke 2008; S. 469

[127] Tech; 2012, S. 402-406.

4.3 Organisation des Fairen Handels

Im Bereich des Fairen Handels gibt es eine Vielzahl von Akteuren und Organisationen. Wie schon erwähnt, haben sich in Entwicklungsländern Produzenten teilweise zu Produzentengruppen (Kooperativen) zusammengeschlossen. In den Industrieländern gibt es eine Vielzahl von Importorganisationen und Initiativen, wobei eine Konzentration auf den europäischen Raum festzustellen ist.

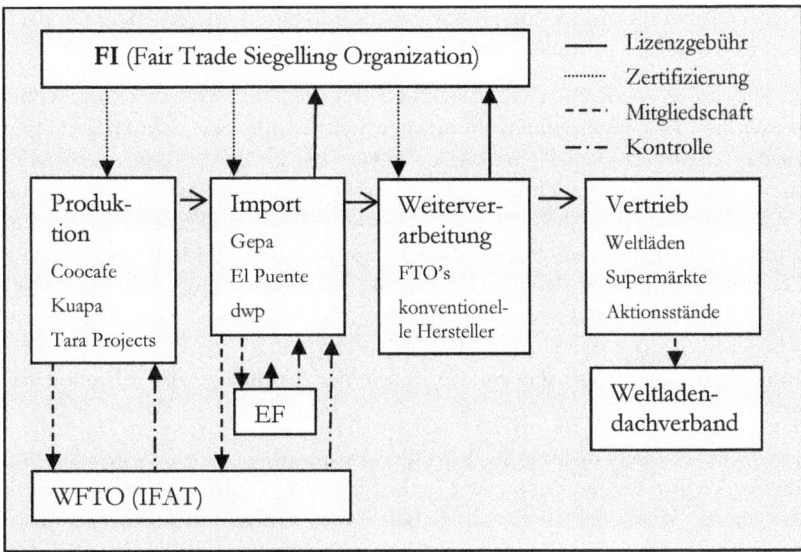

Abb. 4-4: Organisation des Fairen Handels[128]

In Abbildung 4-4 wird ein erster grober Überblick über die Organisationen des Fairen Handels gegeben. Es gilt jedoch zu berücksichtigen, dass WFTO und FI unterschiedliche Systeme aufweisen, die in dieser Abbildung nicht berücksichtigt werden können. Die größte europäische Fair-Handelsorganisation, die Gepa, wurde bereits 1975 gegründet.[129] Die Gepa und andere

---

[128] Eigene Darstellung

[129] Gepa; http://www.gepa.de/fileadmin/user_upload/Info/Hintergrundinfo/Zahlen DatenFakten_D_07-16_web.pdf. Stand: 17.05.2017.

Importorganisationen wie El Puente und Dritte-Welt-Partner (dwp) importieren die Produkte aus Asien, Afrika und Lateinamerika und sind für den Vertrieb und teilweise auch für die Weiterverarbeitung zuständig. Im Jahr 1992 wurde der TransFair e.V. gegründet, dem kirchliche Organisationen, wie Brot für die Welt und MISEREOR, aber auch entwicklungspolitische Organisationen sowie politische Stiftungen (Friedrich-Ebert-Stiftung, Konrad-Adenauer-Stiftung, Heinrich-Böll-Stiftung) und Verbraucher-, Umwelt- und Produzentenorganisationen angehören. Der TransFair e.V. handelt nicht selbst mit Waren, sondern vergibt lediglich ein Siegel. Das Fairtrade-Siegel (früher TransFair-Siegel) wird an Produktgruppen vergeben, die nach den FI-Standards produziert und gehandelt werden.

In anderen europäischen Ländern existierten bis 2001 weitere Siegel, wobei durch die FI eine Vereinheitlichung angestrebt wurde. Seit Februar 2003 gibt es das „Fairtrade-Siegel", welches weltweit zur Kennzeichnung verwendet wird. Zu den Lizenznehmern gehören Handelsunternehmen, Importeure und Lebensmittelhersteller. Die FI wurde 1997 vom TransFair e.V. und ähnlichen Organisationen aus anderen europäischen Ländern als weltweite Dachorganisation für den „Produktansatz" gegründet. Durch die FI erfolgt die Entwicklung der FI-Standards für die einzelnen Produktgruppen. FLOCER ist für die Kontrolle und Zertifizierung der Produzenten und Importeure zuständig, die ein Siegel auf der Grundlage der FI-Standards erhalten.[130]

Die FI vereint gegenwärtig 26 Fairtrade-Organisationen aus 22 Ländern, drei regionalen Produzentennetzwerke, acht Marketing Organisationen und zwei assoziierte Mitglieder (Fairtrade Label South Africa und Comercio Justo México).[131] Die drei Produzentennetzwerke aus Lateinamerika (CLAC: Coordinadora Latinoamericana y del Caribe de Comercio Justo), Afrika (AFN: African Fair Trade Network) und Asien (NAPP: Network of Asian and Pacific Producers) sind erst seit Mai 2007 Mitglieder der FI.[132] Alle Mit-

---

[130] Kommission der Europäischen Gemeinschaften, Mitteilung der Kommission an den Rat, das Europäische Parlament und den europäischen Wirtschafts- und Sozialausschuss; Brüssel 2009; S. 7. http://trade.ec.europa.eu/doclib/docs/2009/may/tradoc_143091.pdf.

[131] FI: Organisation und Struktur:; https://www.fairtrade-deutschland.de/was-ist-fairtrade/fairtrade-system.html; Stand: 18.05.2017.

[132] FI: https://www.fairtrade-deutschland.de/was-ist-fairtrade/fairtrade-system/produzentennetzwerke.html, Stand: 18.05.2017.

glieder der FI (Siegelinitiativen und Produzentennetzwerke) nehmen an Entscheidungsprozessen innerhalb von FI teil. Einmal im Jahr trifft sich die Generalversammlung (General Assembly). In diesem Forum wird zum Beispiel über Mitgliedsanträge und Jahresabschlüsse abgestimmt und die Mitglieder des Boards werden gewählt und bestätigt. In der Generalversammlung im Jahre 2011 wurde entschieden, dass 50% der Repräsentanten aus Produzentennetzwerken kommen müssen.[133] Im Strategiepapier 2013–2015 weist FI nochmals auf die wichtige Rolle der Produzentenorganisationen im Fairtrade-System hin:

"We will finalize our governance changes, with producer networks as half-owners of the system."[134]

Seit Januar 2016 gibt es ein neues Strategiepapier 2016–2020 mit gewissen Änderungen.[135] Damit ist Fairtrade als Interessensvertreter der aktuell 1241 Produzentenorganisationen klar legitimiert.

Das von der Generalversammlung gewählte Board nominiert 5 Ausschüsse: die wichtigsten sind das Standards Komitee (Festlegung der Fairtrade-Standards), das Finanz Komitee (Kontrolle der finanziellen Situation) und das Nominierungskomitee (Kontrolle der Nominierungen für das Board und die Ausschüsse, Definition der Rollen und Verantwortlichkeiten, Prüfung und Bewertung der Leistung).

Die Produzentenorganisationen in den Entwicklungsländern werden durch den Fairtrade-Beratungsdienst unterstützt, der seit 2013 schrittweise in die Trägerschaft der kontinentalen Produzennetzwerke überführt wurde. Beratungsinhalte sind unter anderem:

- Training in lokalen Sprachen
- Unterstützung bei der Interpretierung und Umsetzung der der Standardkriterien

---

[133] Fair Trade International: Producer ownership of Fairtrade moves to new level.: https://www.fairtrade.net/new/latest-news/single-view/article/producer-ownership-of-fairtrade-moves-to-new-level.html; Stand: 18.05.2017.

[134] Fair Trade International: Unlocking the power of the Many. https://www.fairtrade.net/about-fairtrade/our-vision/our-strategy-2013-2015.html; Stand: 18.05.2017.

[135] Fair Trade International: Changing Trade, Changing Lives 2016-2020. https://www.fairtrade.net/about-fairtrade/our-vision/our-strategy.html; Stand: 18.05.2017.

- Erleichterung der Beziehungen mit Käufern und Unterstützung bei der Verbesserung des Marktzugangs
- Einbeziehung der Produzenten bei der Festlegung von Standards und Preisen

Die regionalen Koordinatoren stellen den kontinuierlichen Kontakt zu den Produzentenorganisationen sicher.[136] Werden Produzentengruppen in das FI-Register aufgenommen, findet eine jährliche Kontrolle durch Mitarbeiter der FI, aber auch durch Berater aus dem jeweiligen Entwicklungsland statt.[137] Die Zertifizierung erfolgt durch ein unabhängiges Zertifizierungsunternehmen, die FLOCERT GmbH. Die FLOCERT beschäftigt ca. 80 meist einheimische Auditoren, welche sich vor Ort ein Bild über die Produktionsbedingungen und die Einhaltung der festgelegten Standards machen und Audits durchführen. Die Auditierungs- und Zertifizierungsgebühren müssen die Produzentenorganisationen selbst tragen, können jedoch einen Zuschuss für die Erstzertifzierung bei FI beantragen. Im Schnitt betragen diese Gebühren weniger als 4 Prozent der jährlichen Prämieneinnahmen.

Der Antrag auf Zertifizierung wird dem Zertifizierungskomitee auf Grundlage der Auditierungsberichte zur Entscheidung vorgelegt. Lizenznehmer von TransFair e.V. müssen eine Lizenzgebühr für die Nutzung des Fairtrade-Siegels bezahlen. Diese Lizenzgebühr wird zur Finanzierung von FI, der kontinentalen Produzentennetzwerke und ihrer Beratungsdienste, sowie für die Finanzierung des TransFair e.V. verwendet. Unternehmen, die mit Transfair einen Lizenzvertrag abgeschlossen haben, dürfen unter Berücksichtigung der FI-Standards ihre Produkte mit dem Fairtrade-Siegel kennzeichnen und verkaufen. Bis 2003 erhielten die nationalen Fairtrade-Organisationen eine Lizenzgebühr, welche auf der Basis des Verkaufspreises berechnet wurde. Die nationalen Fairtrade-Organisationen deckten damit ihre Ausgaben und bezahlten eine Gebühr an die FI, die von der Menge der verkauften Fair-Trade-Produkte im jeweiligen nationalen Markt abhing.

Im Jahr 2004 wurde von den Mitgliedern des FI Board die Einführung einer Abnahmegebühr beschlossen. Diese Gebühr muss bei Aufnahme und dann jährlich in Form einer Verlängerungsgebühr an die FI gezahlt werden. Hinzu

---

[136] Fairtrade International, Producer Services and Relations Unit. https://www.fairtrade.net/producers/support-for-producers/producer-services-and-relations.html; Stand: 18.05.2017
[137] Liebrich; 2002; S. 27–29.

kommt eine variable Gebühr, die wiederum die verkaufte Menge an fair gehandelten Produkten als Basis hat.[138] Im Rahmen der internationalen Zusammenarbeit haben sich Fair-Handelsunternehmen zusammengeschlossen. Ein solcher Zusammenschluss ist die World Fair Trade Organization (WFTO). Sie wurde im Jahr 1989 als IFAT (International Federation of Alternative Trade) gegründet.

Die WFTO vereint Mitglieder aus der gesamten Fair-Trade-Handelskette (z. B. Produktion, Marketing und Verkauf). So gehören ihr Produktionskooperationen, Export- und Marketinggesellschaften, Importeure, Einzelhändler und unterstützende Organisationen an. Im Jahr 2015 zählt die WFTO über 364 Mitglieder (u. a. Gepa, dwp).[139] Alle Mitglieder durchlaufen ein Kontrollsystem. Die WFTO bietet eine Kommunikationsplattform zum direkten Austausch von Informationen und Erfahrungen.[140] Ein weiterer Zusammenschluss ist die EFTA, welcher gegenwärtig neun Importorganisationen aus acht europäischen Ländern angehören.[141]

Der Vertrieb der Waren erfolgt zu einem Teil über Weltläden, während die GEPA als größte FTO den größten Teil ihrer Produkte über Supermärkte verkauft. In Deutschland existieren circa 800 Weltläden, von denen ca. die Hälfte Mitglieder im Weltladendachverband mit Sitz in Mainz sind.[142] In anderen europäischen Ländern existieren ähnliche Organisationen. Ein Beispiel dafür ist die claro Fair Trade AG, das schweizerische Pendant zum Weltladendachverband. Auf der internationalen Ebene etablierte sich 1994 NEWS! zum europäischen Dachverband der Weltläden. 2008 wurden NEWS! und IFAT in die World Fair Trade Organization (WFTO) integriert.[143] Während EFTA und WFTO vorrangig bestrebt sind, die Effizienz existierender Fair Trade-Organisationen zu verbessern, um mit konventionellen Gesellschaften konkurrieren zu können, möchte die FI den Verkauf

---

[138] Nicholls, Opal; 2008; S. 135–136.

[139] WFTO: Annual Report 2015; 2015; S. 12.

[140] Commission of the European Communities; http://www.justice. gov/criminal/cybercrime/intl /netsec_comm.pdf; S. 7.

[141] EFTA: https://european-fair-trade-association.org/efta/members.php ; Stand: 2015.

[142] Weltladendachverband: www.weltlaeden.de und GEPA: www.fairtrade.de/In dex.php/mID/3.2.2/lan/de Stand: 18.05.2017.

[143] WFTO: www.wfto.com/about-us/history-wfto; Stand: 18.05.2017.

über konventionelle Wege, wie Supermarktketten fördern. Dennoch arbeiteten die drei Dachverbände FI, WFTO und EFTA im Rahmen eines informellen Arbeitskreises („**FINE**") zusammen.[144] Neben dem Austausch von Informationen wird unter FINE eine Vereinheitlichung der Kriterien für die Umsetzung des Konzeptes des Fairen Handels angestrebt. Ebenfalls zu nennen ist die Fair Trade Federation (FTF) in Nordamerika, ein Zusammenschluss aus Produzenten, Groß- und Einzelhändlern, die Fair Trade Association (FTA), eine Organisation aus Importeuren und Großhändlern.

Als weitere Initiativen des Fairen Handels ist das Good-Weave-Siegel (früher Rugmark-Siegel) zu nennen. Rugmark wurde 1995 als eine Initiative zur Verringerung der Kinderarbeit bei der Teppichproduktion in Ländern wie Indien, Nepal und Pakistan ins Leben gerufen. Zeitweise wurde das Rugmark-Siegel ebenfalls vom TransFair e.V. vergeben. Zu den definierten Standards für die Vergabe des Siegels gehört, wie schon erwähnt, das Verbot der Kinder- und Zwangsarbeit, die Auszahlung eines gesetzlichen Mindestlohns an die Mitarbeiter und verschiedene Sozialprogramme (Rehabilitationsmaßnahmen für ehemalige Kinderarbeiter).

Im Jahr 2010 wurde das Rugmark-Siegel durch das neue Good-Weave-Siegel ersetzt und unabhängig von TransFair. Good-Weave erhält Unterstützung von UNICEF, Anti-Slavery International, Brot für die Welt, Misereor und Terre des Hommes. Das Ziel ist es, Good-Weave als einen Standard in der Teppichindustrie zu etablieren und die Kinderarbeit zu eliminieren.

4.4 Produkte und Produzenten

Im Rahmen des Fairen Handels wird eine Vielzahl von Produkten aus Entwicklungsländern angeboten. Insgesamt lassen sich drei traditionelle Produktgruppen unterscheiden, die in Abbildung 4-5 aufgezeigt werden. Es kamen jedoch eine Reihe von Produkten hinzu, die sich in der Dreigliederung nicht einordnen lassen. Hierzu gehören u.a. Kosmetika, Schmuck, Gold, Sportbälle, Emissionszertifikate und Tourismus. Betrachtet man die Anteile der drei Produktgruppen, entspricht der Anteil der verkauften Lebensmittel etwa 60% des Umsatzes. Eine geringere Bedeutung haben Pro-

---

[144] Fridell; 2004; S. 421.

dukte wie Kunsthandwerk, Spielzeug und Textilien (z.B. T-Shirts, Pullover, Kleider, Teppiche).

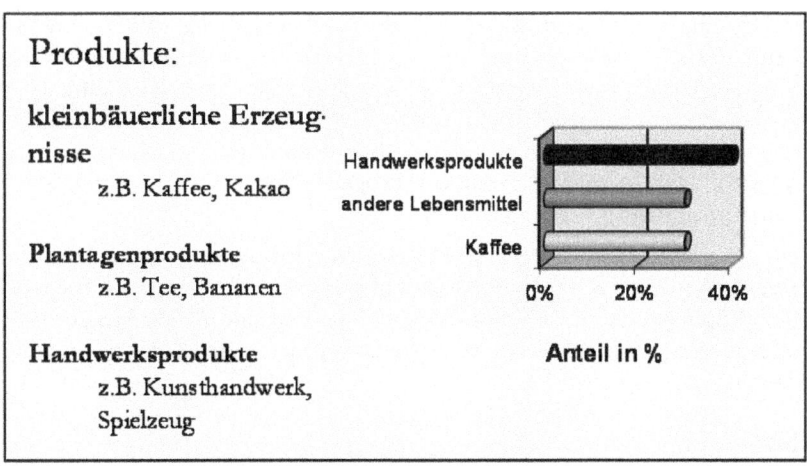

Abb. 4-5: Produktgruppen und prozentualer Anteil am Gesamtumsatz fair gehandelter Produkte[145]

Für zusammengesetzte Produkte im Fairtrade-System gilt „All that can be Fairtrade must be Fairtrade", wobei mindestens 20% fair gehandelte Zutaten enthalten sein müssen. Ca. 17% der Fairtrade-Produkte sind Mischprodukte, davon nur 1% mit weniger als 50% Fairtrade-Anteil. Dabei ist bei Produkten mit einem Wasser- oder Milcherzeugnis-Anteil von weniger oder gleich 50% das gesamte Gewicht des Produktes die Bezugsgröße. Bei Produkten mit einem Wasser- oder Milcherzeugnis-Anteil von mehr als 50% ist das Gewicht exklusive des Wasser- und Milcherzeugnis-Anteils die Bezugsgröße.

Allgemein konzentrieren sich die Exporte der Entwicklungsländer auf Rohstoffe und landwirtschaftliche Erzeugnisse. Dabei gilt zu berücksichtigen, dass diese Produkte auf den Weltmärkten starken Preisschwankungen ausgesetzt sind. Sowohl die Nachfrage als auch das Angebot weisen eine geringe Preiselastizität auf. Das bedeutet, dass sich die Nachfrage nach diesen Gütern bei Preisschwankungen nur geringfügig ändert oder sogar konstant

---

[145] Jones u. a.; 2000; S. 12.

bleibt. Diese Produkte zählen zu den Grundnahrungsmitteln und der Konsum verändert sich selbst bei steigendem/sinkendem Preis kaum. Auch die Angebotsseite ist sehr charakteristisch. Die Produktionsbedingungen bei der Herstellung von Gütern mit einer geringen Preiselastizität können nur im Laufe der Zeit verändert bzw. angepasst werden. So können beispielsweise Kaffeebauern erst nach ein paar Jahren vom Anbau neuer Kaffeesträucher profitieren. Bezeichnend ist aber auch, dass es zu einer starken Preisänderung kommen kann, wenn sich die Nachfrage nach den Produkten oder das Angebot, zum Beispiel als Folge von exogenen Schocks in Form von Missernten, verändert.[146]

Die folgenden Ausführungen zu ausgewählten Einzelmärkten – am Beispiel von Kaffee und Tee – geben einen Einblick in die Marktsituation für typische Exportprodukte der Entwicklungsländer. Sie sind für die spätere Einschätzung der Wirkungsweisen der Initiativen des Fairen Handels von Bedeutung.

Tee

Im Jahr 2011 wurden weltweit 4.162,00 Kilotonnen Tee produziert, der Exportanteil belief sich auf 40,7%. Der größte Teeproduzent ist China mit einem Anteil von 38%, es folgen Indien (24%), Kenia (10%) und Sri Lanka (7%). Die Teeproduktion ist in den letzten zwei Jahrzehnten um mehr als 70% angestiegen.[147] Die Produktion von Tee ist sehr arbeitsintensiv und nach Stamp erhalten die Produzenten nur 50–70% des Verkaufspreises. Der verbleibende Anteil von 30–50% entfällt auf die Verpackung und die Mischung der Teesorten, die zum größten Teil in den Einfuhrländern stattfindet.[148]

Der Preis für Tee wird durch Angebot und Nachfrage bestimmt. Interessengruppen auf Seiten der Vertriebskonzerne haben einen großen Einfluss auf Angebot und Nachfrage. Die Konzerne sind auf Grund des großen Angebots in der Auswahl ihrer Teelieferanten sehr flexibel. Auf der Produzentenseite führt dies zu Planungsunsicherheiten, welche einen direkten Einfluss

---

[146] Kortmann, W.: Reale Außenwirtschaftslehre. Fakten – Erklärungen – Maßnahmen; Stuttgart 1998; S. 162-166.

[147] Deutscher Teeverband: Tee als Wirtschaftsfaktor. Hamburg 2012; S. 4-6.

[148] Stamp, K.: Tee – a Fair Cup? In: EFTA (Hrsg.): Fair Trade Yearbook 2001; https://european-fair-trade-association.org/efta/Doc/yb01-en.pdf; Stand: 18.05.2017; S. 69–78.

auf die Lebensumstände der Produzenten haben. Oftmals sind die Produzenten gezwungen, ihre Preise zu senken, um die bereits produzierte Menge in Erlöse umzuwandeln. Der sinkende Weltmarkpreis im Allgemeinen und der Einfluss der Großkonzerne im speziellen führen zu sinkenden Löhnen für die Arbeiter auf den Teeplantagen. Es besteht ein breiter Konsens, dass ein Potenzial besteht, die Weiterverarbeitung der angebauten Teesorten in die Entwicklungsländer zu verlagern, d. h. die Wertschöpfungskette in Entwicklungsländern aufzubauen.

Kaffee

In den Ländern der Dritten Welt leben ungefähr 25 Millionen Bauern und ihre Familien vom Kaffeeanbau. Die Entwicklung des Kaffeepreises bestimmt ganz wesentlich die Existenzsituation dieser Familien. Im Jahr 2015 wurden 9,18 Mio. Tonnen Kaffee produziert. Fünfundachtzig Prozent der weltweiten Ernte werden in 10 Ländern produziert (siehe Abbildung 4-6).

Länder	Mio t	Prozent
Brasilien	2,96	32%
Vietnam	1,74	19%
Kolumbien	0,84	9%
Indonesien	0,73	8%
Äthiopien	0,39	4%
Indien	0,34	4%
Honduras	0,32	3%
Peru	0,21	2%
Guatemala	0,20	2%
Mexiko	0,12	1%
andere Länder	1,33	15%
Welt	**9,18**	**100%**

Abb. 4-6: Weltproduktion Kaffee nach Ländern Kaffeejahr 2015/2016[149]
Die größten Kaffeeproduzenten der Welt sind Brasilien (2,96 Mio. Tonnen in 2015), gefolgt von Vietnam (1,74 Mio. Tonnen in 2015). Vietnam ist in den 1990er Jahren unter anderem mit der Unterstützung von Entwicklungshilfegeldern zur zweitgrößten Produzentennation von Kaffee aufgestiegen.[150,151] Auch die vietnamesische Regierung hat die Steigerung der Kaffeeproduktion gefördert. Den Bauern in den Anbaugebieten wurden Ertragsziele gesetzt (2 Tonnen pro Hektar Land). Weitere Faktoren wie die Abwertung des Dong und die Aufhebung des von den USA initiierten Wirtschaftsembargos gegen Vietnam im Jahr 1993 sowie die eine Frostperiode in Brasilien im Jahr 1995 führten dazu, dass sich Vietnam zum zweitgrößten Kaffeeproduzenten entwickelte.[152]

Der Kaffeemarkt ist ein typischer Käufermarkt mit oligopolistischer Struktur. Eine kleine Anzahl internationaler Handelsunternehmen und Kaffeeröster hat etwa einen Marktanteil von 50% (in Deutschland beschränkt sich die Kaffeeindustrie auf nur 6 Anbieter, die sich 85% des Marktes teilen). Mit steigender Wertschöpfungsstufe nimmt die Konzentration der involvierten Akteure jedoch zu. In den Entwicklungsländern müssen eine große Zahl an Kleinbauern ihre Produkte an wenige lokale Händler verkaufen.[153]

Der Markt für Kaffee ist von starken Preisschwankungen geprägt. Zusätzlich zum Marktmechanismus, der Angebot und Nachfrage zusammenführt, wird der Kaffeepreis durch die Warengeschäfte an der Börse und durch Termingeschäfte und Spekulationen über zukünftige Geschäfte und die Preisentwicklung stark beeinflusst. Die damit einhergehenden Preisschwan-

---

[149] United States Department of Agriculture: Coffee:World Markets and Trade, December 2016; https://apps.fas.usda.gov/psdonline/ circulars/coffee.pdf; Stand 19.05.2017

[150] Food and Agriculture Organization of the United Nations; http://faostat.fao.org/; Stand: 27.07.2010.

[151] Prüller, M.: Überproduktion und Preisverfall stürzen Kaffeebauern in die Krise; in: Die Presse; 19.05.2003; S. 15.

[152] Boris, J.-P.: (Un)Fair Trade: Das profitable Geschäft mit unserem schlechten Gewissen; Paris 2005; 73–78.

[153] Imhof, S.; Lee, A.: Assessing the Potential of Fair Trade for Poverty Reduction and Conflict Prevention: A Case Study of Bolivian Coffee Producers, Seco (Schweizerisches Staatssekretariat Wirtschaft); University of Basel; Basel 2007; S. 21.

kungen auf dem Weltmarkt haben weitreichende Auswirkungen auf die Länder, für die Kaffee ein wichtiges Exportgut ist.

Kommt es beispielsweise durch einen Ernteausfall zu einem geringeren Angebot an Rohkaffee auf dem Weltmarkt, so steigt der Kaffeepreis. Die Produzenten erhalten folglich einen höheren Preis für ihre Produkte und werden in ihre Produktion investieren und zusätzliche Sträucher anbauen. Zu einer ersten reichhaltigen Ernte kommt es aber erst nach 3–5 Jahren. Auf der anderen Seite sinkt der Kaffeepreis, wenn das Angebot von Rohkaffee auf dem Weltmarkt relativ groß ist. Die Produzenten vernachlässigen nun ihre Sträucher, da es sich durch den schlechten Verkaufspreis nicht lohnt, in die Produktion zu investieren und sie – davon abgesehen – auch nicht über die finanziellen Mittel verfügen.[154] Das verdeutlicht, welcher schwierigen Situation die Kaffeeproduzenten per se schon ausgesetzt sind. Hinzu kommt, dass Investoren zu Zeiten niedriger Preise große Mengen an Kaffee kaufen. Dadurch sinkt das Angebot an Kaffee, und der Preis steigt wieder. Während die Investoren den eingekauften Kaffee mit einem hohen Gewinn verkaufen können, partizipieren die Produzenten an dieser Entwicklung nicht.

Es ist, wie schon erwähnt, eine typische Eigenschaft vieler landwirtschaftlicher Produkte in Entwicklungsländern, dass sie in großen Mengen produziert werden und das Angebot die Nachfrage übersteigt. Tendenziell ist besonders Kaffee von einer tendenziellen weltweiten Überproduktion geprägt. Während jährlich etwa 7 Millionen Tonnen Kaffee produziert werden und sich der Vorrat auf ca. 1 Million Tonnen beläuft, werden pro Jahr nur etwa 6 Millionen Tonnen des Produktes konsumiert. Dadurch wird im Trend der Kaffee für die Konsumenten immer billiger. In den 1990er Jahren beliefen sich beispielsweise die Ausgaben für Kaffee auf 30 Milliarden US-$. Heute betragen die Ausgaben für Kaffeeprodukte etwa 70 Milliarden US-Dollar, wobei die Produzenten nur etwa 5 Milliarden US-$ erhalten.[155] Seit 2004 steigen die Kaffeepreise wieder an. Zusammengefasst lässt sich eine große Abhängigkeit der Kaffeebauern von den Marktgegebenheiten und -entwicklungen feststellen. Durch den hohen Preisdruck bleiben bei der Kaffeeproduktion oftmals soziale und ökologische Aspekte unberücksichtigt.

---

[154] Steckelbach, L.: Gibt es bessere Lösungen als „Fair Trade"? Schriften zur Wirtschaftsforschung; Universität Siegen; Siegen 1998; S. 6–7.
[155] Johnson, D.: Die glückliche Bohne; in: TAZ; 25.09.2004; S. 4.

Durch verschiedene Initiativen der Internationalen Kaffeeorganisation (ICO = International Coffee Organisation) und der Association of Coffee Producing Countries (ACPC), konnten bisher keine befriedigenden Lösungen zu den Problemen auf dem Kaffeemarkt ausgearbeitet werden.[156] Eine neue Initiative hat seit 2003 unter dem deutschen Kaffeeverband und der Deutschen Gesellschaft für Technische Zusammenarbeit (GTZ heute GIZ) dieses Anliegen weiter gebracht. In dem Verband 4C Association[157], der im Jahr 2007 gegründet wurde, haben sich bis heute über 300 Mitglieder zusammengeschlossen. Das sind zum einen Produzentenorganisationen und zum anderen Unternehmen aus Handel und Industrie sowie zivilgesellschaftliche Akteure (Conselho dos Exportadores de Café do Brasil, Tchibo GmbH, Coex Coffee International Inc., Rainforest Alliance, Nestlé S.A., ALDI Einkauf GmbH & Co. oHG, Lidl Stiftung & Co. KG, Java Mountain Coffee, Pronatur S.A.C., Advantage Coffee Company, European Coffee Federation).[158]

Die 4C Association stellt einen Verhaltenskatalog (Common Codes) zur Verfügung, der soziale und ökologische sowie qualitative Standards enthält. Die Mindeststandards für den Kaffeeanbau sind in einer Code Matrix festgelegt. Die Kaffeeeinkäufer müssen bestimmte Teilnahmeregeln (Rules of Participation) einhalten. Sie verpflichten sich, steigende Mengen an 4C Kaffee einzukaufen, Berichte abzugeben, Schulungsprogramme für Kaffeebauern durchzuführen und die Qualität des Kaffees mit entsprechenden Preisen zu bezahlen, welche gleichzeitig die Kosten für die Einhaltung der festgelegten sozialen und ökologischen Standards decken. Die Prüfung der Standards wird über die Mitgliedsbeiträge finanziert.[159]

Die festgelegten Standards betreffen den Kaffee, der über den konventionellen Markt verkauft wird. Es ist demnach kein neues Siegel vorgesehen. Das internationale Projekt hat zum Ziel, die Billigkaffeesorten mit unzureichen-

---

[156] Renkema, D.: Kaffee. Spielball der Spekulanten. in: EFTA (Hrsg.): Fair Trade Yearbook; 2001; http://www.european-fair-trade-association.org/efta/Doc/yb01-ge.pdf; Stand: 11.11.2004; S. 62–67.

[157] 4C steht für Common Codes for the Coffee Community Association.

[158] 4C Association: What is the 4C association? http://www.globalcoffeeplatform.org/; Stand: 22.05.2017.

[159] Humbert, F.; Jaspers, L. (Oxfam Deutschland): Ist die Kaffeekrise nun vorüber?; Berlin 2007; S. 11–12.

der Qualität zu reduzieren und die Lebensstandards der Kaffeebauern durch ein besseres Einkommen und ein gesundes Arbeits- und Lebensumfeld zu verbessern.[160] Entsprechend einer Pressemitteilung der Organisation sollten bis zum Jahr 2015 50% der weltweiten Kaffeeproduktion die von 4C definierten Kriterien erfüllen. Im Jahr 2014 wurden fast 29% der weltweiten Kaffeeproduktion dem 4C Regelwerk entsprechend produziert. Seit 2015 gibt es einen überarbeiteten Code of Conduct.[161] Die Gewährleistung eines Mindestpreises für Kaffee oder die Zahlung eines Preisaufschlags sind kein Bestandteil des 4C Konzeptes. Der erste 4C Kaffee wird seit Oktober 2007 international gehandelt.[162]

Die bisherigen Ausführungen zeigen, dass die Produktion und der Verkauf von Lebensmitteln für die Kleinbauern in Entwicklungsländern mit vielfältigen Herausforderungen verbunden sind. Im Prinzip sind die Produzenten von den Exportprodukten abhängig, und ihr Einkommen wird von den aktuellen Preisen auf dem Weltmarkt bestimmt. Einen wesentlichen Unterschied gibt es in der Produktion von Handwerksprodukten. Die Herstellung dieser Produkte (Kunsthandwerk) ist für die meisten Produzenten eine Nebentätigkeit. Hier können die Produzenten flexibler agieren, da diese Arbeit nicht die einzige Einkommensquelle ist.[163] Die Vergabe eines Siegels für Handwerksprodukte erweist sich jedoch als sehr schwierig, weil in den unterschiedlichen Ländern und von den unterschiedlichen Produzenten eine große Vielfalt an Produkten hergestellt wird. Der Vergleich der Erzeugnisse, und die auf dieser Grundlage zu erfolgende Festlegung definierter Standards und Preise sind in den meisten Fällen kaum möglich. Für Handwerksprodukte gibt es deshalb keinen einheitlichen Zertifizierungsprozess. Die Preisbildung erfolgt auf der Grundlage von Absprachen mit den regionalen oder lokalen Organisationen.

---

[160] Thuy, N.: Code to guide coffee sector; Vietnam Economic News; 2004; http://www.ven.org.vn/print_news.php?id=968; Stand: 21.01.2004.

[161] Österreichischer Kaffee- und Tee-Verband: http://kaffeeverband.at/4c-association-launcht-neuen-code-of-conduct/; Stand: 24.05.2017.

[162] Common Code for the Coffee Community: Pressemitteilung; Globale Kaffee-Initiative präsentiert erste Ergebnisse; http:// www.sustainable-coffee.net; Stand: 22.03.2011.

[163] Krier, J.-M. (KommEnt): Fachgespräch Fair Trade, Wien 2003; http://www.fairfutures.at/doku/Protokoll_des_Fachgespraeches_zum_Fairen_Handel_Maerz2003.pdf; S. 27; Stand: 24.05.2017.

Die ursprüngliche Idee des Konzeptes Fair Trade war es, die Kleinbauern in den Entwicklungsländern mit einem umfassenden Konzept zu unterstützen. Seit Anfang der 1990er Jahre ist die Zertifizierung von Plantagen ebenfalls möglich. Neben Kleinbauern sollen auch die Lohnarbeiter auf den Plantagen vom Fairen Handel profitieren. Die Partner der Fair-Handels-Organisationen können entsprechend Kooperativen, Familienbetriebe, staatliche Organisationen, Privatunternehmen, Produzentenzusammenschlüsse oder auch Behindertenwerkstätten sein. Als Bedingung für eine Zusammenarbeit sind demokratische Arbeitsstrukturen, eine nachhaltige Produktion und akzeptable Arbeitsbedingungen von besonderer Bedeutung.[164] FI gibt folgende Kriterien für die Teilnahme am Zertifizierungsprozess für Kooperativen und Plantagenarbeiter vor:

"*Small Farmers can join Fair Trade if they have formed organizations (in cooperatives, associations or other types of organizational forms) which are able to contribute to the social and economic development of their members and their communities and are democratically controlled by their members. Organizations can be certified by FLO if they comply with the requirements of the Generic Standards for Small Farmers' Organizations.*"[165]

"***Workers*** *can participate in Fair Trade if they are organized (normally into unions) and if the company that they work for is prepared to promote its workers' development and to share with them the additional revenues generated by Fair Trade. Companies of this sort working with hired labour (farms and plantations, factories, manufacturing industries, etc.) can gain certification if they comply with the requirements of the Generic Standards for Hired Labour.*"[166]

Die Kooperativen spezialisieren sich zum größten Teil auf ein Produkt, wie zum Beispiel Consorcio de Cooperativas de Cafetaleras de Guanacaste y Monte de Oro (Coocafe) in Costa Rica, ein Zusammenschluss von Kooperativen, welche sich auf die Produktion von Kaffee spezialisiert haben. 60% des Gesamteinkommens wird aus dem Verkauf des Kaffees erwirtschaftet,

---

[164] Vgl. EFTA: Fair Trade: Let's go fair; Brüssel 1998.

[165] Fairtrade International: Fair Trade Standard for Hired Labour; Bonn 2011; S. 3; https://www.fairtrade.net/fileadmin/user_upload/content/2011-12-29-HL_EN.pdf, Stand: 26.05.2017.

[166] Fairtrade International: Fair Trade Standard for Hired Labour; Bonn 2011; S. 3; https://www.fairtrade.net/fileadmin/user_upload/content/2011-12-29-HL_EN.pdf, Stand: 26.05.2017.

und 40% entfallen auf die Produkte „Macadamia Nuts" und „Latino Chips" sowie auf verkaufte Überschüsse aus der Produktion für den Eigenverbrauch der Produzenten.

„El Ceibo", eine Genossenschaft von Kakaobauern in Bolivien, hat sich auf den Export von Kakao spezialisiert.[167] Der größte Zusammenschluss von Produzenten existiert im kaffeeproduzierenden Sektor und umfasst ein Netzwerk von 200.000 Kaffeebauern, die „Frente Solidario de Pequeños Cafetaleros de América Latina". Durch den geringen Anteil des Fairen Handels am Weltmarkt ist die Anzahl der Produzenten, die ihre Produkte über die alternativen Vertriebswege verkaufen können, begrenzt.

Die Fair Trade-Produzenten stehen immer wieder neuen regionalen oder internationalen Herausforderungen gegenüber. So gibt es viele Entwicklungsländer, die von dem Klimawandel besonders betroffen sind. Obwohl Produzentenorganisationen kaum klimaschädliche Emissionen erzeugen, haben sie unter den Folgen des Klimawandels besonders zu leiden. Teilweise werden Ernten und sogar die Existenz von Produzentenorganisationen bedroht. Daher gibt es Beratung und konkrete Maßnahmen sich den veränderten klimatischen Bedingungen anzupassen. Der Handel von Fairtrade-zertifizierten Emissionszertifikaten bietet die Chance, finanzielle Einbußen zu kompensieren. Im Bereich des Anbaus von Kaffee haben Kooperativen z.B. in Peru mit Hilfe von Fairtrade und Lizenzpartnern begonnen, neue Pflanzenarten und veränderten Anbaumethoden einzuführen.[168]

Der Absatz von Fairtrade-Produkten hängt ganz wesentlich von der Bereitschaft der Konsumenten ab, diese Produkte nachzufragen. Daher gab es in den vergangenen Jahren eine Reihe von Untersuchungen, das Konsumentenverhalten zu analysieren. Eine der umfangreichsten und differenziertesten Arbeiten ist von Sterzing.[169] Dabei gibt es einige gegenläufige Erkenntnisse, die hier nur kurz aufgezeigt werden können. Sowohl in Deutschland als auch in vielen anderen europäischen Ländern hat das Fairtrade-Siegel einen hohen Bekanntheitsgrad, der im Durchschnitt über 80% liegt. Allgemein kann

---

[167] o.V.: Who is who im Fairen Handel; in: Verbraucher Konkret; H. 1; 2004; S. 16–29.

[168] Fairtrade Deutschland: Fairtrade bewegt. Der faire Handel als demokratische Bewegung in Süd und Nord, Beilage zur Ausgabe WeltSichten 6-2014, S. 18

[169] Sterzing, A.: Verteilungspräferenzen beim Kauf fair gehandelter Produkte – Eine empirische Untersuchung, Dissertation Kaiserslautern 2013

man feststellen, dass es nach einer Studie der Europäischen Union aus dem Jahr 2011 85% der EU-Bevölkrung wichtig ist, die Menschen in Entwicklungsländern zu unterstützen.[170] Die Unterstützung kann in verschiedener Form erfolgen: Volontariatstätigkeiten, Spenden oder durch den Kauf Fairgehandelter Waren.

Diese Position wird auch in anderen Studien bestätigt. So gaben bei einer Untersuchung von 24 Ländern im Durchschnitt 59% der befragten Personen an, dass ihre Kaufentscheidung von Fairtrade-Produkten eine positive Wirkung auf das Wohlergehen von Kleinbauern und Arbeitern hat. Dies stellt sich jedoch in den einzelnen Ländern sehr unterschiedlich dar. Besondres optimistisch waren Befragte in Frankreich, Irland und Südafrika, während die Befragten in Japan und Spanien am unteren Ende der Skala eher neutral eingestellt sind. Deutschland nimmt unter den 24 untersuchten Ländern Rang 15 ein.[171] Weiterhin kann man feststellen, dass der Anteil der Bevölkerung, für die eine Unterstützung von Menschen in Entwicklungsländern sehr wichtig oder wichtig ist, in dem Zeitraum von 1998 bis 2015 von 69,6% auf 91% gestiegen ist.[172]

Geht man davon aus, dass auch in Deutschland das Bewusstsein der Menschen gegenüber dem Fairen Handel im Jahr 2016 höher ist als im Jahr 2000, stellt sich die Frage nach den Gründen. Hierzu wird beispielsweise die Verabschiedung der MDGs (2000) und der SDGs (2015), aber auch die Ursachen und Folgen des Klimawandels und schließlich die wachsenden Konflikte in bestimmten Regionen der Dritten Welt und die sich daraus begründete Migration, d.h. die Flüchtlingsströme, genannt.[173]

Obwohl die hohen Wachstumsraten bei dem Verkauf vieler Fair-trade-Produkte sehr positiv zu bewerten sind, stellt sich dennoch die Frage, weshalb diese Produkte in Deutschland insgesamt gesehen nicht aus dem Nischendasein heraus kommen. Als wichtiger Grund wird oft der höhere Preis

---

[170] European Commisssion: Making a difference in the world: Europeans and the future of development aid, Special Eurobarometr375/Wave EB7.61-TNS opinion & social. URL: http://ec.europa.eu/public_opinion/archives/ebs/ebs_375_en.pdf Stand: 23.05.2017.

[171] GlobScan: Shopping Choices Can Make a Positive Difference to Bauerns and Workers, in: Developing CCountries: Global Poll. 2011

[172] CEval; 2016; S. 139

[173] CEval; 2016; S. 140

für Fairtrade-Produkte genannt. Nach Campbell et al. ist diese Begründung jedoch so allgemein unzureichend. In ihrer Untersuchung kommen sie zu der Schlussfolgerung: „Of the 52 participants, 24 opted to buy conventional café latte, while 28 opted to buy a fair trade version at an additional cost of 40 cents."[174] Bei Preissenkungen kommt es dagegen entsprechend einer empirischen Untersuchung zu einer Nachfragesteigerung.[175] Bei dem Kaufverhalten spielt u.a. das Geschlecht, das Alter und die Einkommenshöhe eine wichtige Rolle, wobei es zu der Einkommenshöhe unteschiedliche empirische Ergebnisse gibt.[176] So kann man feststellen, dass es zu dem Kaufverhalten auch in Zukunft noch weiteren Forschungsbedarf gibt, zumal sich daraus Schlussfolgerungen ableiten lassen, wie das Kaufverhalten positiv zu beeinflussen ist.

4.5 Zusammensetzung des „fairen Preises"

Der Preis für Fair Trade-Produkte wird von den Organisationen unterschiedlich festgelegt. Im Folgenden sollen die Systeme der Preisbildung der FI sowie der Importorganisationen El Puente, und Gepa in Ansätzen und an Beispielen erläutert werden. Die FI legt die Preise für fair gehandelte Waren nach vorgegebenen Kriterien fest. Ein Mindestpreis ist dabei noch nicht für jedes Produkt festgelegt. Der Fair-Trade-Preis der FI setzt sich wie folgt zusammen:

$$FTP = COSP + DFC + MD + OD + FIP$$

COSP	Cost of sustainable production
DFC	Direct Fair Trade Costs
MD	Market Differential
OD	Organic Differential
FIP	Fair Trade Investment Premium

---

[174] Campbell, C.L. et al.: Consumers' reaction to fair trade motivated price increases, in: Journal of retailing and Consumer Services 24 (2015), S. 93

[175] Andorfer, A., Liebe, U.: Do information, price, or morals influence consumption? A natural field experiment and customer survey an the purchase of Fair Trade coffee, in: Social Science Research 52 (2015), S. 343

[176] Sterzing; 2013; S. 97–108

4.5 Zusammensetzung des „fairen Preises" 120

Die nachhaltigen Produktionskosten (COSP) beinhalten die Produktionskosten – die Kalkulation erfolgt durch die Produzenten – sowie eine Marge. Die Einbeziehung der Marge geschieht vor dem Hintergrund, dass viele Kleinbauern, ihre Produktionskosten nicht genau ermitteln können. Der zusätzliche „Puffer" stellt sicher, dass die realen Produktionskosten gedeckt sind. Die Kosten der Zertifizierung (Überprüfung der Einhaltung der Standards, Vergabe Fair trade-Siegel) sind durch die Position DFC in der Kalkulation enthalten.

Das Markt- und Qualitätsdifferential (MD) kommt zum Einsatz, wenn qualitative Unterschiede zu erhöhten Kosten führen. Ein Aufpreis für Produkte aus einem ökologischen Anbau wird im Rahmen des Bioaufschlags (OD) gewährleistet. Dieser stellt einen Bonus dar, den sich die Produzenten durch ein nachhaltiges und ökologisches Wirtschaften sichern können. Der Fair Trade-Aufschlag geht in Form des FIP in den FTP ein und orientiert sich an den Produktionskosten ($\approx$ 15% der Produktionskosten).[177] Das FIP soll den Produzentenorganisationen die Möglichkeit geben, in nachhaltige Entwicklungsprojekte zu investieren.

Am Beispiel Kaffee soll die Bildung der Mindestpreise deutlich gemacht werden. Dabei ist p^W der Preis für das Produkt auf dem Weltmarkt, p^K der Preis für 0,4536 kg Kaffee (= ein englisches Pfund), der von der FI festgelegt wird:

Kaffee (Arabica Kaffee gewaschen):[178]

P^k=140 US-CENT +20 US-CENT; $P^w \leq$ 140 US-CENT
$P^k=P^w$+20 US-CENT; $P^w>$140 US-CENT
+ 30 US-CENT (bei biologischem Anbau)

Die FI passt ihre Preise in regelmäßigen Abständen an die Marktgegebenheiten an. So betrug der Mindestpreis für Kaffee im Jahr 2008 noch 121 US-Cent, die Fairtrade-Prämie 10 US-Cent und der Bioaufschlag 20 US-Cent für ein Pfund Kaffee. Der aktuelle Mindestpreis gilt seit April 2011.

---

[177] Jung, D. (FI): Vortrag. Forum Fairer Handel – Was ist ein fairer Preis? 2005; Frankfurt/Main; 17.01.05.

[178] Fairtrade International: https://www.fairtrade.net/standards/price-and-premium-info.html Stand: 23.05.2017.

4.5 Zusammensetzung des „fairen Preises"

Bei der Importorganisation El Puente orientieren sich die Preise an einer von den Produzenten erstellten Kalkulation. Zusätzlich gelten für viele Produkte Mindestpreise. Hinzu kommen Prämien für Gemeinschaftsprojekte. El Puente stellt den Produzenten außerdem eine zinsfreie Vorfinanzierung zur Verfügung. In der folgenden Abbildung (4-7) ist die Preisberechnung schematisch dargestellt:

PRODUZENTEN ORGANISATION	Lohn Kostendeckung Produzenten Material	37%	44%
	Projektaufschlag, Export, Verpackung	7%	
TRANSPORT			5%
EL PUENTE (je nach Arbeitsaufwand)	Import	6%	17%
	Vertrieb	9%	
	Allgemeine Verwaltung	3%	
WELTLÄDEN UND AKTIONSGRUPPEN (Kostendeckung je nach Warengruppen)	Öffentlichkeitsarbeit Bildungsarbeit Laufende Kosten	24%	24%
STEUER	19% und 7% (Durchschnittswerte)		10%
EMPFOHLENER VERKAUFSPREIS			**100%**

Abb. 4-7: Preisbildung bei der Importorganisation El Puente[179]

Bei der Gepa orientiert sich die Preisbildung ebenfalls an den FoB-Preisen. Die FoB-Preise beinhalten die Produktionskosten (Arbeit, Material und Kapital), die Verpackungskosten, die Servicekosten beim Exporteur und die Transportkosten bis zum Verschiffungshafen. Die Gepa akzeptiert die Preise, welche die FI für einige Produkte (Kaffee, Tee, Orangensaft, Kakao, Honig und Zucker) festgelegt hat. Dennoch werden die Handelspartner, die bei der Gepa nicht zwingend Produzenten sein müssen (häufig sind es die Exporteure oder die Weiterverarbeiter der Produkte), ermutigt, eine Kalkulation vorzulegen.

---

[179] El Puente: Preiskalkulation; http://www.el-puente.de/lilac_cms/de/220„/Fairer-Handel/Preiskalkulation.html; Stand: 23.05.2017.

Die bisherigen Ausführungen zeigen, dass es keine einheitliche Vorgehensweise gibt. Die Preisbildungssysteme der einzelnen Organisationen unterscheiden sich in der Einbeziehung bestimmter Faktoren und der Berechnungsgrundlage. Daraus folgt, dass die fair gehandelten Produkte in den Weltläden zu unterschiedlichen Preisen zu erwerben sind. Weiterhin ist zu beachten, dass sich die aufgeführten Preiskalkulationen der Organisationen zum größten Teil auf den Bereich der Lebensmittel konzentrieren. Im Non-Food-Bereich erweist sich die Preisgestaltung als sehr schwierig. Es existieren für diesen Bereich noch keine festgelegten Berechnungsschemata.

4.6 Distribution der Produkte

Der Import der Fair Trade-Produkte der Fairhandelsunternehmen erfolgt über die bereits in Abschnitt 4.3 erwähnten Importorganisationen. Organisationen wie die Gepa, El Puente und der dwp bieten ein Vollsortiment an, während sich andere Organisationen wie BanaFair auf die Vermarktung eines einzelnen Produktes spezialisiert haben. Die Fair gehandelten Produkte werden über Weltläden, den Versandhandel, Naturkostläden sowie verstärkt auch in Supermärkten, Lebensmittelabteilungen einiger Kaufhausketten und institutionellen Einrichtungen (Kantinen oder Behörden) verkauft. Im Fairtrade-System wrden die meisten Waren über Supermärkte verkauft. Im europaweiten Weltladennetzwerk sind etwa 2.400 Weltläden aktiv.

Außerdem werden die fair gehandelten Produkte über zusätzliche Verkaufsstätten angeboten. In Deutschland werden Produkte aus dem Fairen Handel in ca. 42.000 Supermärkten, Bioläden, Kaufhäusern, Drogeriemärkten, Weltläden und Fachgeschäften verkauft.

Die meisten dieser Produke werden von Fairtrade-zertifuzierten Export/Importunternehmen oder durch die weiterverarbeitednen Untenrehmen selbst distribuiert.

Die Anzahl der Weltläden in Deutschland beläuft sich auf ca. 800. Die Mitarbeit im Weltladen erfolgt meist auf freiwilliger Basis, mit dem Ziel, dass die Produzenten einen größeren Anteil am Endverkaufspreis erhalten, als bei dem sonst üblichen Handel. Dass Produzenten dadurch mehr erhalten, ist jedoch nicht belegt.

Der Verkauf der Produkte in Weltläden erfolgt auf Vertrauensbasis. Das Fairtrade-Siegel ist in Weltläden kaum verbreitet. Viele lehnen es prinzipiell ab. Produkte, die über den konventionellen Handel vertrieben werden, haben das Fairtrade-Siegel.[180] Der Vertrieb fair gehandelter Produkte über Restaurants, Cafés, Bäckereien und Kantinen gewinnt immer mehr an Bedeutung. Seit 2010 schenkt beispielsweise Starbucks in allen Kaffeehäusern in Deutschland und Europa Espressogetränke aus Fairtrade-zertifiziertem Kaffee aus.[181]

4.7 Die Stellung des Fairen Handels innerhalb des Welthandelssystems

Die Globalisierung und die Liberalisierung der Weltmärkte führten dazu, dass sich die Länder der Dritten Welt unterschiedlich entwickelten. Einige asiatische Länder, wie Hongkong, Südkorea, Singapur, Taiwan und China konnten ihre wirtschaftliche Entwicklung durch steigende Exporte und andere Faktoren, wie Bildung und hohe Sparraten, verbessern.[182] Das gilt auch in zunehmendem Maße für Indien. Das wirtschaftliche Wachstum in diesen Ländern hat zugenommen, und die Armut ist gesunken. Die Länder in Lateinamerika, wie beispielsweise Brasilien, konnten ebenfalls von wirtschaftlichem Wachstum profitieren. In einigen Ländern hat die Armut teilweise durch eine sehr ungleiche Verteilung zugenommen.

Die Mehrheit der Entwicklungsländer, vor allem in Afrika, konnten am Globalisierungsprozess nur in geringem Maße oder gar nicht teilhaben.[183] Ein Grund dafür ist die unzureichende Diversifizierung ihrer Exportgüter. Viele Entwicklungsländer haben sich auf den Export weniger Primärgüter spezialisiert, deren Nachfrage auf dem Weltmarkt auf Grund einer geringen Preiselastizität stagniert. Bei einem Anstieg des Anteils der Weltexporte am Bruttoinlandsprodukt (BIP) von 13,6% (1970) auf 30,5% (2014), entfallen wertmäßig ungefähr zwei Drittel der weltweiten Ausfuhren auf die Industrieländer, während die Exporte der 48 ärmsten Entwicklungsländer bei etwa 1% liegen.[184, 185]

---

[180] Steinrücken; 2003; S. 6–7.

[181] Fairtrade Deutschland und Der Handel: 20 Jahre TransFair – Sonderpublikation; Frankfurt am Main 2012; S. 38–39.

[182] Krugmann, P.; Obstfeld, M.; Melitz, M.J.: International Economics. Theory and Policy, 10th edition, London 2015; S. 315–319.

[183] Nübler; 2003; S. 23.

[184] Sautter; 2004; S. 5.

Fair gehandelte Produkte können mit anderen Produkten verglichen werden, die unter bestimmten Standards produziert werden. Dazu gehören Bioprodukte oder Güter, deren Produktionsprozesse sozialen und ethischen Anforderungen gerecht werden. Gemeinsamkeiten treten daher in besonderem Maße zwischen dem Fairen Handel und dem „Ethischen Handel (Ethical Trade)" auf. Die Standards, denen die Unternehmen im Ethischen Handel gerecht werden müssen, werden von der Ethical Trading Initiative (ETI) wie folgt zusammengefasst:[186]

- Freie Wahl des Arbeitsverhältnisses,
- Vereinigungsfreiheit und Recht auf Tarifverhandlungen,
- Sichere und hygienische Arbeitsbedingungen,
- Angemessene Arbeitszeiten,
- Bestehen eines geregelten Arbeitsverhältnisses
- Verbot von Kinderarbeit,
- Verbot von unmenschlicher Behandlung,
- Verbot von Diskriminierung,
- Bezahlung von Mindestlöhnen.

Sowohl beim Fairen Handel als auch bei der aktiven Teilnahme bei der Ethical Trading Initiative erkennen die Unternehmen ihre Verantwortung für die Arbeitsbedingungen in den Fabriken und auf den Farmen der Produzenten (insbesondere in Entwicklungsländern) an. Durch den Kauf der Produkte kommen die Konsumenten ihrem Wunsch nach, aktiv zu einem Veränderungsprozess beizutragen.

Der Umsatz von Fairtrade-Produkten in Deutschland betrug 2015 978 Mio Euro. 80 Prozent entfielen auf Lebensmittel von denen 72 Prozent Biozertifiziert waren. Die absatzstärksten Produkte sind Bananen, Kaffe, Blumen und Kakao. Der Verein TransFair e. V. stellt fest, dass der Bekanntheitsgrad des Fairtrade-Siegels in Deutschland bereits bei 83 Prozent liegt.[187] Fair gehandelte Produkte erreichen in Deutschland bislang einen durchschnittlichen Marktanteil bis zu 3,6 Prozent, wobei diese sich bei einzelnen Produkten unterscheiden (Rosen 26%, Kaffee 3,6%). Die folgende Abbil-

---

[185] World Trade Organization: International Trade Statistics; Genf 2015; S. 59.

[186] Ethical Trading Initiative (ETI): Der Base Code; http://www.ethicaltrade.org; Stand: 23.05.2017.

[187] Fairtrade Deutschland: Fairtrade wächst um 26 %, Pressemitteilung 11. Mai 2015

dung zeigt die Entwicklung des Umsatzes fair gehandelter Produkte in den Jahren 1992 bis 2011 in Deutschland.

Umsatz von Fairtrade-zertifizierten Produkten in Deutschland (in Mio. EUR)*

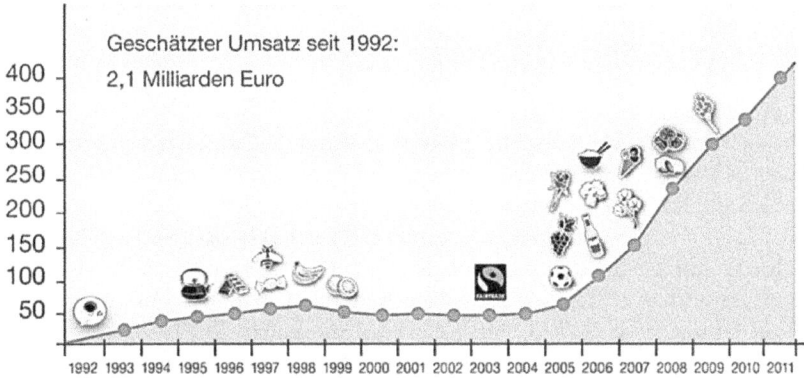

*auf Basis von durchschnittlichen Endverbraucherpreisen

Abb. 4-8: Entwicklung der TransFair-Produkte 1992–2011 in Deutschland[188]

In der Schweiz und in Großbritannien ist der Anteil der fair gehandelten Produkte am größten. In der Schweiz erzielen Bananen, welche mit dem zum Fairtrade-System gehörenden Max Havelaar-Siegel zertifiziert sind, bereits einen Marktanteil von über 50 %. Diese für den Fairen Handel positive Entwicklung wurde maßgeblich von der Supermarktkette Coop beeinflusst. In Coop-Supermärkten werden ausschließlich Bananen mit Max Havelaar-Siegel verkauft. Der Erfolg fair gehandelter Produkte in der Schweiz wird zusätzlich durch den Marktanteil von Fairtrade-Kaffee (10%) und Tee (5%) deutlich. Im Jahr 2016 wurden in der Schweiz fair gehandelte Produkte im Wert von 576 Mio. Euro[189] verkauft. Der Bekanntheitsgrad des Max Havelaar-Siegels wird auf 90% geschätzt.[190]

---

[188] EineWeltLaden Dülmen : http://www.eineweltladen-duelmen.de/fairer-handel.html; Stand: 23.05.2017.

[189] Umrechnungskurs am 26.05.2017: 1 CHF = 0,9184 EUR

[190] Max Havelaar: Gemeinsam stark: Jahres- und Wirkungsbericht 2016; https://www.maxhavelaar.ch/fileadmin/CH/Mediathek/Jahresberichte/MHCH_Jahresbericht2016_D.pdf; Stand: 26.05.2017.

Weltweit kann der Faire Handel einen jährlichen Zuwachs in den Verkaufszahlen aufweisen. Im Jahr 2015 kauften die Konsumenten in der ganzen Welt fair gehandelte Produkte im Wert von 7,3 Milliarden Euro. Dies bedeutet einen Zuwachs von 16% oder 1 Milliarde Euro im Vergleich zum Vorjahr. Die verkaufte Menge an fair gehandeltem Kaffee stieg dabei um 18%, der Verkauf von fair gehandeltem Kakao um 27%, auch Blumen konnten ein Verkaufsplus von 6% aufweisen.[191]

Vergleicht man die internationale Entwicklung des Absatzes von Fair-Trade-Produkten, so liegt Deutschland hinter England und vor den USA auf dem zweiten Platz. Unter Berücksichtigung der unterschiedlichen Bevölkerungszahlen der einzelnen Länder erscheint es jedoch sinnvoll, den Umsatz pro Kopf zu berechnen und auszuweisen. Dabei zeigt sich, dass im Jahr 2015 die Schweiz mit einem durchschnittlichen pro-Kopf-Umsatz von 58,11 € die Liste anführt. Auf dem zweiten Platz befindet sich Irland mit einem Pro-Kopf-Umsatz von 50,70 €, vor Schweden mit einem Pro-Kopf-Umsatz in Höhe von 35,27 €. Deutschland befindet sich mit einem Wert von 12,12 € auf dem 11. Platz.[192]

In der folgenden Abbildung wird der Absatz für die 15 wichtigsten Absatzmärkte in absoluten Umsatzzahlen und Pro-Kopf-Werten aufgezeigt.

---

[191] Fairtrade International: Driving Sales, Deepening Impact. Annual Report 2015-2016; Bonn 2016.

[192] Fairtrade International: Driving Sales, Deepening Impact. Annual Report 2015-2016; Bonn 2016; Eigene Berechnungen.

4.7 Die Stellung des Fairen Handels innerhalb des Welthandelssystems   127

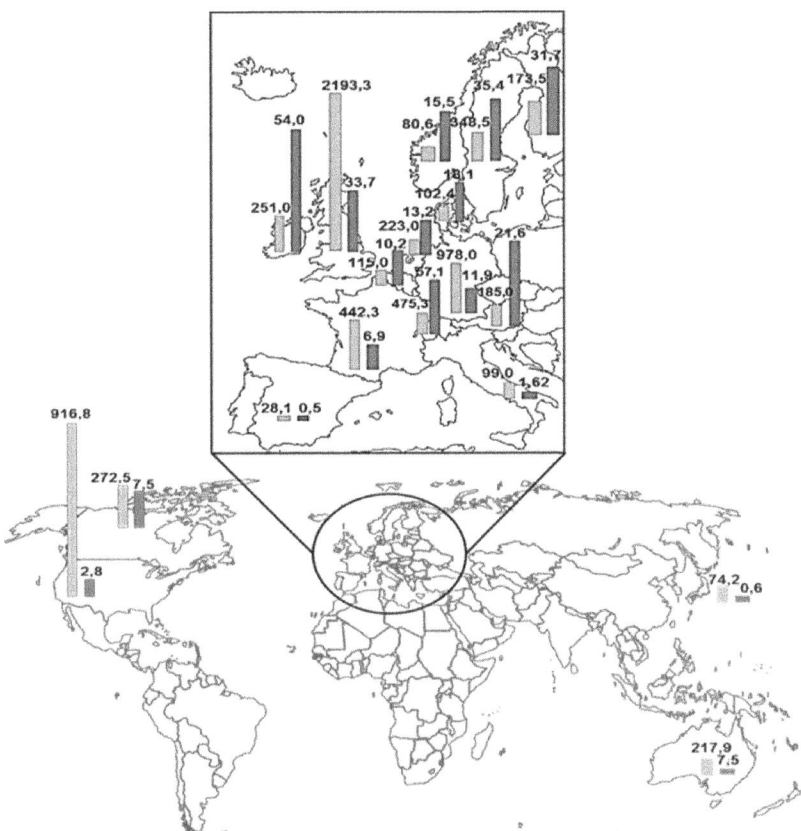

Abb. 4-9: Absatz von Fair-Trade-Produkten auf den 18 bedeutendsten Absatzmärkten in Mio. € (Vergleich in absoluten und Pro-Kopf-Werten für 2011)[193]

Gegenwärtig gibt es 1241 Produzentenorganisationen in 76 Ländern, die von der FI zertifiziert sind. Die Produzentenorganisationen verteilen sich auf die Regionen Lateinamerika (538), Afrika (299) und Asien (154).[194] Weltweit gibt es 1,66 Millionen Produzenten, die im Fairtrade-System aktiv sind. Rund 81% der Produzenten sind Kleinbauern. Rechnet man die Fami-

---

[193] Eigene Darstellung; Fairtrade International: For Producers, with Producers; Annual Report 2015–2016; Bonn 2016.

[194] FI; 2011; S. 12.

lienangehörigen dazu, so sind es 6 Mio. Menschen, die von dem Fairtrade-System leben. Die Abbildung 4-11 zeigt die geographische Verteilung der zertifizierten Produzentenorganisationen und die Zahl der Mitglieder.

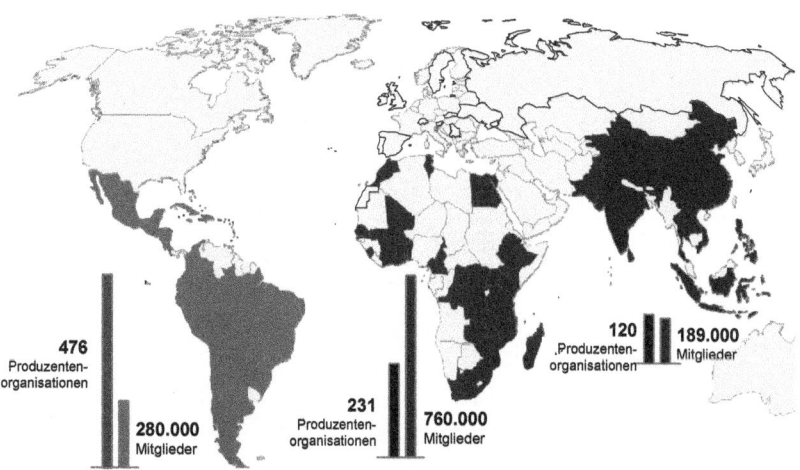

Abb. 4-10: Geographische Verteilung der zertifizierten Produzentenorganisationen und deren Mitglieder im Jahr 2009 [195]

In der Abbildung 4-10 fällt auf, dass in der Region Afrika/Naher Osten die Zahl der Organisationsmitglieder (760.000) mehr als doppelt so groß ist wie in der Region Lateinamerika/Karibik (280.000). Dabei gibt es in Lateinamerika/Karibik mit 476 doppelt so viele Produzentenorganisationen wie in Afrika/Naher Osten (231). Dieser offensichtliche Widerspruch löst sich auf, wenn man bedenkt, dass in der Region Afrika/Naher Osten überwiegend Großplantagen zertifiziert sind und daher die einzelnen Organisationen viel mehr Mitglieder als in dem Raum Lateinamerika/Karibik haben.

Die Steigerung des Absatzvolumens hat einen positiven Einfluss auf den Bekanntheitsgrad und die Bedeutung des Konzeptes Fairer Handel. Die Anzahl der Produzenten, die als Produktlieferanten für die Importorganisationen agieren, nimmt stetig zu. Die Vermarktung der Produkte über den

---

[195] FI; 2011; S. 12.

konventionellen Handel, hat das Konzept für eine breitere Bevölkerungsgruppe sichtbar gemacht. Allerdings führen Supermärkte und Lebensmittelabteilungen in Kaufhäusern bislang nur ein begrenztes Sortiment an fair gehandelten Produkten. Trotz kontinuierlicher Steigerung der Absatzmengen liegt der Marktanteil fair gehandelter Produkte bei nur etwas 1-3%

Da die Märkte für viele Produkte, die im Rahmen des Fairen Handels verkauft werden, bereits gesättigt sind, müssen Fair-Handelshäuser mit den konventionellen Anbietern der Güter konkurrieren. Aufgrund der höheren Preise ist es schwer, preisbewusste Konsumenten zum Kauf fair gehandelter Produkte zu bewegen. Eine kleine Produktauswahl sowie die geringe Flexibilität bei schwankenden Nachfragemengen, stellen weitere Probleme bei der Vermarktung fair gehandelter Güter dar.[196] Weiterhin führt die Existenz von Siegeln und Zertifizierungen für biologische, organische, ethische und fair gehandelte Produkte zu einer Verunsicherung bei den Konsumenten.[197]

Neben der reinen Vermarktung der Produkte versuchen die Akteure weiterhin durch das Konzept des Fairen Handels ein politisches Ziel zu erfüllen und Position zu aktuellen Gegebenheiten und Entwicklungen in der Welthandelspolitik zu beziehen. Beispielsweise nahmen die Fair-Trade-Organisationen, die unter der Kooperation FINE zusammenarbeiten (WFTO, EFTA, News und FI), die 6. Ministerkonferenz der WTO in Hongkong zum Anlass, um mit einem Positionspapier Stellung zu der laufenden Verhandlungsrunde zu nehmen und Forderungen an die Verhandlungspartner zu stellen. Diese Forderungen lassen sich wie folgt zusammenfassen:[198]

---

[196] Zander, U.: Lässt fairer Handel sich verkaufen – Marketingstrategien raus aus der Nische; in: Lanje, K. (Hrsg.): Perspektiven für einen gerechten Agrarhandel. Konzepte, Konflikte, Kooperationen; Loccumer Protokolle 27/02; 1. Aufl.; Rehburg-Loccum 2003; S. 79–81.

[197] Giovannucci, D.; Kroekoek, F.-J.: The state of sustainable coffee. A study of twelve major markets; International Coffee Organization; 2003; S. 21.

[198] FINE (Fair Trade Advocacy Office): Fair Trade rules! Positionspapier der weltweiten Fairhandelsbewegung zur 6. Ministerkonferenz in Hongkong; Belgien 2005; S. 1–6.

- Endgültige Abschaffung der Agrarsubventionen in Industrieländern,
- Entwicklung einer umfassenden Lösung der Rohstoffkrise (Festlegung angemessener und stabiler Preise durch Abkommen, Einrichtung eines internationalen Fonds für landwirtschaftliche Diversifizierung),
- Entwicklungsländer sollen die Möglichkeit haben, junge Industriezweige zu schützen und nicht eingeschränkt werden, eigene Zölle festzulegen (Ansetzen von Zöllen, die schrittweise abgebaut werden, keine übereilte Marktliberalisierung),
- Höchste Priorität für SDT-Verhandlungen (Special and Differential Treatment).

4.8 Politischer Einfluss des Fairen Handels

Der politische Einfluss des Fairen Handels war viele Jahre sowohl in Deutschland und der EU-Ebene als auch auf internationaler Ebene reltiv gering. So fehlte es in Deutschland z.b. an einem kohärenten und verbindlichen Rahmen für die eigene Arbeit von Fairtrade e.V. In den Jahren 2012 und 2015 kam es zu Strategieprozessen, durch das Mandat für die politische Advocacy- und Lobbyarbeit im Fairtrade-System gestärkt wurde.[199] Seit der Verabschiedung der SDGs im Herbst 2015 sieht sich Transfair in seinen politischen Forderungen bestätigt. Seither wird das Konzept verstärkt wahrgenommen und unterstützt. Im Aktionsprogramm 2015 wirbt z.b. die Bundesregierung Deutschland explizit für den Fairen Handel.[200]

Auf politischer Ebene gibt es jedoch schon seit einigen Jahren Maßnahmen der Förderung. Seit 2003 zeigt sich die Förderung insbesondere in der finanziellen Unterstützung von Informationskampagnen und der Markteinführung von Produkten. Des Weiteren stellte das Bundesministerium für Verbraucherschutz, Ernährung und Landwirtschaft Mittel zur Verfügung, um afrikanische Bauern bei der Produktion und dem Export von Produkten zu

---

[199] Fairtrade Deutschland: Politische Fordrungen von Transfair e.V. Köln Januar 2017, S. 2

[200] Die Bundesregierung (BMZ): Aktionsprogramm 2015: Armut bekämpfen. Gemeinsam handeln. Der Beitrag der Bundesregierung zur weltweiten Halbierung extremer Armut; BMZ-Materialien Nr. 106; 2. Aufl.; Bonn 2003; S. 42.

unterstützen.[201] Im Jahr 2011 unterstützte die Bundesregierung die Organisationen Forum Fairer Handel, Transfair e.V. und Weltladendachverband in ihrer Kampagnenarbeit mit einem Betrag in Höhe von 780.000 Euro, in 2012 waren es 532.699 Euro. Ein Teil des Geldes fließt in die finanzielle Förderung der „Fairen Woche", einem jährlichen, bundesweiten Aktionszeitraum mit Veranstaltungen, Vorträgen, Probieraktionen und Gesprächen mit Produzenten. Veranstaltungsorte sind zum Beispiel Weltläden, Supermärkte und Kantinen. Des Weiteren unterstützen einige Landesregierung auch die Kampagnen Fairtrade-Towns und Fairtrade-Schools. Die Bundesregierung äußert sich wie folgt zum Thema Fairer Handel:

„Die Bundesregierung unterstützt den Fairen Handel. Er ist moderne Entwicklungspolitik, weil er Menschen die Möglichkeit gibt, sich aus eigener Kraft aus der Armut zu befreien und weil er auf die Entscheidungsfreiheit von Verbrauchern setzt..."[202]

Auf der nationalen Ebene ist auch die GIZ zu nennen. Zusammen mit dem BMZ wurde zum Beispiel ein Fair-Handels-Forum gegründet, welches die Koordination verschiedenster Initiativen verbessern soll. Zusätzlich unterstützt die GIZ unterschiedliche Projekte, zum Beispiel im Rahmen eines Public Private Partnership (PPP).

Das Fair Trade Advocacy Office mit Sitz in Brüssel ist eine gemeinsame Initiative von Fairtrade International, der World Fair Trade Organization und der European Fair Trade Association. Die Akteure arbeiten mit dem Ziel zusammen, den Fairen Handel in der europäischen Politik präsent zu machen. Durch den Zusammenschluss der verschiedenen Akteure repräsentiert das Fair Trade Advocacy Office 2,5 Millionen Produzenten und Arbeiter aus 70 Ländern, 24 Siegel Nationale Fairtrade-Organisationen, 500 Importunternehmen und 4000 Weltläden. Es wurde gemeinsam an der Initiative „Fair Trade Beyond 2015" gearbeitet. Ziel dieser Initiative war die Einbeziehung des Fairen Handels in die Entwicklungsziele der Vereinten Nationen.[203]

---

[201] BMZ: Auf dem Weg zur Halbierung der Armut – 2. Zwischenbericht über den Stand der Umsetzung des Aktionsprogramms 2015; 2003.

[202] Die Bundesregierung: 20 Jahre faire Handelsalternativen – Strategie zur Armutsbekämpfung. In: Magazin für Europa und Internationales; 1/2012.

[203] FTAO: Fair Trade Advocacy Office. http://ec.europa.eu/internal_market/consultations/2013/unfair-trading-practices/docs/contributions/registered-org/fair-trade-advocacy-office_en.pdf; Stand: 23.05.2017.

Eine besondere Beachtung verdient das Engagement auf kommunaler Ebene. Obwohl dieses Engagement nicht neu ist, hat es sich in den vergangenen beiden Dekaden deutlich verändert. Das Engagement vieler Kommunen im Bereich des fairen Handels wird als Beitrag zur lokalen Umsetzung von Nachhaltigkeit eingeordnet. Als wichtiger Meilenstein in diesem Zusammenhang gilt die Fairtrade-Town-Bewegung. Diese Kampagne wurde im Jahr 2009 gestartet, wobei im ersten Jahr insgesamt 9 Kommunen mit dem Titel ausgezeichnet wurden. Im Jahr 2011 waren es bereits 35 Kommunen und im Jahr 2015 schon 89 Kommunen. So kann man feststellen, dass es im Jahr 2015 insgesamt 390 Fairtrade-Towns gab.[204]

Auf der Ebene der Europäischen Union wurde die Einbindung des Fairen Handels deutlicher wahrgenommen als auf der Bundesebene. Die Zuständigkeit für Fragen der Handelspolitik liegt bei der Europäischen Kommission. Im Namen der Mitgliedsstaaten handelt die Europäische Kommission unter anderem internationale Handelsabkommen aus.[205] In der Mitteilung der Kommission an den Rat über den Fairen Handel heißt es:

„Fair trade is an example of development occurring through trading relationship and improved commercial opportunities to bridge the gap between developed and developing countries and to facilitate the better integration of developing countries in the world economy. Fair trade initiatives give consumers the opportunity to contribute through their purchasing preferences".[206]

In der Mitteilung wird das Konzept des Fairen Handels vorgestellt und die Unterstützung der EU bei einzelnen Projekten zugesichert. In den Verordnungen der EU zum Außenhandel werden einigen Produkten, die im Rahmen des Fairen Handels importiert werden, Präferenzen im Zugang zum Europäischen Markt gewährt. Die Unterstützung auf der Ebene der EU erfolgt durch Beschlüsse des Europäischen Parlaments, Präferenzregelungen, wie sie oben beschrieben wurden, sowie die Finanzierung von Nichtregierungsorganisationen (NRO) und Projekten in Entwicklungsländern.[207] Ein Bestandteil der Entwicklungszusammenarbeit innerhalb der EU war bis

---

[204] CEval: 2016: S. 99.

[205] Europäische Kommission: Globalisierung als Chance für alle: Die Europäische Union und der Welthandel; Luxemburg 2002; S. 3.

[206] Commission of the European Communities; 2001; S. 4.

[207] Europäische Kommission: Fairer Handel; 1999; http://europa.eu/rapid/press-release_IP-99-937_de.htm?locale=en; Stand: 23.05.2017; S. 1.

zum Februar 2000 das Lomé-Abkommen der Europäischen Gemeinschaft mit den Staaten in Afrika, im karibischen Raum und im Pazifischen Ozean (AKP-Staaten). Im Mittelpunkt dieses Abkommens, das 1975 in Kraft trat, stand die wirtschaftliche und kommerzielle Zusammenarbeit. Dieses Abkommen wurde im Jahr 2000 durch das Cotonou-Abkommen abgelöst.[208] Im Rahmen des Abkommens von Cotonou findet der Faire Handel in Artikel 23 g wie folgt Beachtung:

„Die Vertragsparteien unterstützen mit ihrer Zusammenarbeit eine nachhaltige Politik und nachhaltige institutionelle Reformen sowie die Investitionen, die für einen ausgewogenen Zugang zu den Wirtschaftstätigkeiten und Produktionsfaktoren erforderlich sind und insbesondere [...] g) die Entwicklung des Handels, einschließlich der Förderung des Fairen Handels;" [209]

In Artikel 23g wird im Allgemeinen eine nachhaltige Politik gefordert. Es wird aber auch explizit die Förderung des Fairen Handels betont. Frithjof Schmidt, ein Europaabgeordneter der Grünen, legte im Juni 2006 einen Bericht über Fairen Handel und Entwicklung vor. Darin verweist er auf die Grundhaltung der Europäischen Union zum Fairen Handel, welche mit den bereits genannten Dokumenten festgelegt und auf den Artikel 177 des EG-Vertrages gestützt ist:

„(1) Die Politik der Gemeinschaft auf dem Gebiet der Entwicklungszusammenarbeit, die eine Ergänzung der entsprechenden Politik der Mitgliedsstaaten darstellt, fördert:

- die nachhaltige wirtschaftliche und soziale Entwicklung der Entwicklungsländer, insbesondere der am meisten benachteiligten Entwicklungsländer;
- die harmonische, schrittweise Eingliederung der Entwicklungsländer in die Weltwirtschaft;
- die Bekämpfung der Armut in den Entwicklungsländern."[210]

---

[208] Liebig, Sautter; 2000; S. 164.

[209] Europäische Gemeinschaft: Partnerschaftsabkommen Cotonou; Amtsblatt L 317; Brüssel 2000; http://eur-lex.europa.eu/legal-content/DE/TXT/HTML/?uri=CELEX:22000A1215(01)&from=DE; Stand: 23.05.2017; S. 15.

[210] EG-Vertrag: 3. Teil – Die Politik der Gemeinschaft; Artikel 177; 1997; https://dejure.org/gesetze/EG/177.html; Stand: 23.05.2017.

Auf der Grundlage des Berichtes wurde eine Resolution vorgelegt, welche von der Europäischen Kommission verlangt, für den Fairen Handel eine Empfehlung abzugeben. Des Weiteren wird die Kommission aufgefordert, einen Verhaltenskodex zu entwickeln, welcher klar definiert, welche Anforderung ein Produkt erfüllen muss, damit es das Fairtrade-Siegel erhält. Die Schaffung eines europäischen Rahmens zur Verwendung des Begriffs „Fairer Handel", die Prüfung der Möglichkeit eines niedrigeren Mehrwertsteuersatzes und die Abschaffung der Zölle für Fair-Trade-Produkte sowie die Unterstützung von Handelsmechanismen, welche die Produzenten der Produkte bei der Festlegung der Preise stärker einbeziehet, sind weitere Punkte in der abschließenden Resolution. Diese Resolution wurde am 06.07.2006 angenommen.[211]

In der Mitteilung der Kommission an den Rat, das europäische Parlament und den europäischen Wirtschafts- und Sozialausschuss vom 05.05.2009 wird die wachsende Bedeutung des Fairen Handels, vor allen Dingen in Europa, anerkannt. Dies bezieht sich auf die steigenden Verkaufszahlen, aber auch auf die entwicklungspolitische Bildungsarbeit. So heißt es:

"... Der Faire Handel hat bei der Aufklärung über Verantwortlichkeit und Solidarität Pionierarbeit geleistet ..." [212]

In der Mitteilung wird jedoch auch deutlich darauf hingewiesen, dass die Europäische Kommission keine Einschaltung in die Festlegung von Kriterien für Fair Trade oder andere private handelsbezogene Konzepte vorsieht. Des Weiteren gibt die Europäische Kommission in dieser Mitteilung eine Empfehlung im Rahmen von Grundsätzen für eine bestmögliche Wirkung der privaten handelsbezogenen Nachhaltigkeitskonzepte (Fairer Handel, zertifizierte Nischenprodukte wie Rainforest Alliance und UTZ Certified, Produkte für die eine branchenweite Anwendung von Grundstandards angestrebt wird wie 4C):[213]

---

[211] Europäisches Parlament: Bericht über Fairen Handel und Entwicklung; 2005/2245(INI); http://www.europarl.europa.eu/sides/getDoc.do?pubRef=-//EP//TEXT+REPORT+A6-2006-0207+0+DOC+XML+V0//DE; Stand 23.05.2017.

[212] Kommission der Europäischen Gemeinschaften: Mitteilung der Kommission an den Rat, das europäische Parlament und den europäischen Wirtschafts- und Sozialausschuss. Brüssel 2009; S. 4.

[213] ebenda.

- EU-weite Beibehaltung des nichtstaatlichen Charakters privater Konzepte;
- Ermittlung des Spielraums für etwaige Synergien zwischen einzelnen Konzepten sowie für eine Klärung der Situation für Verbraucher und Erzeuger;
- Verständigung über vernünftige grundlegende Verfahrensanforderungen;
- Aufstellung objektiver Merkmale zum Vergleich der Wirkung verschiedener privater handelsbezogener Nachhaltigkeitssicherungskonzepte.

Ebenfalls zu erwähnen ist der jährliche World Fair Trade Day, der im Europäischen Parlament stattfindet. Hier treffen sich Mitglieder verschiedener NRO und der Europäischen Kommission, um Initiativen und neue Entwicklungen im Fairen Handel zu diskutieren. Im Jahr 2004 wurde des Weiteren ein Projekt verschiedener FTOs ins Leben gerufen, das von der Europäischen Kommission mitfinanziert wird. Die abschließende Konferenz des Projektes fand im April 2007 in Brüssel statt. Fair Procura beschäftigt sich mit der Frage, inwieweit fair gehandelte Produkte bei Beschaffungsvorgängen innerhalb der EU einbezogen werden können (Mensen, öffentliche Verwaltung, Catering).[214]

In einer Studie der Europäischen Kommission von 2004 wird der Anteil des öffentlichen Auftragsvolumens am BIP der EU auf 16 % (ca. 1.500 Mrd. Euro) geschätzt.[215] Als Ergebnis der Studie wird den Beschaffungsvorgängen in der EU eine wichtige Rolle in der nachhaltigen Entwicklung zugeteilt (Unterstützung der Produzenten durch Vertrieb fair gehandelter Güter, Vorbildfunktion). Durch die verschiedenen Festlegungen und Initiativen im Rahmen der EU wird deutlich, dass auf dieser Ebene eine positive Einstellung gegenüber dem Fairen Handel vorherrscht. Zu nennen ist auch die Zusammenfassung der 83. Zusammenkunft des Ausschusses der Regionen der EU. In der Stellungnahme zu den Vorschlägen der Europäischen Kommission wird der Standpunkt der EU zum Fairen Handel noch einmal unterstrichen.[216] Eine positive Weiterentwicklung stellt die neue EU-

---

[214] Rodríguez, I. (EFTA): Fair Procura. Öffentliche Verwaltungen aktiv für nachhaltige Entwicklung; Brüssel 2005; S. 1–35.

[215] Europäische Kommission: Der Zugang von KMU zu öffentlichen Aufträgen; Brüssel 2004; S. 5.

[216] The Comitee oft he Regions: 83rd Penary Session. Opinion of the Committee of the Regions on Contributing to Sustainable Development; Brüssel 2010.

Handelsstrategie aus dem Jahr 2015 dar. Sie enthält ein Kapitel zur wertebasierten Handels- und Investitionspolitik. Sie soll die Handelspolitik der EU in die Richtung lenken, dass damit die nachhaltige Entwicklung, Menschenrechte, ethischer und fairer Handel gefördert wird.[217]

Die Welthandelsorganisation (WTO) vertritt die Auffassung, dass der Faire Handel kein Hindernis für die Liberalisierung der Weltmärkte darstellt. Initiativen auf der Grundlage des Fairen Handels stellen keine protektionistischen oder handelsbeschränkenden Maßnahmen dar.[218] Jedoch gibt es gegenwärtig keine Aktivitäten, welche die WTO zur Förderung des Fairen Handels unternimmt und auch hier ist für die Zukunft kein Durchbruch zu erwarten.

---

[217] Ceval; 2016; S. 105
[218] Europäische Kommission: Fairer Handel; 1999.

5 Theoretische Begründung des internationalen Handels

Nach der Darstellung des Konzepts und der Bedeutung des Fairen Handels stellt sich nun die Frage, wie Fairer Handel in die Außenwirtschaftstheorie eingeordnet werden kann und welche Auswirkungen er aus handelstheoretischer Perspektive hat. Im Rahmen diverser Abkommen, auf die in Kapitel 2 bereits eingegangen wurde, findet der Internationale Handel mit ganz unterschiedlichen Gütern und auf der Grundlage unterschiedlicher Rechte statt. Die Güter, Rechte und Direktinvestitionen werden im Folgenden exemplarisch aufgezeigt und abgegrenzt:

- **Waren**: Lebensmittel, Kleidung, Rohstoffe, Maschinen, Automobile
- **Dienstleistungen**: Leistungen in Bereichen wie Tourismus, Telekommunikation, Bankenwesen, Versicherungen
- **Geistiges Eigentum**: Urheberrechte
- **Ausländische Direktinvestitionen**: Ein Unternehmen kauft, investiert oder gründet ein Unternehmen in einem anderen Land.[219]

Die folgenden Ausführungen beschränken sich auf den Handel mit Gütern und dessen Entstehung. Hierzu wurden seit den ersten Überlegungen von Adam Smith[220] zu den absoluten Kostenvorteilen von Handel in seinem viel beachteten Werk von 1776 eine Vielzahl von theoretischen Ansätzen entwickelt. Einige der wichtigsten Ansätze sollen kurz vorgestellt werden. Sie werden in chronologischer Reihenfolge zunächst rein verbal und vereinfacht dargestellt. Bei Interesse können die Ansätze im Anhang mit Hilfe von formalen und grafischen Erläuterungen vertieft werden.

In Abschnitt 5.1 werden zunächst die außenhandelstheoretischen Ansätze von Ricardo und Heckscher/Ohlin vorgestellt. Abschnitt 5.2 wendet sich den Ansätzen der neuen Handelstheorie zu. Auf dieser Grundlage erfolgt in Abschnitt 5.3 die Spezifizierung der allgemeinen Handelstheorie auf den Austausch von Gütern zwischen einem Industrie- und einem Entwicklungsland mit besonderem Fokus auf die handelstheoretische Begründung des Fairen Handels.

---

[219] Europäische Kommission: Globalisierung als Chance für alle: Die Europäische Union und der Welthandel; Luxemburg 2002; S. 4.

[220] Smith, A.: An Inquiry into the Nature and Causes of the Wealth of Nations, New York, Random House, 1937.

5.1 Begründung des internationalen Handels auf der Grundlage der Modelle von Ricardo und Heckscher/Ohlin

Zunächst werden die handelstheoretischen Ansätze von Ricardo und Heckscher/Ohlin betrachtet. Der Handel zwischen Industrie- und Enwicklungsländern (Nord-Süd-Handel) findet insbesondere im Modell von Heckscher/Ohlin Beachtung. Aus diesem Grund soll das Modell auf seine Relevanz hinsichtlich des Konzeptes des Fairen Handels überprüft werden.

5.1.1 Das Modell von David Ricardo

In seinem handelstheoretischen Ansatz stellt David Ricardo dar, dass der Handel zwischen zwei Ländern von Vorteil und ökonomisch sinnvoll ist. Dabei spezialisiert sich jedes Land auf das Gut (zwei-Güter-, zwei-Länder-Modell), welches es kostengünstiger herstellen kann. Arbeitskräfte werden in dem Wirtschaftsbereich eingesetzt, in welchem sie am produktivsten sind. Es wird also nur das Gut in einem Land hergestellt, bei dem ein Vorteil besteht. Das zweite Gut kann durch den Handel mit dem anderen Land erworben werden.

Ein Zahlenbeispiel soll diese Überlegung verdeutlichen. England benötigt für die Produktion von 1'000 Einheiten Wein 400 Stunden und für die Produktion von 1'000 Einheiten Tuch 300 Stunden. Portugal benötigt für die Produktion von 1'000 Einheiten Wein 100 Stunden und für die Produktion von 1'000 Einheiten Tuch 200 Stunden. Obwohl Portugal bei der Produktion beider Güter einen Vorteil hat, macht eine Spezialisierung beider Länder Sinn. In der Ausgangssituation werden mit der vorhandenen Arbeitskraft 2'000 Einheiten Wein und 2'000 Einheiten Tuch hergestellt.

Spezialisiert sich Portugal auf die Weinproduktion, können weitere 200 Arbeitsstunden (vorher Tuchproduktion) eingesetzt werden. In Summe werden nun 3'000 Einheiten Wein hergestellt. Spezialisiert sich England nun auf die Tuchproduktion, können weitere 400 Arbeitsstunden (vorher Weinproduktion) eingesetzt werden. In der Summe werden nun 2'333 Einheiten Tuch hergestellt. Dieses Beispiel zeigt, dass die Aufnahme von Handel im vereinfachten Modell, für beide Länder von Nutzen ist. Aber auch in der Summe führt die Aufnahme von Handel zu einer größeren Produktionsmenge (3'000 Einheiten Wein und 2'333 Einheiten Tuch => vor Aufnahme des Handels 2'000 Einheiten Wein und 2'000 Einheiten Tuch).

5.1.2 Das Modell von Heckscher/Ohlin

Eli Heckscher und Bertil Ohlin knüpfen mit ihrem Modell an den Ansatz von Ricardo an. Sie ergänzen ihn jedoch, indem sie das Modell durch die Einbeziehung eines zweiten Produktionsfaktors (neben Arbeit auch Kapitel) erweitern. Der Handel zwischen zwei Ländern hängt vor allem von den Ressourcen dieser Länder ab. Dabei werden von Heckscher und Ohlin die folgenden Annahmen getroffen:

[1] zwei Länder- zwei Güter- zwei Faktoren-Modell,
[2] vollständige Konkurrenz,
[3] homogene Güter,
[4] identische Produktionsfunktionen in den beiden Ländern; gleiche Substitutionselastizitäten,
[5] Vollbeschäftigung,
[6] keine Transportkosten,
[7] keine Handelshindernisse,
[8] Immobilität der Produktionsfaktoren.

Das so genannte Faktorproportionentheorem besagt, dass unterschiedliche Faktorausstattungen mit den Produktionsfaktoren Arbeit und Kapital der Länder die komparativen Kostenunterschiede begründen. Ein Land wird sich entscheiden, jenes Gut zu produzieren und zu exportieren, für dessen Produktion der benötigte Produktionsfaktor relativ reichlich zur Verfügung steht. Länder mit relativ vielen Arbeitskräften konzentrieren sich auf die Herstellung von arbeitsintensiven Gütern. Länder, die relativ reichlich mit Kapital ausgestattet sind, konzentrieren sich auf die Produktion von kapitalintensiven Gütern. Das jeweils andere Gut wird aus dem Ausland importiert. So spezialisieren sich Enwicklungsländer bespielsweise auf die Herstellung arbeitsintensiver Güter und Industrieländer auf die Herstellung kapitalintensiver Güter.[221]

Diese beiden klassischen Modelle der Außenhandelstehorie eigenen sich besonders für die Erklärung des Handels zwischen Industrie- und Entwicklungsländern, da die Länder sich aufgrund von Produktionsbedingungen oder Faktorausstattungen unterscheiden.[222]

---

[221] Neumair, S. M.; Schlesinger, D. M.; Haas, H.-D.: Internationale Wirtschaft. Unternehmen und Weltwirtschaftsraum im Globalisierungsprozess; München 2012; S. 59.
[222] Neumair, Schlesinger, Haas; 2012; S. 56–60.

5.2 Skalenerträge und unvollständiger Wettbewerb als Ausgangspunkt der neuen Handelstheorie

Die Modelle von Ricardo und Heckscher/Ohlin gehen von konstanten Stückzahlen und der Marktform der vollständigen Konkurrenz aus. Neuere Ansätze zur Begründung des internationalen Handels basieren auf der Grundlage von Skalenerträgen und unvollständigem Wettbewerb. Zur Erinnerung: Ein Markt mit vollständigem Wettbewerb zeichnet sich dadurch aus, dass es viele Käufer und Verkäufer gibt, von denen keiner einen großen Marktanteil hat. Somit ist den Unternehmen der Preis vorgegeben. Baut einer von vielen Bauern beispielsweise Getreide an, so kann er in beliebiger Menge Getreide verkaufen, ohne dass dadurch der Absatz den Marktpreis senken würde. Bei Einsatz eines Produktionsfaktors in der doppelten Menge (Input), verdoppelt sich auch der Output.[223]

Anders verhält es sich jedoch auf einem Markt mit unvollständigem Wettbewerb. Im unvollständigen Wettbewerb haben einzelne Anbieter ein gewisses Maß an Kontrolle über den Preis ihrer Produkte. Gibt es beispielsweise weltweit nur zwei Hersteller von Flugzeugen, so kann ein Unternehmen seine Produktion und sein Gesamtangebot nur dann steigern, wenn es seinen Preis senkt. Die Unternehmen sind sich also bewusst, dass sie ihren Absatz durch Preisveränderungen (in diesem Fall durch Preissenkungen) erhöhen können. Kommt es weltweit zu einer wachsenden Konzentration der Unternehmen, besonders durch multinationale Unternehmen wie bereits gezeigt wurde, so wird der internationale Handel zunehmend durch die Marktform des unvollständigen Wettbewerbs geprägt.

Das Konzept der steigenden Skalenerträge (economies of scale) geht von der Annahme aus, dass die proportionale Erhöhung der Einsatzmenge der Produktionsfaktoren, zu einer überproportionalen Steigung der produzierten Ausbringungsmenge führt. Ebenso kann man trotz Reduzierung der Einsatzmenge eine gleichbleibende Ausbringungsmenge erzielen.[224]

Durch die Theorie der steigenden Skalenerträge kann ebenfalls eine Spezialisierung von Unternehmen und Regionen erklärt werden. Die Spezialisierung von Unternehmen führt demnach zu Kostensenkungen in der Produktion und zu Wettbewerbsvorteilen auf dem Markt. Bei der Betrachtung

---

[223] Krugmann, Obstfeld, Melitz; 2015; S. 177–179.
[224] Neumair, Schlesinger, Haas; 2012; S. 63–64.

des Außenhandels kann man hieraus eine Analogie zum Verhalten von Ländern schließen. Spezialisiert sich ein Land auf die Herstellung ausgewählter Güter, kann es bei deren Produktion steigende Skalenerträge und damit einen Wettbewerbsvorteil erlangen. Vernachlässigt ein Land die Ausrichtung auf wichtige Kernleistungen, kann die Spezialisierung von Konkurrenten für das Land auch zu Wettbewerbsnachteilen auf entsprechenden Märkten führen.

Konzentriert sich ein Land auf die Produktion eines Gutes, können Größenvorteile genutzt werden. Durch die Spezialisierung von Ländern auf die Produktion bestimmter Güter kommt es zu Aussenhandel und die Länder können durch Im- und Exporte alle Güter konsumieren.[225] Ein an Arbeitskraft relativ reiches Land wird sich auf die Produktion arbeitsintensiver Güter spezialisieren und kapitalintensive Güter importieren. Ein relativ kapitalreiches Land wird sich auf die Produktion kapitalreicher Güter spezialisieren und arbeitsintensive Güter importieren wie das bereits bei Heckscher/Ohlin gezeigt wurde.

Ein weiterer Aspekt, welcher in der neuen Handelstheorie diskutiert wird, ist das Auftreten von sunk costs (versunkene Kosten), die in der Vergangenheit zu Auszahlungen führten, welche in der Gegenwart oder Zukunft nicht mehr beeinflusst werden können. Durch Investitionen, die in der Produktion getätigt werden, entstehen beispielsweise Anlaufkosten, bevor Erlöse aus der erweiterten und effizienteren Produktion realisiert werden können. Bei der Betrachtung aller Einflussfaktoren für den Außenhandel auf der Basis der Skalenerträge, können weitere Quellen für sunk costs identifiziert werden. So wird die Aufnahme einer Handelsbeziehung auch immer mit der Entstehung von Kosten für ihre Entwicklung und Festigung begleitet. Der Aufbau der neuen Distributionskanäle, die Informationsbeschaffung über den ausländischen Markt und die Marketingaktivitäten sind Aktivitäten, die sunk costs verursachen.[226]

Im Hinblick auf den Fairen Handel sind sunk costs aufgrund der Erfüllung sozialer und ökologischer Standards sowie der Umstellung der Produktion auf bestimmte Methoden und Prozesse oder auch die intensiv zu begleitenden Schulungen der Produzenten von Bedeutung. Inwieweit das Konzept des Fairen Handels diese Kosten mit einbezieht, wird in Abschnitt 5.3.2 aufgezeigt.

---

[225] Krugmann, Obstfeld, Melitz; 2015; S. 178–180.
[226] Maennig; Wilfling; 1998; S. 240.

5.3 Fairer Handel im Kontext der Handelstheorie

Der Faire Handel wird als Konzept zur Fördrung der Produzenten in weniger entwickelten bzw. benachteiligten Ländern verstanden. Die „Entwicklung durch Handel" steht im Mittelpunkt. In den folgenden Ausführungen wird aus einer handelstheoretischen Sicht überprüft, inwieweit das Konzept des Fairen Handels diesen Anforderungen gerecht werden kann. Weiterhin wird überprüft, inwieweit der Faire Handel Auswirkungen auf die Überproduktion bestimmter Produkte, wie Kaffee oder Bananen, hat und ob durch die Umsetzung der ökologischen und sozialen Standards externe Effekte auftreten. Die Ausführungen beschränken sich auf die Theorien von Heckscher/Ohlin und die neue Handelstheorie, da sie in diesem Kontext eine besondere Relevanz aufweisen. Im Anhang des Buches wird die Betrachtung um eine detailierte Analyse ergänzt.

5.3.1 Fairer Handel und der Ansatz von Heckscher/Ohlin

Ein Ziel des Fairen Handels ist es, benachteiligten Produzenten in Enwicklungsländern, den Zugang zu den internationalen Gütermärkten zu erleichtern bzw. zu öffnen. Damit soll auf die wirtschaftliche Entwicklung dieser Länder positiv Einfluss genommen und ein Beitrag zur Armutsbekämpfung in Entwicklungsländern geleistet werden. Eine entscheidende Rolle bei der Erfüllung dieser Ziele nehmen die lokalen Kooperativen und Produzentenorganisationen ein. Die Aufnahme in die Register der Fair-Handelshäuser erfolgt erst bei Erfüllung bestimmter Standards. Nach Aufnahme in die Register können Produkte an die Fair-Handelsorganisationen zu einem Preis verkauft werden, der über dem Marktpreis liegt. Hier setzt häufig die Kritik am Konzept des Fairen Handels an.

Nachfolgend soll der Faire Handel in Beziehung zu dem handelstheoretischen Ansatz aus Abschnitt 5.1.2 betrachtet werden. Besondere Beachtung wird hierbei auf die Preisgestaltung der Produkte gelegt. In einer erweiterten Analyse, werden die Überlegungen um eine Gegenüberstellung der Modelle des Freihandels und des Protektionismus und dem Konzept des Fairen Handels ergänzt. Von besonderer Relevanz ist hierbei die Frage, in welcher Weise diese Konzepte Auswirkungen auf die Entwicklungsländer haben. Die

Ausführungen erfolgen in Anlehnung an den Beitrag von Maseland und De Vaal.[227]

Im Modell von Heckscher/Ohlin findet der Handel zwischen zwei Ländern statt. Beide Länder haben die Möglichkeit, zwei Güter mit den Produktionsfaktoren Arbeit und Kapital herzustellen. Ein Land (Ausland) ist relativ reichlich mit dem Faktor Arbeit ausgestattet und wird sich demzufolge auf die Produktion und den Export des arbeitsintensiven Produktes konzentrieren. Das zweite Land (Inland) ist relativ reichlich mit dem Faktor Kapital ausgestattet und wird sich auf die Produktion und den Export des kapitalintensiven Gutes konzentrieren.

Um die Wirkung des Fairen Handels zu erklären, geht man nun davon aus, dass das Ausland die gesamte Produktionsmenge über die Vertriebswege des Fairen Handels exportieren kann. Die Produzenten erhalten für ihre Produkte einen Fair Trade-Aufschlag und verpflichten sich im Gegenzug bestimmte Voraussetzungen (Einhaltung von Produktionsstandards, Zahlung angemessener Löhne, Einhaltung von Umweltstandards) zu erfüllen. Der Preis für das zu exportierende Gut steigt. Der Gleichgewichtspreis stellt sich auf einem höheren Niveau ein. Dies hat zur Folge, dass sich die Exportmenge verringert.

Die handelstheoretische Betrachtung unter Berücksichtigung des Ansatzes von Heckscher/Ohlin führt zu der Erkenntnis, dass der Mehrpreis der fair gehandelten Produkte die Gewinne des im Land relativ reichlich vorhandenen und die Verluste des im Land knappen Produktionsfaktors begrenzt. Ein entscheidender Einflussfaktor wird durch das Modell jedoch nicht berücksichtigt. Mit der Verbesserung der Arbeitssituation der Mitarbeiter und der Verbesserung der Umweltqualität treten weitere nicht in Geldwert messbare Gewinne für die Produzenten ein, die im folgenden Kapitel 6 näher betrachtet werden.

Die Begrenzung der Gewinne und Verluste hängt in besonderem Maße von der Preiselastizität des Gutes ab, welches über die Vertriebswege des Fairen Handels exportiert wird. Wie bereits in Abschnitt 4.4 dargelegt, stellen Lebensmittel bisher die Mehrzahl der durch Fairen Handel vertriebenen Erzeugnisse dar (etwa 60%). Landwirtschaftliche Produkte weisen eine geringe Preiselastizität in der Nachfrage und im Angebot auf. Eine geringe Preiselas-

---

[227] Maseland, R.; De Vaal, A.: How fair is fair trade? In: The Economist; Bd. 150; H. 3; Dordrecht 2002; S. 257–259.

tizität des Gutes in Bezug auf die Nachfrage führt dazu, dass diese sich nur in geringem Maße an die Änderung der Preise anpasst. Folglich beeinflusst eine Preiserhöhung dieser Produkte in einem Entwicklungsland ebenfalls nur in geringem Maße die Nachfrage nach dem Gut auf dem Markt. Die Gewinne und Verluste werden demnach bei Produkten mit einer geringen Preiselastizität nur wenig begrenzt.[228]

Betrachtet man nun die reale Situation, so wird deutlich, dass der Handel zwischen Entwicklungs- und Industrieländern nur zu einem sehr kleinen Teil unter den Bedingungen des Fairen Handels stattfindet. Aufgrund der geringen Nachfrage nach fair gehandelten Produkten, haben nur wenige Produzenten die Möglichkeit, in die Register der Fair-Handelsorganisationen aufgenommen zu werden. Weiterhin vermarkten einige Produzenten nur einen Teil ihrer Produkte über Fair-Handelsorganisationen.

Am Beispiel des Produktes Kaffee wird eine weitere Problematik deutlich, die viele fair gehandelte Produkte betrifft. Kaffee gehört zu den Gütern, bei denen weltweit tendenziell Überproduktion vorherrscht und das Angebot in der Regel die Nachfrage übersteigt. Somit haben die Konsumenten die Möglichkeit Kaffee zu einem sehr niedrigen Preis zu erwerben. Es stellt sich daher die Frage, ob die Konsumenten bereit sind für einen bestimmten Zusatznutzen – bspw. die Unterstützung benachteiligter Produzenten oder der Erwerb gesünderer Produkte durch Einhaltung ökologischer Standards – auch einen höheren Preis zu zahlen.

Aus den Modellen von Ricardo und Heckscher/Ohlin geht hervor, dass die Aufnahme von Handelsbeziehungen zwischen zwei Ländern für die Wohlfahrt aller Beteiligten von Vorteil ist. Findet der Handel unter den Bedingungen des Freihandels statt, wird auf dem Markt durch die Importe und Exporte ein Gleichgewichtspreis erreicht. Es kommt zu einer Spezialisierung der Länder auf die Produktion eines Gutes, während die Produktion des anderen Gutes eingeschränkt wird und fehlende Mengen durch Importe gedeckt werden.

Im Fairen Handel werden die Exporte des Entwicklungslandes begrenzt, da der Gleichgewichtspreis für das jeweilige Erzeugnis auf dem internationalen Markt zu einem früheren Zeitpunkt erreicht ist. Es hängt von den zusätzlichen Gewinnen des Fairen Handels ab, ob er im Vergleich zum freien Han-

---

[228] Borchert 2001; S. 259.

del vorteilhafter ist. Die zusätzlichen Gewinne ergeben sich aus den durchgeführten ökologischen und sozialen Verbesserungen in den Produktionsstätten und bei den Produzenten. Bei Produkten mit einer geringen Preiselastizität der Produkte kommt hinzu, dass die Gewinne nicht zwingend mit einem Zusatznutzen verknüpft werden müssen.

5.3.2 Der Faire Handel und die neue Handelstheorie

Der Ansatz der steigenden Skalenerträge, wie er in Abschnitt 5.2 diskutiert wurde, geht davon aus, dass die Kosten im Einkauf, in der Produktion und in anderen Bereichen des Unternehmens, mit einer steigenden Ausbringungsmenge sinken. Der Faire Handel ist auf relativ wenige Produzenten beschränkt. Die Produkte sprechen aufgrund ihres höheren Preises nur einen relativ kleinen Teil der Konsumenten an. So ist die allgemeine Argumentation. Die Menge an Gütern, welche die Importorganisationen von den Produzenten abnehmen, ist demzufolge relativ gering. Die Produktion unter gewissen Standards geht in erster Linie mit höheren Kosten für den Produzenten einher. Ein einzelner Produzent kann kaum steigende Skalenerträge erzielen, da seine individuelle Ausbringungsmenge zu gering ist. Durch die Bildung von Kooperativen ist es möglich, Kosteneinsparungen zu erzielen. Ob und in welchem Maße es dadurch zu steigenden Skaleneffekten kommt, muss im Einzelfall geprüft werden.

Das Verhältnis der Ausstattung mit den Produktionsfaktoren Arbeit und Kapital ist zwischen Industrie- und vielen Entwicklungsländern sehr unterschiedlich. Die Mehrzahl der Entwicklungsländer produziert und exportiert in hohem Maße arbeitsintensive Güter. Die im Rahmen des Fairen Handels aus den Entwicklungsländern importierten Produkte gehören zu dieser Kategorie. Es kommt also zum größten Teil zu einem interindustriellen Handel, bei dem die Entwicklungsländer arbeits- und rohstoffintensive Güter exportieren und kapitalintensive Industrieprodukte importieren. Der Handel zwischen Industrie- und Entwicklungsländern wird auch in der neuen Handelstheorie durch komparative Kostenvorteile begründet.[229]

Ein wesentliches Merkmal internationaler Märkte und damit auch des internationalen Handels sind positive Skaleneffekte und unvollständiger Wettbewerb. Damit werden die idealtypischen Annahmen eines vollkommenen Marktes mit vollkommener Konkurrenz sowie Markttransparenz aufgeho-

---

[229] Krugman; Obstfeld; Melitz; 2015; S. 211–214.

ben. Die Kleinproduzenten in Entwicklungsländern werden mit dem unvollständigen Wettbewerb konfrontiert. Des Weiteren lässt sich feststellen, dass der Zugang zu den internationalen Märkten für die Produzenten in den Entwicklungsländern beschränkt ist. Insbesondere die Kleinbauern sind von Zwischenhändlern abhängig, die häufig die einzigen Abnehmer für die Produkte sind und somit eine Monopolstellung haben – viele Kleinbauern müssen ihre Produkte an wenige Zwischenhändler verkaufen. Folglich können die Zwischenhändler den Preis für die Produkte vorgeben. Die Zwischenhändler erhalten also eine sogenannte Monopolrente, welche aus volkswirtschaftlicher Perspektive zu einem Wohlfahrtsverlust führt.

Der fehlende Zugang von Kleinbauern zum Finanzsektor stellt ein weiteres Defizit dar. In ländlichen Regionen gibt es vielfach keine Banken bzw. die wenigen existierenden Banken tätigen wegen eines zu hohen Risikos keine Geschäfte mit Kleinproduzenten. Um die nötigen Finanzmittel für Landmaschinen, Düngemittel oder Saatgut zu erhalten, sind die Kleinproduzenten von regionalen Geldverleihern abhängig. Auch diese haben eine gewisse Monopolstellung inne.

Ein zusätzlicher Mangel an Informationen durch Zeitungen bzw. andere Medien führt zu einer ausgeprägten Informations- und Machtasymmetrie. Erfahrungsgemäß gibt es in vielen Entwicklungsländern eine relativ differenzierte Gesetzgebung und vielfältige Programme um ländliche Regionen zu fördern. In der Regel bestehen jedoch große Defizite hinsichtlich der Umsetzung bzw. Kontrolle von Gesetzen und Programmen. Die relativ hohe Analphabetenquote und die weit verbreitete Korruption begründen die Implementierungs- bzw. Umsetzungsdefizite. In Bezug auf „Good Governance" werden hier Defizite deutlich. Daher wird Good Governance als Voraussetzung für menschliche Entwicklung und den Erfolg von Maßnahmen hinsichtlich Armutsbekämpfung und Friedenssicherung von vielen internationalen Organisationen als besonders wichtig erachtet.

Die aufgeführten Formen der Marktunvollkommenheit auf den nationalen Märkten der Entwicklungsländer werden im Rahmen der globalen Betrachtung der Marktunvollkommenheiten der Handelsmärkte noch verschärft. Wie schon erwähnt, sind die Machtsymmetrien besonders im Handelsverhältnis zwischen den Industrie- und Entwicklungsländern ausgeprägt. Das Selbstinteresse der internationalen Akteure führt dazu, dass sie ihre Machtstellung in der Handelskette ausschöpfen, indem sie eine maximale Gewinnerzielung anstreben. „Der Preisdruck wird im Markt weitergereicht vom Endabnehmer über den Importeur, Exporteur und Zwischenhändler bis zum Produzenten und seinen Arbeitern, den letzten und schwächsten Gliedern in der Kette."[230]

Im vorangegangenen Abschnitt 5.2 wurde auch das Auftreten von sunk costs aufgezeigt. Ein Teil der Ausgaben, welche die Kleinbauern haben, kann als sunk costs bezeichnet werden. Der Anbau einer Kaffeepflanze geht mit einem Aufwand einher, dem erst nach drei bis fünf Jahren ein Ertrag gegenübersteht. Gleiches gilt bei Bananenstauden. Allerdings können von diesem Kaffeestrauch die nächsten 15 bis 20 Jahre Erlöse erwartet werden. Dennoch müssen die Bauern erst in ihre Produktion investieren, bevor sie davon profitieren können. Die Folge sind vielfach verschuldete Produzenten, die ihren Ausgaben zu Beginn nur ungewisse Erlöse, die in Zukunft eintreten werden, gegenüberstellen können. Die Ungewissheit begründet sich beispielsweise daraus, dass es durch Trockenperioden dazu kommen kann, dass die Pflanzen vertrocknen und zu keinem Ertrag führen.

Auch wenn im Fairen Handel Partnerschaften oftmals mit Produzentenorganisationen eingegangen werden, die einen funktionierenden Produktionsbetrieb aufweisen, so sind risikobehaftete Investitionen nicht ausgeschlossen. Zu den produktionsbezogenen Investitionen kommen weitere sunk costs, die aus der Umsetzung der ökologischen und sozialen Standards resultieren können.

Um diese risikobehafteten Kosten zu decken, bieten die Fair-Handelsorganisationen den Produzenten eine Vorfinanzierung ihrer Produktion an. Der Wert der Vorfinanzierung kann bis zu 50% des Auftragswertes betragen.[231] Damit soll der Kauf der Rohstoffe ermöglicht, aber auch in die Umstellung der Produktion investiert werden. Informationen über die neuen Methoden (ökologischer Landbau) und die Beratung der Produzenten, werden von einigen Fair-Handelsorganisationen ebenfalls zur Verfügung gestellt. Je umfangreicher das bereitgestellte Leistungsspektrum der Fair-Handelsgesellschaften sind, umso eher kann das Problem der sunk costs verringert werden.[232]

---

[230] Göbel, E.; Gerechter Tausch – (nur) eine Frage der Rahmenbedingungen?; In: Eigner, C.; Weibel, P. (Hrsg.): UN/Fair Trade – Die Kunst der Gerechtigkeit; Wien; 2007; S. 171.

[231] Bowen, B.: Let's go fair! In: EFTA (Hrsg.): Fair Trade Yearbook; http://www.eftaFair Trade.org/yearbook.asp; 2004; S. 28.

[232] Steckelbach; 1998; S. 17.

5.3.3 Der Faire Handel und externe Effekte

Die allgemeine wirtschaftliche Entwicklung, die auf quantitatives Wachstum ausgerichtet ist, wird durch die weltweit steigende Produktion von Gütern determiniert. Damit verbunden ist die wachsende Knappheit der Umweltressourcen, die zu weitreichenden Belastungen vieler Ökosysteme führen. Während sich die bisher beschriebene ökonomische Entwicklung primär auf Landesgrenzen beschränkte, führen die Auswirkungen der Umweltbelastungen z.b. durch steigende Emissionen zu einer Beeinträchtigung der Weltbevölkerung. Eines der großen Probleme hierbei ist der Klimawandel und seine vielfältigen Folgen. In besonderem Maße besteht aber auch ein Zusammenhang zwischen Umwelt- und Entwicklungsproblemen, von dem vor allem die ärmsten Menschen in den Entwicklungsländern betroffen sind.[233]

Die ökologischen Standards bei der Produktion von Gütern in den Entwicklungsländern liegen oft unter den Standards, die für die Produktion der Güter in den Industrieländern festgelegt werden.[234] Die niedrigen Standards bieten nicht zuletzt einigen Produzenten in den Entwicklungsländern erst die Möglichkeit, Produkte billiger herzustellen und auf dem Weltmarkt in Konkurrenz mit den Produzenten aus den Industrieländern treten zu können (Öko-Dumping). Die geringen Anforderungen an die Herstellung der Güter führen zu einer erheblichen Umweltbelastung in dem Land, in dem die betrachteten Erzeugnisse herstellt werden, aber ebenso zu grenzüberschreitenden Belastungen der Umwelt. Die Umwelt ist ein globales, grenzüberschreitendes Gut, welches der Weltbevölkerung zur Verfügung steht. Bei einer Beeinträchtigung der Umwelt werden die Folgen somit auch nicht auf die Regionen des Verursachers beschränkt, sondern die Effekte werden externalisiert.

Ökonomische Effekte, die bei der Produktion in einem Unternehmen oder einem Land auftreten und Auswirkungen auf andere Unternehmen und Länder haben, werden als externe Effekte bezeichnet. Externe Effekte können mit positiven und negativen Konsequenzen einhergehen.[235] Externe Effekte führen zu einer Differenz zwischen den privaten und den sozialen Kosten der Produktion. Die privaten Kosten werden von dem produzieren-

---

[233] Durth, R.; Körner, H.; Michaelowa, K.: Neue Entwicklungsökonomie; Stuttgart 2002; S. 104 ff.
[234] Krugman; Obstfeld; Melitz; 2015; S. 406 ff.
[235] Sautter; 2004; S. 29–31.

den Unternehmen getragen, während die sozialen Kosten auf das gesellschaftliche Umfeld entfallen. Bei negativen externen Effekten übersteigen die sozialen Kosten die privaten Kosten. Die Ausgaben, die beispielsweise durch negative Beeinträchtigungen der Umwelt oder der Gesundheit der Landarbeiter anfallen, werden nicht (allein) von denen getragen, die sie verursachen.

Im Fall von positiven externen Effekten übersteigen die privaten die sozialen Kosten einer Produktion.[236] Durch den ökologischen Anbau der Kleinbauern im Rahmen von Fair Trade entstehen also positive externe Effekte, d. h. es entstehen positive Wohlfahrtseffekte für die Allgemeinheit. Das ist möglich, da die Fair-Handelsorganisationen die Produzenten bei der Umstellung der Produktion auf eine umweltfreundliche landwirtschaftliche Anbauweise unterstützen. Die Produktion von Gütern unter der Anwendung niedriger Umweltstandards führt dagegen zu negativen externen Effekten, die Auswirkungen auch auf andere Länder haben.

Der Faire Handel kann dazu beitragen, einen Teil dieser externen Kosten zu vermindern. Durch den Anreiz des höheren Erlöses, der durch die Produktion im ökologischen Landbau erzielt werden kann, geht die Umstellung der Produktion mit einem positiven Nutzen für die Produzenten einher. Diese Anreizfunktion ist die Grundlage für ein nachhaltig geschaffenes, d. h. umweltbewusstes Handeln in der Produktion. Die globalen Effekte, die durch die ökologischen Verbesserungen in der Produktion erzielt werden können, sind jedoch marginal, da in den meisten Fällen nur ein geringer Anteil der Produzenten in einer Region die Möglichkeit hat, am Fairen Handel teilzunehmen. Die Resultate sind demnach als relativ gering einzuschätzen. Allerdings steigt das Umweltbewusstsein der Produzenten und das kann auch Auswirkungen auf andere Produzenten in der Region haben.

Eine weitere zu beobachtende Tendenz ist die verstärkte Nachfrage der Konsumenten nach ökologischen Produkten. Das Bewusstsein der Verbraucher für umweltpolitische Themen steigt und die Verbraucher sind auch zunehmend bereit, den biologischen Anbau oder die nachhaltige Produktion von Gütern finanziell zu honorieren. Hier kann man durchaus positive externe Effekte feststellen.

---

[236] Rose, K.; Sauernheimer, K.: Theorie der Außenwirtschaft; 14. Aufl.; München 2006; S. 549.

Die sozialen Standards die im Fairen Handel festgelegt werden, beinhalten die Zahlung höherer Löhne, demokratische Strukturen innerhalb der Produzentenorganisationen, die Förderung der Beschäftigung von Frauen und das Verbot von Kinderarbeit. Die Umsetzung dieser Standards kann Auswirkungen auf die gesellschaftliche Struktur der Region haben. Auch hier besteht die Möglichkeit, dass die Standards von anderen Unternehmen übernommen werden, die nicht am Fairen Handel teilnehmen. Der Einsatz der Fairtrade-Prämie in Projekte wie zum Beispiel der Bau von Schulen oder die Verbesserung der Infrastruktur, kann auch das Leben der anderen Menschen in der Region positiv beeinflussen.

5.3.4 Auswirkungen des Fairen Handels auf die Überproduktion

Einige Produkte, die im Kontext des Fairen Handels betrachtet werden, sind zumindest temporär von einer weltweiten Überproduktion betroffen. Das bedetet: das Angebot der Produkte liegt über der weltweiten Nachfrage. Das Ergebnis sind kontinuierlich sinkende Weltmarktpreise für die jeweiligen Erzeugnisse. Die Gefahr besteht darin, dass die Produzenten mit ihrer Produktion keinen Gewinn mehr erwirtschaften können, da die Produktionskosten die Einnahmen beim Verkauf der Produkte übersteigen. Bei niedrigen Preisen gibt es für die Produzenten verschiedene Möglichkeiten zu reagieren. Der Ausbau alternativer Produktionszweige wäre eine naheliegende Option. Oft sehen sich die Kleinbauern aber veranlasst, ihre Produktion auszubauen, um einen höheren Ertrag zu erwirtschaften. Durch den höheren Preis, der im Fairen Handel für die Produkte bezahlt wird, kann dieser Effekt sogar noch verstärkt werden.

„Die Kaffeebauern werden zwar über den Einkommenseffekt sozial besser gestellt, sind aber weniger bereit, ihre Abhängigkeiten vom Kaffee zu verringern."[237]

Die Fair-Handelsgesellschaften haben dieses Problem erkannt. Die Produzenten werden bei der Diversifizierung ihrer Produktion unterstützt. Aus einzelwirtschaftlicher Sicht ist die Diversifizierung sinnvoll – die Abhängigkeit der Bauern von der wirtschaftlichen Entwicklung einzelner Produkte nimmt ab. Im Fairen Handel werden Produzenten beispielsweise dabei unterstützt, Kunsthandwerk zu produzieren und zu verkaufen. Dieses Produkt ist von der Primärproduktion unabhängig und ermöglicht den Kleinbauern einen zusätzlichen Verdienst.

---

[237] Steckelbach; 1998; S. 9.

Ein weiterer Aspekt ist die Förderung der Produzenten bei der Herstellung von Gütern mit hoher Qualität. Die Einhaltung gewisser Standards und die Umstellung der Produktion nach vorgegebenen ökologischen Standards, führen einerseits zu einer Abnahme der Produktionsmenge, andererseits können die Produzenten mit der besseren Qualität ihrer Produkte einen höheren Erlös erzielen.[238] Langfristig gesehen und unter der Annahme, dass die Bedeutung des Fairen Handels bzw. die Zahl der Produzenten, die am Fairen Handel teilnehmen können, steigt, kann diese Entwicklung eine positive Auswirkung auf die von weltweiter Überproduktion betroffenen Erzeugnisse haben.

---

[238] Liebrich; 2002; S. 33.

6 Die Wirkung des Fairen Handels in Entwicklungsländern

Im vorherigen Kapitel wurde das Fair-Trade-Konzept im Kontext der Theorie des internationalen Handels betrachtet. Im Mittelpunkt stand die ökonomische Wirkung des höheren Preises für fair gehandelte Produkte. Im folgenden Abschnitt soll der Faire Handel im Kontext des Leitbildes der nachhaltigen Entwicklung betrachtet werden.

Auf diesen Bedeutungszusammenhang hat Dietz bereits im Jahr 2000 hingewiesen.[239] Durch die Erfassung der ökologischen, ökonomischen und sozialen Wirkungen, auf der Grundlage von Beispielen aus Studien in verschiedenen Entwicklungsländern, sollen diese Erkenntnisse überprüft werden. Den Ausführungen zugrunde liegen verschiedene Studien aus unterschiedlichen Ländern. Hierbei handelt es sich jedoch überwiegend um regionale Studien. Eine „flächendeckende Studie", in der eine umfassende Wirkungsanalyse präsentiert wird, gibt es bisher nicht. Dennoch kann man von einem fundierten Wissensstand der Wirkungen von Fair Trade ausgehen.

6.1 Ökonomische Wirkung

Die ökonomischen Auswirkungen des Fairen Handels lassen sich nach verschiedenen Kriterien differenzieren. Zunächst wird den Produzenten durch den Fairen Handel der Marktzugang erleichtert. Dies geschieht zum einen durch das Konzept der Vorfinanzierung und zum anderen durch den Zugang zu Informationen (beispielsweise über Marktmechanismen oder geeignete Handelspartner). Langfristige Handelsbeziehungen ermöglichen den Produzenten zusätzlich eine gewisse Planungssicherheit und in Kombination mit der Vorfinanzierung ist es möglich notwendige Investitionen zur Produktivitätssteigerung durchzuführen. Der am einfachsten messbare Effekt des Fairen Handels ist das höhere Einkommen der Produzenten.[240] Die garantierten Preise und die zusätzliche Sozialprämie führen zu einem Einkommen, das über dem Existenzminimum liegt.

---

[239] Dietz, H.-M.: Die Wirkungen des Fairen Handels bei seinen Partnern im Süden – Einführung und Kommentierung der Regionalstudien, in: Misereor, Brot für die Welt, Friedrich-Ebert-Stiftung (Hrsg.): Entwicklungspolitische Wirkungen des Fairen Handels, Beiträge zur Diskussion, Aachen 2000, S. 191

[240] Nicholls, A., Opal, Ch.: Fair Trade – Market-Driven Ethical Consumption; London 2005.

Die betrachteten Studien machen deutlich, dass bei den Produzenten der Anteil der Produkte, die über den Fairen Handel verkauft werden, unterschiedlich ist. Umfasst dieser Anteil bei einigen Produzenten nur einen geringen Prozentsatz der Ausbringungsmenge, wird bei anderen Produzenten fast die gesamte Produktion an Fair-Handelshäuser verkauft. Der Gewinn, der sich für die Produzenten aus dem Fairen Handel ergibt, hängt von dem Anteil der Produkte ab, den sie über die Vertriebswege des Fairen Handels vermarkten können. Für den Produzenten ist der Faire Handel mit einem Vorteil verbunden, wenn der dadurch erzielte Gewinn größer ist, als es bei einer ausschließlichen Vermarktung über den konventionellen Handel der Fall wäre. Die Umstellung der Produktion nach vorgegebenen ökologischen Standards und die Einführung von Arbeitsbedingungen, die gewisse soziale Standards erfüllen, gehen mit zusätzlichen Kosten einher. Dabei ist zu berücksichtigen, dass sich die Kosten für die gesamte Produktion erhöhen, auch wenn nur ein Teil der Produkte über den Fairen Handel vertrieben werden kann.

Der Export von Produkten stellt für jedes Unternehmen und jeden Produzenten eine Möglichkeit dar, neue Märkte in anderen Ländern zu erschließen. Im Verlauf dieses Prozesses und unter Berücksichtigung der Verschiedenartigkeit von Kundenanforderungen in verschiedenen Märkten, ist es sehr wahrscheinlich, dass Produzenten ihre Produktionstechnologien und die Fertigkeiten überdenken und gegebenenfalls optimieren.

Durch den Fairen Handel werden Produzenten beim Markteintritt unterstützt. Es wird ihnen die Möglichkeit gegeben, neue Akteure (Fair-Handels-Organisationen) kennen zu lernen. Die Bedingungen, an die eine Teilnahme im Fairen Handel geknüpft ist, können einen positiven Einfluss auf die Produktion der Produzenten haben. Es werden beispielsweise Produktionskapazitäten erweitert sowie neue Produkte und Designs entwickelt. Einen positiven Beitrag liefert auch die verbesserte Qualitätskontrolle. Dadurch kann, nach einer Studie zu den Projekten der Fair-Handelsgesellschaft Oxfam in Großbritannien, die Ablehnungsrate der Produkte um einen erheblichen Anteil verringert werden.[241]

---

[241] Hopkins, R.: Impact Assessment Study of Oxfam Fair Trade. Final Report; https://pdfs.semanticscholar.org/bc08/5efac168dfc960930bc8d303ad9b461bfcf5.pdf; Stand: 18.05.2017; S. 18.

Durch den Kontakt zu den Lieferanten, die selbst Fairtrade-zertifiziert sind, von Fairhandelshäusern haben die Produzenten die Möglichkeit, ihre Produkte über den konventionellen Handel zu verkaufen. Die Fairhandelshäuser haben insofern heute nur noch eine geringe Bedeutung. Beispielsweise erlangen Exporteure im Rahmen des Fairen Handels zunächst ein besseres Verständnis von der Funktionsweise des Kaffeemarktes, welches ihnen bei der Produktion und der späteren Vermarktung über andere Handelswege hilfreich sein kann.[242] Allgemein lässt sich aber feststellen, dass im Verhältnis zur Gesamtzahl der Kleinbauern in Entwicklungsländern nur einem kleinen Teil von Produzenten der Zugang zu den konventionellen Märkten auch tatsächlich gelingt. Viele Produzentengruppen sind langfristig auf die Kooperation mit den Organisationen des Fairen Handels angewiesen.

Dadurch besteht die Gefahr, dass den Produzenten der Anreiz fehlt, sich nach alternativen Absatzwegen umzuschauen. Über den Fairen Handel lässt sich ein höherer Gewinn erzielen und für die Kooperativen ist es weniger attraktiv sich in eine Wettbewerbssituation mit Marktschließung zu begeben. So führen Dragusanu et al. einige Studien auf, die diese Gefahr besonders herausstellen.[243] Die Partnerschaft mit der Fair-Handelsorganisation kann in diesem Fall zu einer Abhängigkeitssituation führen und fördert Passivität.[244] Hier stellt sich die Frage, ob durch den Fairen Handel die alten Abhängigkeiten der Produzenten von Zwischenhändlern durch neue Abhängigkeiten von den Fair-Handelsgesellschaften ersetzt werden. Es besteht die Gefahr, dass bei dem Wegfallen der Partnerschaft z.B. mit einem Fair-Handelshaus ersteinmal keine Alternativen für den Produzenten bestehen.

Die langfristige Handelsbeziehung mit den Fair-Handelsorganisationen in einem sicheren Umfeld, kann dazu führen, dass die Bereitschaft der Führungsebene gering ist, die Effizienz innerhalb der Kooperative zu verbessern. In einigen Fällen wird die Fair Trade-Prämie nicht für Investitionen verwendet, da die Mitglieder in der Kooperative wenig finanzielle Mittel zur Verfügung haben und den zusätzlichen Gewinn zur Befriedigung der Grundbedürfnisse benötigen.[245]

---

[242] Jones, S.; u.a.; 2000; Annex 3; S. 24.

[243] Dragusanu, R. et al: The Economics of Fair Trade, in: Journal of Economic Perspetives Vo. 28Numbr 3, 2014, S. 217

[244] Kogo, K.: Regionalstudie Östliches Afrika; in: Misereor, Brot für die Welt, Friedrich-Ebert-Stiftung (Hrsg.); 2000; S. 227–247.

[245] Develtere, Pollet; 2005; S. 21.

In der 2014 erstellten Wirkungsstudie auf Fairtrade-zertifizieren Blumen-Plantagen kam es zu folgender Situation. Die Fairtrade-Prämie wurde auf den untersuchten Plantagen zum größten Teil in Vorhaben investiert, die erreichbar sind und einen unmittelbaren Nutzen haben (Wohnprojekte, Schulgelder, Gesundheitsprogramme). Die Prämie wird weniger dazu genutzt, in den eigenen Betrieb zu investieren, um eine Effizienz- oder Produktivitätssteigerung zu erreichen.[246] In den Standards von der FI wurde festgelegt, dass die Fairtrade-Prämie in die Produktion oder die Existenzgrundlage der Produzenten und ihre Gemeinde investiert werden muss. Bei der Bestimmung des Preises für Kaffee wurde eine weitere Sonderbedingung eingeführt. 25% der Fairtrade-Prämie müssen für Investitionen in Produktivitätssteigerungen und Qualitätsverbesserungen verwendet werden.[247]

Die Studie von Angus Lyall macht deutlich, dass es sehr wichtig ist, dass die Fairtrade-Standards für die gesamte Organisation transparent sind. Auf den betrachteten Blumenplantagen waren die „Machtverhältnisse" nicht immer völlig geklärt. So gehen einige Arbeiter davon aus, dass die Zertfizierung von der Kulanz des Managements abhängt. Es konnte in dieser Studie auch gezeigt werden, dass einige Vorarbeiter das Fairtrade-Konzept noch nicht verinnerlicht haben. Die Lösung für diese Defizite sind weitere Trainings durch die Fairtrade-Netzwerke. Ausserdem sollte für die Arbeiter auch ein direkter Austausch mit der jeweiligen Fairtrade-Organisation möglich sein.[248]

Die Teilnahme am Fairen Handel ist nur einer begrenzten Anzahl von Produzenten möglich. An dieser Stelle ist auf die Insider-Outsider-Problematik zu verweisen, die aus der Arbeitsmarkttheorie bekannt ist. Im Rahmen dieser Theorie erfolgt die Unterscheidung zwischen erfahrenen Arbeitskräften, die durch Beschäftigung erhaltende Maßnahmen geschützt werden (Insider) und Outsidern, welche arbeitslos sind oder im informellen Sektor arbeiten und somit eine geringe oder gar keine Beschäftigungssicherheit besitzen. Für Unternehmen geht der Austausch eines Insiders durch einen Outsider mit

---

[246] Lyall, Angus: Assessing the Impacts of Fairtrade on Worker-Defined Forms of Empowerment on Ecuadorian FIwer Plantations; http://www.fairtrade.net/ fileadmin/user_upload/content/2009/resources/140212-Worker-Empowerment-Ecuador-FIower-Plantations-final.pdf; 2014; Stand: 30.11.2016; S. 50–54.

[247] Fairtrade International: Fairtrade-Kaffe; https://www.fairtrade-deutschland. de/produkte-de/kaffee/hintergrund-fairtrade-kaffee.html; Stand: 18.05.2017.

[248] Lyall; 2014; S. 31–32.

hohen Kosten, beispielsweise für Ausbildung, Überprüfung und Verhandlungen, einher.[249]

Daraus folgt auf dem Arbeitsmarkt ein Vorteil der Insider gegenüber den Outsidern. Auf den Fairen Handel bezogen, bedeutet dies, dass die Produzenten die eine Partnerschaft zu einer Fair-Handelsorganisation aufgebaut haben (Insider), einen Vorteil gegenüber den Produzenten haben, die nicht von einer solchen Handelsbeziehung profitieren (Outsider). Der Wechsel zu einer anderen Produzentenorganisation geht auch für die Fair-Handelsorganisationen mit zusätzlichen Kosten einher. So muss beispielsweise die Erfüllung der Standards gewährleistet sein. Weitere Kosten entstehen durch die Bestimmung der Kommunikations- und Transportwege, den zusätzlichen Zeitaufwand und die Ausbildung der Produzenten.

Die Fair-Handelsorganisationen profitieren von einer dauerhaften Handelsbeziehung zu den Produzenten, die ihnen bekannt sind. In Kombination mit den bereits erwähnten zusätzlichen Kosten, stellt dieser Aspekt für Neuzugänge (Outsider) das wichtigste Hindernis für den Aufbau einer Partnerschaft mit den Fair-Handelshäusern dar. Die Kooperativen, die ihre Produkte bereits über die Vertriebswege des Fairen Handels vermarkten, haben dadurch einen Vorteil. Der Faire Handel übernimmt eine Schutzfunktion für die Produzenten. Diese Schutzfunktion kann bei der Einführung in den Markt hilfreich sein. Dennoch stellt sie keine nachhaltige Maßnahme für den zukünftigen Handel dar, da sie die Problemstellung nicht löst, sondern sie nur von den Produzenten fernhält.[250]

In den meisten Fällen bestehen zwischen den Kleinbauern und den Fair-Handelshäusern langfristige Lieferbeziehungen. Neben den Produzenten haben auch die Organisationen in den Industrieländern ein Interesse an einer langfristigen Partnerschaft, da sie die Kooperativen in den Entwicklungsländern teilweise durch Investitionen, Beratung und Schulung fördern. Da die Organisationen des Fairen Handels oftmals nur ein begrenztes Budget zur Verfügung haben, werden Bestellungen teilweise unregelmäßig

---

[249] Lindbeck, A.; Snower, D. J.: The Insider-Outsider Theory of Employment and Unemployment; London 1988; S. 1–2.

[250] Diop, D.: After fair trade: fair products; in: Information for agriculture development in ACP countries; H. 80; http://sporearchive.cta.int/spore80/SPOPDFGB80/VIEWSPGB.pdf; Stand: 08.02.2005; S. 16.

und kurzfristig getätigt.²⁵¹ Ein Beispiel dafür zeigt eine Studie des Economic Policy Programme of Oxford Policy Management bei der Kuapa Kokoo Limited (KKL) in Ghana. Die Nachfrage der Organisation nach Produkten hängt in hohem Maße davon ab, wie viel Geld die KKL zum jeweiligen Zeitpunkt zur Verfügung hat. Es kann also vorkommen, dass die Produzenten ihre Produkte nicht verkaufen können, auch wenn sie Mitglieder der Kooperative Kuapo Kokoo United (KKU) sind.²⁵²

Da nur ein kleiner Teil der Produzenten vom Fairen Handel profitieren kann, stellt sich die Frage, ob Fair-Handels-Organisationen ihre Handelspartner nach einiger Zeit wechseln sollten, damit auch andere Produzenten vom Konzept des Fairen Handels profitieren können und damit die Produktionsbedingungen in weiteren Produktionsstättenverbessert werden können. Ein positives Beispiel ist die Sportballproduktion Talon in Sialkot, Pakistan. Der Handelspartner von Talon ist die Importorganisation Gepa. Die Aufträge werden regelmäßig an unterschiedliche Nähzentren verteilt. Die Auswahl der Nähzentren erfolgt über einen Verein aus NRO's, Mitarbeitern der Fabrik und den Nähzentren selbst.²⁵³ Dieses Beispiel ist jedoch eine Ausnahme. Bei dem Großteil der Handelsbeziehungen zwischen Fair-Handels-Organisationen und den Produzenten, lässt sich feststellen, dass es sich – was explizit angestrebt wird – um langfristige Partnerschaften handelt. Der Vorteil hierbei ist, dass diese ausgewählten Partnerschaften intensiver und nachhaltiger gepflegt werden können und die Produzenten eine gewisse Planungssicherheit haben.

Imhof und Lee untersuchten in ihrer Studie zur Armutsbekämpfung in Bolivien auch den Einfluss des Fairen Handels auf Produzenten, die in der gleichen Region wie die im Fairen Handel involvierten Kleinbauernorganisationen ansässig sind. Zwei mögliche Entwicklungen werden in der Studie aufgezeigt. Geht ein Teil der Produzenten in einer Region eine Partnerschaft mit Fair-Handelshäusern ein, so sinkt das Angebot an Kaffee in der Region, welches von Zwischenhändlern abgekauft werden kann. Das geringere Angebot könnte nun theoretisch dazu führen, dass die Zwischenhändler einen

---

²⁵¹ Dietz, H.-M.: Einführung und Kommentierung der Regionalstudien; in: Misereor, Brot für die Welt (Hrsg.); 2000; S. 198–205.

²⁵² Jones, S.; u.a.; 2000; Annex 4; S. 23–25.

²⁵³ Nickoleit, G. (Gepa): Vortrag. Forum Fairer Handel – Was ist ein fairer Preis? Frankfurt/Main; 17.01.2005;

höheren Preis für den Kaffee zahlen. Eine weitere mögliche Entwicklung könnte dazu führen, dass die im Fairen Handel involvierten Produzentenorganisationen ihre Produktion erhöhen, um noch mehr vom Fairen Handel zu profitieren. Sollten sie den zusätzlichen Ertrag nicht über den Fairen Handel verkaufen können, sind sie gezwungen ihre Produkte über den konventionellen Handel zu vertreiben. Das Angebot an Ware steigt, der Preis fällt folglich.[254]

Es lassen sich jedoch nicht alle Aspekte des Fairen Handels eindeutig in Vor- oder Nachteile kategorisieren. Der höhere Preis, der für die Produkte gezahlt wird und der höhere Löhne für die Produzenten ermöglicht, kann auch negative Folgen haben. Der Preis für ein Produkt auf dem Weltmarkt erfüllt eine Informations-, Koordinations- und Sanktionsfunktion. Auf dem Weltmarkt bildet sich der Preis für ein Produkt aus Angebot und Nachfrage. Ist das Angebot gering und die Nachfrage hoch, wird der Preis für das Produkt steigen. Ist im umgekehrten Fall das Angebot hoch und die Nachfrage gering, werden die einzelnen Anbieter ihre Preise senken, um mit den Wettbewerbern konkurrieren zu können. Gelingt ihnen das nicht, werden sie in letzter Konsequenz aus dem Markt ausscheiden.

Ist der Preis eines Produktes so niedrig, dass kein Gewinn damit erzielt werden kann oder im schlimmsten Fall die Produktionskosten nicht gedeckt werden können, ist das ein deutliches Zeichen für den Anbieter, nach Alternativen zu suchen. Hier setzt die Signalwirkung des Preises ein. Für den Produzenten ergeben sich verschiedene Möglichkeiten: die Optimierung des Produktionsprozesses mit dem Resultat einer günstigeren Produktion, die niedrigere Produktpreise zur Folge hat, die Herstellung qualitativ hochwertigerer Produkte oder die Erschließung neuer Produktionszweige. Im Fairen Handel wird den Produzenten ein Mindestpreis garantiert, dieser liegt über dem Weltmarktpreis. Die Signalfunktion des Preises setzt in diesem Fall aus. Es besteht die Gefahr, dass die Produzenten in ihrer eventuell marktfremden Produktion bestätigt werden.[255]

Sinkt die Nachfrage nach einem bestimmten Produkt durch die Änderung der Bedürfnisse der Konsumenten oder erhöht sich das Angebot durch eine Zunahme bis hin zur Überproduktion des Gutes, so sinkt entsprechend dem Marktmechanismus der Preis auf dem Weltmarkt. Das hat aber in erster

---

[254] Imhof, Lee; 2007; S. 56–62.
[255] Prüller, M.: Aber was ist schon wirklich fair? In: Die Presse; 19.05.2003; S. 15.

Konsequenz keine Auswirkungen auf die Produzenten, die ihren festgelegten Mindestpreis erhalten. Würden die Produzenten ihre Produkte über den konventionellen Markt verkaufen, wären sie in dieser Situation gezwungen, ihre aktuelle Situation und ihr Geschäftsmodell zu überdenken. Die Anpassung der Produzenten an den sich ändernden Markt hätte dann die Einstellung eines Marktgleichgewichtes zur Folge.

In den betrachteten Studien wird an einigen Beispielen gezeigt, dass teilweise Produzenten gefördert werden, deren Produktpalette keine wirtschaftlich nachhaltige Alternative darstellt. Auf der anderen Seite lassen sich auch Beispiele aufführen, die zeigen, dass Fair-Handels-Organisationen ihre Partnerorganisation in den Entwicklungsländern bei der Diversifikation oder Anpassung der Produktion fördern. Ein Beispiel ist die Umstellung auf den ökologischen Landbau.[256] Eine weitere Möglichkeit ist die Anschaffung von Weiterverarbeitungsanlagen (beispielsweise für Kaffee oder Baumwolle). Die Finanzierung kann durch das Fairtrade Premium erfolgen.[257]

Der Faire Handel kann für die Produzenten in Entwicklungsländern sowohl positive als auch negative ökonomische Auswirkungen haben. Die Abhängigkeit der Produzenten von den Fair-Handels-Organisationen stellt dabei einen wichtigen Einflussfaktor dar. Wird ein Großteil der Produktion über den Fairen Handel verkauft, so kann der Grad der Abhängigkeit der Kleinbauern von den Fair-Handels-Organisationen sehr hoch sein. Dennoch hat die Partnerschaft auch positive Wirkungen, da einigen Produzenten durch den Fairen Handel erst die Möglichkeit gegeben werden, durch langfristige Lieferbeziehungen und die Verfügbarkeit von Informationen, neue Märkte zu erschließen.

Durch die Neuanschaffung von Maschinen und Geräten sowie die Verbesserung der Arbeitsstätten und die Weiterentwicklung der Organisation kann des Weiteren die Kapazität und die Produktivität der Produktionsstätten erhöht werden. Die Finanzierung wird durch Vorfinanzierungskonzepte und die Auszahlung der Fairtrade-Prämie möglich. In der Evaluierung von CEval werden speziell die stabilen Preise und die langfristigen Handelsbe-

---

[256] Kogo, K.: Regionalstudie Östliches Afrika; in: Misereor, Brot für die Welt, Friedrich-Ebert-Stiftung (Hrsg.); 2000; S. 227–247.

[257] CEval Saarland University: Assessing the Impact of Fairtrade on Poverty Reduction through Rural Development. Commissioned by TransFair Germany and Max Havelaar Foundation Switzerland, Saarbrücken 2012, S. 55–60.

ziehungen als positiv hervorgehoben. Am Beispiel der Kaffeeproduktion in Peru wird gezeigt, dass während der Perioden mit niedrigen Kaffeepreisen die Fairtrade-Produzenten die einzigen sind, die weiterhin von ihrer Produktion leben können.[258]

Abschließend ist noch zu erwähnen, dass nicht nur die Produzenten in den Entwicklungsländern vom Fairen Handel profitieren. Die Margen für Fair gehandelte Produkte werden teilweise höher veranschlagt, weil den Händlern bewusst ist, dass die Kunden bereit sind, einen höheren Betrag für diese Produkte zu bezahlen. Nur wenige Käufer erkundigen sich, wie viel des bezahlten Preises letztendlich bei den Produzenten ankommt. Stecklow und White nennen in diesem Zusammenhang das Beispiel einer Supermarktkette, die Fair Trade-Bananen zum vierfachen Preis von konventionellen Bananen verkauften. Dies entsprach ungefähr dem sechzehnfachen Betrag, den die Bauern erhielten.[259]

Es gibt eine intensive Diskussion bzw. Kontroverse darüber, ob und welchen Beitrag Fairtrade zur Armutsbekämpfung wirklich leistet.[260] Das begründet sich zum Teil aus den verschiedenen Rahmenbedingungen der Fallstudien und den unterschiedlichen Methoden der Berechnung der Einkommen. Insgesamt kann sicher festgestellt werden, dass die vorhandenen empirischen Erkenntnisse, die in erster Linie auf Korrelationen beruhen, darauf hindeuten, dass Fair Trade viele der intendierten Ziele erreicht. Die Fair Trade Bauern erzielen höhere Preise, haben einen besseren Zugang zu Krediten, haben eine stabilere Lebenssituation und sind um eine umweltfreundlichere Landwirtschaft bemüht. „However, some aspects of Fair Trade and ist consequences are not yet well understood. There is evidence that the farmers in Fair Trade cooperatives may not be fully aware of he details of Fair Trade and can sometimes mistrust those who run the cooperative."[261]

---

[258] CEval Saarland University: Assessing the Impact of Fairtrade on Poverty Reduction through Rural Development. Commissioned by TransFair Germany and Max Havelaar Foundation Switzerland, Saarbrücken 2012, S. 35–44.

[259] Stecklow, S.; White, E.: At What Price Virtue? In: Wall Street Journal; June 8; New York City 2004; S. A1.

[260] Claar, V. V., Haight, C. E.: Is Fair Trade Worth Ist Cost?, in Faith & Economics, No. 65, 2015, S. 25

[261] Dragusanu et al.; 2014, S. 234

6.2 Soziale Wirkung

Durch den Fairen Handel und die damit verbundenen höheren Preise für Produkte ergeben sich für die Produzenten in den Entwicklungsländern höhere Löhne. Die langfristigen Lieferbeziehungen garantieren zusätzlich ein gesichertes Einkommen. Im Idealfall wird der zusätzliche Fairtrade-Aufschlag in gemeinschaftliche Projekte investiert. Beispiele hierfür sind der Auf- bzw. Ausbau der Infrastruktur und der Bau von Schulen und Gesundheitszentren. Da die Abnahmemenge fair gehandelter Produkte begrenzt ist, kann es aber sein, dass in einer Region nur ein kleiner Teil der ansässigen Kleinbauern von diesen Maßnahmen profitieren kann. Isolation der Produzenten und Neid können die Folge sein.[262]

Ein weiteres Ziel des Fairen Handels ist die Ausschaltung des Zwischenhandels. In Entwicklungsländern sind viele Produzenten von wenigen Zwischenhändlern abhängig. Im Fairen Handel wird angestrebt, dass diese Abhängigkeiten eliminiert werden. Das Ziel ist es, dass die Produzenten den gesamten Verkaufserlös erhalten, während beim Zwischenhandel ein gewisser Anteil an die Zwischenhändler abgeführt wird. Der Zwischenhandel kann aber auch im Rahmen des Fair-Trade-Konzeptes nicht vollkommen ausgeschaltet werden. Fair-Handelshäuser sind teilweise sogar von Zwischenhandelsorganisationen abhängig. Sie ermöglichen nicht nur den Zugang zu einer breiteren Produktpalette und die Vereinfachung des Imports der Produkte, sondern sie helfen auch bei der Überwindung sprachlicher und kultureller Barrieren. Der direkte Handelspartner der Importorganisationen ist nicht immer der Produzent, sondern teilweise der Exporteur oder die Unternehmen der Weiterverarbeitung. Eine völlige Eliminierung des Zwischenhandels ist also nicht immer möglich.

Die Einhaltung der ILO-Kernarbeitsnormen ist eine Bedingung für die Teilnahme am Fairen Handel. Die Studien stimmen überein, dass das positive Auswirkungen auf die Produzenten hat. Es ist das Ziel, Kinderarbeit vollständig zu vermeiden. Dies wurde auch gerade in den letzten Jahren verstärkt angestrebt. Die Umsetzung ist nicht immer einfach, da die Produzenten in Entwicklungsländern oftmals auf die Hilfe ihrer Kinder angewiesen sind. Die CEval Studie zeigt zum Beispiel an einer Baumwollproduktion in Indien auf, dass während der Erntezeit etwa 28% der Kinder nicht in die

---

[262] Chandra, R.: Regionalstudie Südasien; in: Misereor, Brot für die Welt, Friedrich-Ebert-Stiftung (Hrsg.); 2000; S. 211–226.

Schule kommen. Des Weiteren wird in der gleichen Studie darauf hingewiesen, dass Kinder einen Tageslohn in Höhe von 150 INR (2,13 €) erhalten, ein erwachsener Mitarbeiter erhält dagegen 200 INR (2,84 €) am Tag.[263]

Nicholls und Opal stellen weiterhin fest: „Other direct impacts of Fair Trade on farmers include gender empowerment and an increase in investment in education." [264] Die Unterstützung der Frauen in den Produzentenorganisationen und in der Gemeinschaft ist ein weiteres wesentliches Ziel, das auf der Agenda der Fairtrade-Organisationen steht.[265] Unter anderem in der Studie von Lyall konnte nachgewiesen werden, dass Frauen Teil des gemeinsamen Komitees sind und somit an Verhandlungen teilnehmen können.[266] Grundsätzlich wurde in den vorliegenden Studien jedoch festgestellt, dass hinsichtlich Gleichberechtigung und Empowerment von Frauen weiterhin ein großes Defizit besteht. Der Faire Handel leistet zwar einen positiven Beitrag und verbessert somit die Situation der Frauen. Dennoch spielen Frauen in den Kooperativen, Verbänden und Produzentenorganisationen immer noch eine untergeordnete Rolle. Folglich ist der Anteil der Frauen in Führungspositionen bzw. ihr Mitwirken in Entscheidungsprozessen als gering einzuschätzen.

Das kulturelle Rollenverständnis der Frau in Entwicklungsländern hat auf diese unbefriedigende Situation einen nicht unerheblichen Einfluss. Beispielsweise ist es in einigen Kulturen nicht erlaubt, dass Frauen mit Männern zusammen arbeiten. In diesem Zusammenhang kommt der Errichtung von Produktionszentren, speziell für Frauen, eine besondere Bedeutung zu. Auch in der von TransFair Deutschland und der Max Havelaar-Stiftung in Auftrag gegebenen und von CEval durchgeführten Wirkungsstudie wurde deutlich, dass es trotz eingerichteter Genderkomitees schwer ist, das traditionelle Rollenverständnis zu beeinflussen (hier insbesondere in Bezug auf den Schulbesuch von Mädchen oder die Vererbung von Land an Mädchen oder Frauen).[267]

---

[263] CEval Saarland University; 2012; S. 25.
[264] Nicholls, Opal; 2004; S. 205.
[265] Fairtrade Deutschland: Geschlechtergerechtigkeit. Fairtrade fördert die Gleichstellung von Frauen und Männern, Köln 2017
[266] Lyall; 2014; S. 50–54.
[267] CEval Saarland University; 2012; S. 5.

Eine weitere Ungleichbehandlung der Geschlechter lässt sich auch an der unterschiedlichen Bezahlung von Männern und Frauen identifizieren. Dabei muss jedoch berücksichtigt werden, dass die Unterschiede in der Bezahlung nicht immer geschlechtsspezifische Gründe haben. Es kann auch sein, dass Männer und Frauen unterschiedliche Tätigkeiten ausführen und folglich unterschiedlich bezahlt werden.[268] Es gibt einige Projekte von Fair-Handels-Organisationen, die speziell darauf ausgerichtet sind, Handelsbeziehungen mit Frauen zu fördern. In diesem Zusammenhang werden beispielsweise Schulungs- und Trainingsmaßnahmen für Frauen angeboten. Dadurch können die Frauen den Produktionsprozess besser kennen lernen und so ihre Stellung innerhalb der Organisation verbessern. Die verstärkte Einbindung der Frau in die Produktions- und Vertriebsprozesse hat aber auch eine Mehrbelastung zur Folge, da die Frau weiterhin für den Haushalt und die Versorgung der Kinder zuständig ist. Das Rollenverständnis von Mann und Frau lässt es nicht zu, dass Frauen einfach nur als Bäuerinnen arbeiten, d.h. es ist ganz selbstverständlich, dass sie die Hausarbeit zusätzlich erledigen.[269]

In der Handwerksproduktion wird ein Großteil der Arbeit im eigenen Haus verrichtet. Zur Unterstützung der Frauen, aber auch um Kinderarbeit entgegenzuwirken, wird von Fair-Handels-Organisationen der Bau von Zentren zur Herstellung von Handwerksprodukten initiiert. So kann die Beschäftigung von Kindern ausgeschlossen werden und es ist insgesamt einfacher die Einhaltung der ILO-Kernarbeitsnormen zu kontrollieren.[270] Von einigen Organisationen werden auch Konzepte oder Verbesserungen bereits vorhandener Systeme zur sozialen Sicherung als Hilfestellung angeboten. Im Vordergrund stehen hier vor allem Lohnsicherheit und Sozialversicherungen nach tariflichen Bestimmungen. Weitere Leistungen können Gesundheitsdienste und Pensionszahlungen sein. Grundsätzlich wird angestrebt eine bessere ärztliche Versorgung der Produzenten und Arbeiter zu gewährleisten.

Ein Defizit wird bezüglich der Themen Information, Kommunikation und Transparenz deutlich. Die Studien zeigen, dass sich die Mitarbeiter auf den Plantagen oder in den Produktionsstätten nur unzureichend mit dem Konzept des Fairen Handels auskennen. Imhof und Lee haben beispielsweise im

---

[268] Hopkins; 2000; S. 24–31.
[269] CEval Saarland University; 2012; S. 27.
[270] Nickoleit; 2005.

Rahmen ihrer Studie bei Interviews mit Kleinbauern festgestellt, dass diese den Fairen Handel nur in Verbindung mit höheren Preisen sehen, die sie für ihre Produkte erhalten.[271] Solange den Produzenten ihre Rolle im System des Fairen Handels nicht bekannt ist, wird ihnen auch nicht bewusst, dass sie mit der Umsetzung der Standards eine höhere Verantwortung übernehmen. So können sie beispielsweise bei der Entscheidung über die Verteilung und den Einsatz des Fairtrade-Gremiums einbezogen sein. Dennoch wird in den vorliegenden Studien deutlich, dass zumindest auf der Managementebene der größeren Kooperativen ein ausgeprägtes Verständnis vom Konzept des Fairen Handels vorhanden ist.[272]

Ein weiteres Thema sind Fort- und Weiterbildungsprogramme für die Mitglieder in den Produzentenorganisationen. In allen Studien wird das Angebot an Trainings als positiv bewertet. Die Trainingsinhalte können unterschiedlich sein, sie zielen aber hauptsächlich auf Verbesserungen im Produktionsprozess (Effizienz, Qualität) und Vermarktung der Produkte ab. In einigen Fällen wird den Produzenten sogar die Möglichkeit gegeben an Seminaren in Industrieländern teilzunehmen. Im Falle der untersuchten Blumenplantage im Rahmen der CEval Evaluierung werden Trainings angeboten, welche die Benutzung von Chemikalien bei der Produktion zum Thema haben. Nur Mitarbeiter die an diesen speziellen Trainings teilgenommen haben, dürfen Chemikalien einsetzen.[273] In einigen Organisationen werden auch Alphabetisierungskurse oder Fahrtrainings angeboten. Eine Schwierigkeit bei der Durchführung von Weiterbildungsmaßnahmen kann der geringe Bildungsgrad der Kleinbauern oder der Mitarbeiter auf den Plantagen sein.

Zur Unterstützung der Produzenten vor Ort und in den Produktionsstätten, stellen Fair-Handelsorganisationen qualifizierte Mitarbeiter zur Verfügung, welche den Produzenten das Konzept des Fairen Handels erklären und Methoden zur Erfüllung der Standards aufzeigen.[274] An dieser Stelle sei auch auf das Konzept der Liaison Officer der FI hingewiesen. Diese fungieren als Berater für die Produzentenorganisationen in den Entwicklungsländern.

---

[271] Imhof; Lee; 2007; S. 83.

[272] Rodriguez, A.: Regionalstudie Zentralamerika; in: Misereor, Brot für die Welt, Friedrich-Ebert-Stiftung (Hrsg.); 2000; S. 249–269.

[273] CEval Saarland University; 2012; S. 44–52.

[274] Kogo, K.: Regionalstudie Östliches Afrika; in: Misereor, Brot für die Welt, Friedrich-Ebert-Stiftung (Hrsg.); 2000; S. 227–247.

Liaison Officer sind Spezialisten in den Themen Fairtrade-Standards und -Zertifizierungsprozesse.[275]

Durch die Teilnahme an Seminaren, Trainings und Weiterbildungsmaßnahmen können die Produzenten ihre Konkurrenzfähigkeit ausbauen und ihr Wissen hinsichtlich Produktionsmethoden und Effizienz erweitern. In der von BSD Consulting durchgeführten Studie im Orangenanbau in Brasilien zeigt zum Beispiel, dass 60% der interviewten Produzenten im Jahr an Schulungen und Trainings teilnehmen. Durch die erhöhte Aufmerksamkeit die ihnen zuteil wird, gewinnen sie zusätzlich an Selbstvertrauen. Diese Faktoren können dazu beitragen, dass Produzenten auf das unabhängige Bestehen in konventionellen Märkten vorbereitet werden. Es besteht aber die Gefahr, dass sie sich fern von der Realität des Marktgeschehens entwickeln.[276, 277] Daraus begründet sich, wie in einigen Studien gezeigt wird, dass das Bildungsniveau bei Fairtrade-Kleinbauern insgesamt höher ist als bei non-Fairtrade-Kleinbauern. Zu erwähnen sind die Studien von Imhof & Lee (2007), Bacon et al. (2008), Arnold et al. (2009) und Méndez et al. (2010).

Wie bereits in Kapitel 4.3. beschrieben, wird im aktuellen Strategiepapier von Fairtrade International noch einmal explizit auf die wichtige Rolle der Produzentenorganisationen hingewiesen. Die in der Dachorganisation FI bereits involvierten Produzentennetzwerke African Fairtrade Network (AFN), Coordinadora Latinoamericana y del Caribe de Comercio Justo (CLAC) und Network of Asian and Pacific Producers (NAPP) haben es sich zur Aufgabe gemacht, die Produzenten zu repräsentieren und den Austausch, die Koordination und den Zusammenarbeit zu fördern. Das stärkere Gewicht der Produzenten im Fairtrade-Netzwerk sorgt zum einen dafür, dass die Bedürfnisse der Produzenten offen kommuniziert werden, zum anderen hilft es aber auch dabei, das Fairtrade-Konzept für die Kleinbauern und Mitarbeiter in den Entwicklungsländern transparenter zu machen.

---

[275] Fairtrade International: Liaison officers; https://www.fairtrade.net/producers/support-for-producers/liaison-officers.html; Stand: 18.05.2017.

[276] Imhof; Lee; 2007; S. 81–83.

[277] BSD Consulting: Assessing the benefits of Fairtrade Orange Juice for Brazilian Small Bauerns. Mandated by Max Havelaar Netherlands and Max Havelaar Switzerland, Sao Paulo 2014; S. 52.

Hinsichtlich der Teilnahme am Fairtrade-System wenden sich potenzielle Teilnehmer freiwillig an Fairtrade. Hier stellt sich die Frage, ob die Förderung wirklich den am meisten benachteiligten Produzenten zugute kommt. Der Bedarf an Qualität und Zuverlässigkeit auf den internationalen Märkten steht im Konflikt mit den Ressourcen, die den armen Menschen in den Entwicklungsländern zur Verfügung stehen.[278] Den ärmsten Menschen fehlt der Zugang zu Kapital, Land und anderen Produktionsfaktoren. Sie haben daher tendenziell keine Möglichkeit, am Fairen Handel teilzunehmen und davon zu profitieren.[279]

Zusammenfassend lässt sich feststellen, dass der Faire Handel Potenzial hat, die Lebensbedingungen von Produzenten in Entwicklungsländern zu verbessern. Der sinnvolle Einsatz der Fairtrade-Prämie zum Auf- und Ausbau von Infrastruktur oder zum Bau von Schulen kann sogar einen positiven Einfluss auf eine ganze Gemeinde haben. Der Ausbau der Infrastruktur hat indirekt auch positive Folgen für die ärztliche Versorgung der Familien und die Schulbildung der Kinder. Gesundheitszentren können beispielsweise besser erreicht werden. Das gleiche gilt für die Schulen: Schüler und Lehrer profitieren von einer besseren Infrastruktur.[280]

Bezüglich Kinderarbeit und Gleichberechtigung von Frauen besteht noch Handlungsbedarf. Kinderarbeit ist in vielen Entwicklungsländern immer noch weit verbreitet. Einige Bauern sind sogar davon abhängig um mit ihren Familien zu überleben. Besonders kritisch ist es, wenn Kinder während den Erntezeiten über einen längeren Zeitraum nicht zur Schule gehen. Aber auch Frauen benötigen in Zukunft weitere Unterstützung bzw. Förderung: gerechtes Einkommen, annehmbare Arbeitszeiten und Partizipation in Entscheidungsprozessen z.B. durch die Gründung von Gender Komitees. Das sind nur einige der Themen, die wichtig für die weitere Entwicklung des Fair Trade-Konzeptes sind. So zeigt die CEval Studie auch, dass es in Indien bei dem Teeanbau immer noch zu sexuellen Übergriffen gegenüber Frauen kommt. Dagegen zeigen alle Studien eine positive Entwicklung bezüglich Trainings- und Weiterbildungsmaßnahmen.

---

[278] Tallontire, A.: Challenges facing fair trade: Which way now? In: Small Enterprise Development; Vol. 13; No. 3; 2002; S. 13.

[279] Piepel; 1999; S. 99.

[280] CEval Saarland University; 2012; S. 22.

6.3 Ökologische Wirkung

Der Einfluss von Produktion und Anbaumethoden auf die Umwelt ist im Fairen Handel ein wichtiges Thema. Unterstützend wirken hier das steigende ökologische Bewusstsein und die verstärkte Nachfrage der Konsumenten nach Produkten, die unter umweltverträglichen Bedingungen hergestellt werden. Wichtige Ansatzpunkte im Rahmen des Fairen Handels sind die Unterstützung der Produzenten bei der Umsetzung ökologischer Standards und ein Angebot an Weiterbildungsmaßnahmen zu ökologischen Themen.

Die Umstellung auf den ökologischen Landbau wird von den Organisationen des Fairen Handels gefördert. Beispielsweise wird in Zusammenarbeit mit der Gemeinschaft Raos (Cooperativa Regional Mixta de Agricultores Organicos de la Sierra) in Honduras der ökologische Landbau regional gefördert. So werden die Anbaumethoden und die Düngung umgestellt. Es werden Biodüngemittel hergestellt und verwendet.[281] Gleiches zeigt auch die Studien von BSD consulting (Orangenplantagen). Die befragten Produzenten gaben an, dass sich die Umweltbedingungen durch den geringeren Einsatz von Pestiziden verbessert haben und dass der Zertifizierungsprozess ein Ansporn war, die Produktion unter ökologischen Gesichtspunkten zu verbessern.[282]

Generell wird den Produzenten ein umfangreiches Wissen hinsichtlich Düngung vermittelt. Dabei soll besonders auf die Verwendung von Pestiziden und umweltschädigenden Düngemitteln verzichtet werden. Bauern werden dazu angehalten organische Düngemittel zu verwenden, zumal diese auch kostengünstiger sind als chemische Düngemittel.[283] In den betrachteten Studien wurde die Kompostierung oftmals erst durch die Teilnahme am Fairen Handel eingeführt.[284]

Des Weiteren werden die Produzenten bei der Diversifikation ihrer Produktion unterstützt und in Weiterbildungsprogrammen wird auf die Relevanz der Diversifikation eingegangen. Das ist besonders im Zusammenhang mit

---

[281] o.V. Who is who im Fairen Handel; in: Verbraucher Konkret; H. 1; 2004; S. 28.
[282] BSD Consulting; 2014; S. 50.
[283] Rodriguez, A.: Regionalstudie Zentralamerika; in: Misereor, Brot für die Welt, Friedrich-Ebert-Stiftung (Hrsg.); 2000; S. 249–269.
[284] Vgl. CEval Saarland University; 2012; S. 64–70.

dem höheren Preis zu sehen, den die Produzenten für ihre Produkte erhalten. Der höhere Gewinn, den die Produzenten im Fairen Handel mit ihren Produkten erzielen, könnte sie dazu veranlassen, ihre Ausbringungsmenge zu vergrößern und sogar den Anbau anderer landwirtschaftlicher Produkte einzuschränken. Die Diversifikation hat aber sowohl für die Qualität der Böden, als auch für die Unabhängigkeit der Produzenten eine große Bedeutung. Auch Mülltrennung (Aufstellung von Müllcontainern, Verkauf von Plastikmüll an einen Recycler), sowie die Behandlung und Neuverwendung von gebrauchtem Wasser sind weitere Aktionspunkte.[285]

Die gezielte Beratung durch die Fair-Handelshäuser und durch den Faritrade-Beratungsdienst hat in erster Linie positive Auswirkungen auf die Produzenten, durch die Umstellung auf den ökologischen Landbau wird umweltbewusster angebaut. Gesundheitsschädigende Produktionsmethoden werden reduziert.[286] Die Umsetzung der vorgegebenen Standards kann auch positive Auswirkungen auf die Gemeinde oder die Region haben. Als Anreiz für die Berücksichtigung der Standards erhalten die Kleinbauern bei biologischem Anbau eine zusätzliche Prämie.

Zur Fairtrade-Zertifizierung der Kooperativen müssen bestimmte ökologische Standards erreicht werden. Bei der Implementierung der Umweltkriterien, ein wesentlicher Teil der Fairtrade-Standards, werden die Produzenten durch den Fairtrade-Beratungsdienst unterstützt. Eine gezielte Beratung und der Zugang zu Informationen sind wesentliche Erfolgsfaktoren bei der Einführung ökologischen Kriterien. Die Erfüllung dieser Kritereien verursacht natürlich auch zusätzliche Kosten für die Produzenten. Wie bereits in den Ausführungen zu den ökonomischen Wirkungen des Fairen Handels erwähnt, trifft auch für die ökologische Dimension zu, dass der Aufwand durch einen höheren Verkaufspreis für die Produkte entschädigt wird.

---

[285] Ebenda.
[286] Piepel; Möller; Spiegel; 2000; S. 19.

6.4 Schlussfolgerungen

Nach der ausführlichen Betrachtung der Dimensionen Ökonomie, Soziales und Ökologie lässt sich zusammenfassend feststellen, dass das Konzept des Fairen Handels positive Auswirkungen für die Produzenten in den Entwicklungsländern hat. Schwächen weist die ökonomische Dimension auf. Der höhere Preis, der für Fair Trade-Produkte an die Produzenten gezahlt wird, birgt Risiken. Es besteht die Gefahr, dass die Signalwirkung des Marktpreises aussetzt und Produzenten an ihrer Produktion festhalten, obwohl diese nicht zukunftsfähig ist. Des Weiteren befinden sich die Produzenten in einem „geschützten" Umfeld, welches durch feste Abnahmemengen und langfristige Handelsbeziehungen geprägt ist. Es besteht die Gefahr, dass es zu einer Abhängigkeit der Produzenten von den Importeuren kommt.

Die langfristigen Handelsbeziehungen und der höhere Preis, den die Produzenten für ihre Produkte erhalten, haben aber auch positive Auswirkungen für die Kleinbauern und Arbeiter auf den Plantagen. Denn nur dadurch erhalten sie ein gesichertes Einkommen, das ihnen ermöglicht, ihre Lebensbedingungen zu verbessern. Die Einhaltung der ILO-Kernarbeitsnormen ist wichtig und unabdingbar. Die Studien zeigen, dass die Kinderarbeit in den Produzentenorganisationen beachtlich reduziert werden konnte. Dennoch ist es noch nicht gelungen Kinderarbeit zu eliminieren, was auch in nächster Zukunft nicht zu erwarten ist. Des Weiteren ist der Anteil von Frauen in den Produzentenorganisationen und insbesondere auf der Entscheidungsebene noch sehr klein.

Die Fairtrade-Prämie kann im Idealfall positive Auswirkungen auf die gesamte Gemeinde haben (Bau von Schulen, Verbesserung der Infrastruktur). In einigen Studien konnte gezeigt werden, dass die Fairtrade-Standards von anderen Farmen übernommen wurden, auch wenn diese nicht im Fairen Handel involviert sind. Der höhere Preis, den die Produzenten für ihre Waren von den Importeuren erhalten, kann auch dazu führen, dass lokale Händler in ihrer Position geschwächt werden und den Produzenten ebenfalls einen höheren Preis zahlen müssen, um eine bestimmte Menge an Produkten zu erwerben. Der Faire Handel agiert somit als Konkurrent und belebt den Wettbewerb.

Im ökologischen Bereich steht im Rahmen des Fairen Handels insbesondere der biologische Anbau der Produkte im Fokus. Der zusätzliche Biozuschlag ist ein Anreiz für die Kleinbauern. In den Studien konnte nachgewiesen werden, dass hinsichtlich Diversifizierung der Produktion noch nicht alle

Produzentenorganisationen gute Ergebnisse vorweisen können. Die Diversifizierung der Produktion ist aber für eine nachhaltige Produktion notwendig und hat generell auch für die Produzenten einen positiven Einfluss, da sie sich nicht von einem Produkt abhängig machen. Durch Weiterbildungsmaßnahmen und Training werden die Kleinbauern und Plantagenarbeiter beispielsweise in den Themen Kompostierung, biologische Düngung, Gefahren bei der Verwendung von Chemikalien und Recycling geschult.

Grundsätzlich ist das Erreichen der festgelegten Standards für die Produzenten in Entwicklungsländern nicht immer einfach. Kulturelle Barrieren (beispielsweise die Rolle der Frau in der Familie), eine unzureichende Schulbildung und fehlende finanzielle Mittel können Gründe dafür sein. Die Kleinbauernorganisationen und Plantagenarbeiter sind auf die Unterstützung der Fair-Handels-Organisationen und des Fairtrade-Beratungsdienstes angewiesen. Trainings- und Weiterbildungsmaßnahmen, sowie dem Fairtrade-Beratungsdienst der Produzentennetzwerke von FI kommt in diesem Zusammenhang eine große Bedeutung zu. Die Organisationen nehmen aber nicht nur eine Berater- und Partnerfunktion ein, da die ständige Überprüfung der Einhaltung der festgelegten Kriterien notwendig ist. Diese „Kontrolle" der Produzenten in den Entwicklungsländern durch Mitarbeiter der Fair-Handels-Organisationen aus den Industrieländern kann Misstrauen hervorrufen. Vor diesem Hintergrund ist es teilweise schwierig, eine gute Partnerschaft auf der Grundlage von Vertrauen aufzubauen.[287]

---

[287] Liebrich; 2002; S. 36.

7 Fairer Handel im Kontext der Entwicklungspolitik

7 Fairer Handel im Kontext der Entwicklungspolitik 179

Nach der Analyse der Wirkung des Fairen Handels in den Entwicklungsländern, geht es in diesem Kapitel um die Einordnung und Bewertung von Fair Trade in den Kontext der Entwicklungspolitik. Ein wichtiger Ausgangspunkt hierbei ist die dynamische Entwicklung und Veränderung der Weltwirtschaft und der weltwirtschaftlichen Beziehungen. So hat sich die wirtschaftliche Lage vieler Entwicklungsländer und Industrieländer in den letzten Jahrzehnten stark verändert. Als ein zentraler Grund hierfür ist die Ausweitung und Intensivierung des weltweiten Handels zu nennen. Durch die Liberalisierung der Märkte und die gesunkenen Transport- und Informationskosten konnten die Industrienationen (allen voran Japan, Korea, die USA und die EU-Mitgliedsländer) vom Globalisierungsprozess profitieren.

Innerhalb der Dritten Welt hat sich die Situation der Länder unterschiedlich entwickelt. Einige Entwicklungsländer, wie China, Indien und Brasilien, konnten durch die Liberalisierung der Märkte ihre wirtschaftliche Situation deutlich verbessern. Allerdings ist zu beachten, dass es in den Ländern grosse Unterschiede zwischen Bevölkerungsgruppen und Regionen gibt. So lässt sich feststellen, dass oft nur eine Minderheit der Bevölkerung in starkem Maße von der wirtschaftlichen Entwicklung profitiert. Wachsende Einkommensunterschiede sind die Folge. Des Weiteren gibt es Entwicklungsländer die gesamtwirtschaftlich eine Stagnation oder sogar einen Abwärtstrend in ihrer wirtschaftlichen Entwicklung aufweisen. Hier sind besonders einige afrikanische Staaten südlich der Sahara zu nennen.

Durch die Ausweitung des internationalen Handels hat sich aber auch das Bewusstsein der Industrieländer für die Entwicklungsländer geändert, was wiederum einen Einfluss auf deren Entwicklungspolitik hat. Die Probleme in den Entwicklungsländern wurden im Laufe der Zeit für einen grossen Teil der Bevölkerung in den Industrieländern sichtbar. Durch den Transfer von Ressourcen haben Industrieländer die Möglichkeit, Entwicklungsländer zu fördern. Dieser Ressourcen-Transfer wird als Entwicklungszusammenarbeit bezeichnet.[288]

---

[288] v. Hauff, M., Kuhnke, C., Hobelsberger, C.: Sustainable Development Policy, in: v. Hauff, M., Kuhnke, C. (eds.): Sustainable Development Policy. European Perspective, New York 2017, S. 7

7.1 Grundlagen der Entwicklungszusammenarbeit

In Abbildung 7-1 wird aufgezeigt, wie sich die Zuwendungen der Entwicklungszusammenarbeit der Industrienationen in den Jahren 1995, 2000, 2005, 2008, 2011 und 2016 entwickelt haben. Es ist zu erkennen, dass der prozentuale Anteil der Entwicklungszusammenarbeit am BNE der Länder relativ gering ausfällt. In diesem Zusammenhang ist die seit 1970 bestehende Forderung der UNO in Erinnerung zu rufen, wonach alle Industrieländer 0,7% ihres BNE für die öffentliche Entwicklungszusammenarbeit (ODA) aufwenden sollen. In der Abbildung ist zu erkennen, dass dieses Ziel in den Jahren 1995, 2000, 2005, 2008 und 2011 von keinem der in der Abbildung aufgeführten Länder erreicht wurde. Es gibt jedoch Länder, die dieser Forderung nachgekommen sind. Hier sind die Länder Schweden, Luxemburg, Niederlande, Norwegen und Dänemark zu nennen. Deutschland kommt dieser Grenze erstmalig im Jahr 2016 mit 0,69% sehr nahe.

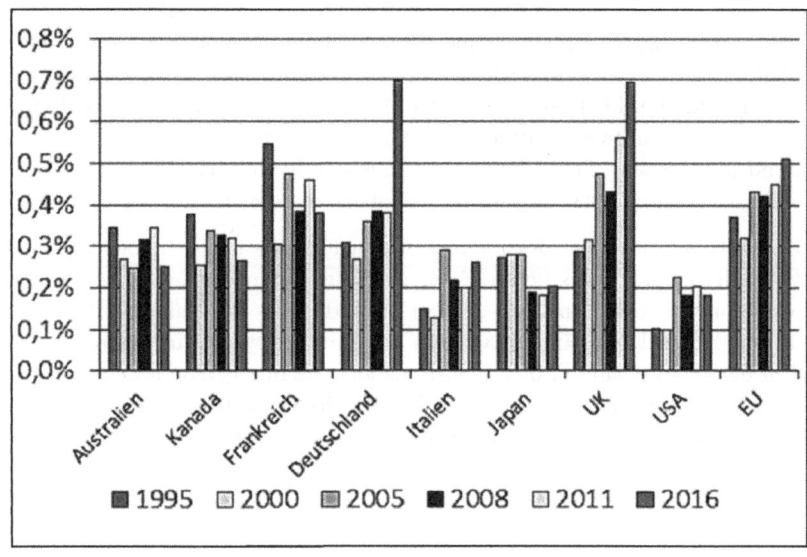

Abb. 7-1: Prozentualer Anteil der Ausgaben für Entwicklungszusammenarbeit am BNE[289]

---

[289] Eigene Darstellung aus Daten der OECD International Development Statistics sowie der OECD.StatExtracts.

Als Grund für die unzureichende Bereitschaft, Finanzmittel für die Entwicklungszusammenarbeit bereitzustellen, wurden neben der schwierigen finanziellen Lage einiger Industrienationen auch die unbefriedigenden Ergebnisse bei der Durchführung von Projekten angeführt. So haben Entwicklungsprojekte nicht immer den erwünschten Effekt und tragen gar nicht oder nur minimal zur Bekämpfung der Armut und zu steigendem Wirtschaftswachstum bei.[290] Dies könnte sich jedoch im Zusammenhang mit den Flüchtlingsströmen aus einigen Entwicklungsländern ändern, zumal in Zukunft noch viele „Klimaflüchtlinge" zu erwarten sind.

Die Entwicklungspolitik der Industrieländer steht in Konkurrenz mit anderen politischen Themen, die für einen Großteil der Bevölkerung in Industrieländern mit einer größeren Aufmerksamkeit bedacht werden. Das gilt beispielsweise für die internationale Finanzkrise und ihre Folgen bzw. für die Schuldenkrisen einiger EU-Länder. Entwicklungspolitische Themen rücken häufig nur in Krisensituationen ins öffentliche Licht, wie dem Auftreten von Umweltkatastrophen, Erdbeben oder Hungersnöten.[291] Dies konnte beispielsweise auch bei der hohen Spendenbereitschaft der Bevölkerung nach der Flutkatastrophe in Südostasien im Dezember 2004 festgestellt werden. Neben der öffentlichen Unterstützung durch die einzelnen Länder und Institutionen, gibt es darüber hinaus private Akteure, die entwicklungspolitisch aktiv werden. Die private Entwicklungszusammenarbeit durch Unternehmen, Gruppierungen oder Einzelpersonen nimmt an Bedeutung zu.[292]

In der Entwicklungspolitik unterscheidet man eine Vielzahl von Maßnahmen, die Regierungen der einzelnen Industrienationen im Rahmen der Entwicklungszusammenarbeit mit den Regierungen der Entwicklungsländer planen und durchführen. In diesem Zusammenhang wird häufig zwischen Entwicklungspolitik im engeren Sinne und Entwicklungspolitik im weiteren Sinne unterschieden.[293] Während unter der Entwicklungspolitik im engeren

---

[290] Thiele, R.: Perspektiven der Entwicklungszusammenarbeit; in: Siebert, H. (Hrsg.) Die Weltwirtschaft – Vierteljahreshefte des Instituts für Weltwirtschaft; Universität Kiel; H. 4; Kiel 2002; S. 384–385.

[291] Braun, J. v.; Grote, U.; Jütting, J.: Zukunft der Entwicklungszusammenarbeit; ZEF – Discussion Papers On Development Policy No. 24; Center for Development Research; Bonn 2000; S. 4.

[292] Hemmer, H.-R.: Wirtschaftsprobleme der Entwicklungsländer; 3. Aufl.; München 2002; S. 939.

[293] Todaro, M. P., Smith, S. C.: Economic Development. 11. Edition, Harlow 2011, S. 201ff.

Sinne Maßnahmen der Industrieländer im Rahmen der öffentlichen Entwicklungszusammenarbeit verstanden werden, bezeichnet die Entwicklungspolitik im weiteren Sinne alle politischen Handlungen der Industrieländer, die Auswirkungen auf die Entwicklungsländer haben. Dazu zählen beispielsweise die Außenwirtschafts- und Finanzpolitik, aber auch die Agrarpolitik der Industrieländer.[294] Die folgenden Ausführungen beziehen sich auf die Entwicklungspolitik im weiteren Sinne.

Die Entwicklungszusammenarbeit – Official Development Aid (ODA) – unterliegt bestimmten Voraussetzungen, die vom Development Assistance Committee (DAC) festgelegt werden. Das DAC ist der Ausschuss für Entwicklungszusammenarbeit der Organisation für wirtschaftliche Zusammenarbeit und Entwicklung (OECD), welche die Koordination der Wirtschafts- und Entwicklungspolitik der Mitgliedsländer der OECD zur Aufgabe hat. Die Aufgaben des DAC zielen auf die Verbesserung der Entwicklungszusammenarbeit seiner Mitglieder, die Erstellung von Leitlinien, und die Festlegung von Qualitätsstandards in der Entwicklungszusammenarbeit ab.[295] Als Kontrollinstanz des DAC sind die ständigen Beobachter des International Monetary Fund (IMF), der World Bank (WB) und des United Nations Development Programme (UNDP) zu nennen. Die öffentliche Entwicklungszusammenarbeit hat die wirtschaftliche und soziale Entwicklung der geförderten Länder zum Ziel. Als öffentliche Entwicklungszusammenarbeit gilt finanzielle, personelle und technische Förderung, die ein Zuschusselement von mindestens 25% und bei LDC's 50%, enthalten soll.

Die öffentliche Entwicklungszusammenarbeit kann multilateral oder bilateral erfolgen. Die bilaterale Entwicklungszusammenarbeit wird von einem Geberland zur Verfügung gestellt. Die multilaterale Entwicklungszusammenarbeit findet zwischen einem Entwicklungsland und einer internationalen Organisation wie IWF, Weltbankgruppe, UNDP, UNICEF statt, die von mehreren Industrieländern finanziert wird. Die technische Entwicklungszusammenarbeit umfasst die technische, organisatorische und wirtschaftliche Unterstützung, wobei die „Hilfe zur Selbsthilfe" als grundlegendes Prinzip gilt. Die technische Entwicklungszusammenarbeit wird in Deutschland zum größten Teil über die GIZ (ehemals GTZ) organisiert und koordiniert. Die

---

[294] Holtz, U.: Probleme und Perspektiven der Entwicklungspolitik; in: Holtz, U. (Hrsg.): Probleme der Entwicklungspolitik; Bd. 2; Bonn 1997; S. 16.

[295] OECD: Development Co-operation Directorate (DCD-DAC), http://www.oecd.org/dac/; Stand 18.05.2017.

personelle Entwicklungszusammenarbeit beinhaltet Maßnahmen zur Aus- und Fortbildung von Personal in Entwicklungsländern, aber auch den Einsatz von Experten aus den Industrieländern. Die personelle Entwicklungszusammenarbeit erfolgt in der Bundesrepublik Deutschland beispielsweise über Institutionen, wie den Deutschen Akademischen Austauschdienst. Die finanzielle Entwicklungszusammenarbeit umfasst Kapitalhilfen aus den Geberländern. Die Vergabe der deutschen Kapitalhilfen für Entwicklungsländer erfolgt über die Kreditanstalt für Wiederaufbau (KfW). Die drei Formen der Entwicklungszusammenarbeit lassen sich jedoch nicht immer klar voneinander unterscheiden. Es besteht die Möglichkeit, dass sich die Kriterien in verschiedenen Bereichen überschneiden.[296]

Im Folgenden wird zuerst der Faire Handel als entwicklungspolitische Maßnahme betrachtet. Im Vergleich hierzu werden weitere Formen der Entwicklungszusammenarbeit dargestellt, die teilweise schon eine längere Tradition haben. Im Anschluss daran erfolgt eine abschließende Bewertung der entwicklungspolitischen Bedeutung des Fairen Handels.

7.2 Fairer Handel als Konzept der Entwicklungszusammenarbeit

Die Handlungsfelder der Entwicklungspolitik der Industrieländer sind u. a. auf die Armutsbekämpfung, die Hilfe zur Selbsthilfe und die Integration der Entwicklungsländer in den Welthandel ausgerichtet. Durch die Erleichterung der Handelsbeziehungen möchte der Faire Handel einen Beitrag zur Integration besonders der ärmsten Länder in den Welthandel leisten. Die Förderung der Kleinbauern und der Arbeiter auf den Plantagen steht dabei im Fordergrund. Kleinbauern sollen dabei unterstützt werden, sich in Kooperativen zu organisieren und ihre Produktion so zu gestalten, dass sie davon Leben können. Die Arbeitsbedingungen der Plantagenabeiter sollen verbessert werden und die Arbeiter selbst sollen in ihrer Position gestärkt werden. Die Umsetzung sozialer und ökologischer Kriterien ist ein bedeutender Teil des Konzeptes. Piepel, Möller und Spiegel zeigen in ihrem Beitrag, dass der Faire Handel „keine Alternative, sondern ein komplementäres

---

[296] Hemmer; 2002.; S. 932-959.

Instrument zu einer Form der Entwicklungsförderung, wie sie z. B. von vielen Nichtregierungsorganisationen [...] betrieben wird", ist.[297]

Wichtige Güter des Handels zwischen Entwicklungsländern und Industrieländern sind mineralische Rohstoffe, landwirtschaftliche Produkte sowie industrielle Halb- und Fertigerzeugnisse. Im Kontext des Fairen Handels werden zum größten Teil, wie schon aufgezeigt wurde, landwirtschaftliche Produkte und kunsthandwerkliche Erzeugnisse aus den Entwicklungsländern in die Industrieländer exportiert. Der Faire Handel beschränkt sich auf die Förderung der Produzenten dieser Erzeugnisse und zielt nicht auf Maßnahmen ab, die darüber hinausgehen. Dabei können nur wenige Produzentenorganisationen, gemessen an der Gesamtzahl der Zielgruppe, eine Partnerschaft mit Fair-Handelshäusern eingehen. Der Faire Handel hat also nur marginale Auswirkungen auf das Umfeld der Produzenten.

Des Weiteren muss berücksichtigt werden, dass der Faire Handel nur die Kleinbauern und Plantagenarbeiter fördert, die Produkte für den Export herstellen. Das betrifft nur einen kleinen Teil aller abhängig beschäftigten Arbeiter in den Ländern der Dritten Welt. Mit dem Fairen Handel kann somit nur einer kleinen Zahl an Produzenten eine Möglichkeit gegeben werden, ihre Lebensbedingungen zu verbessern. Viele Arbeiter die auf den Großplantagen, Minen und in den Fabriken unter unwürdigen Bedingungen leben und arbeiten, können von dieser Förderung nicht profitieren.[298]

Nach Angaben der FI profitierten Ende 2014 etwa 1,65 Millionen Bauern und abhängig Beschäftigte vom Fairen Handel. Der Anteil an Frauen in den Produzentenorganisationen beläuft sich auf 26% wohingegen der Anteil an Frauen auf den Plantagen sich auf 48% beläuft (insbesondere in der Tee-, Blumen- und Pflanzen- sowie Trockenfruchtproduktion sind viele Frauen beschäftigt – ihr Anteil beträgt ca. 50%). Neben dem Mindestpreis, welchen die Produzenten für ihre Produkte erhalten, wurden im Jahr 2014 Fairtrade-Prämien in Höhe von 106,2 Millionen € ausgezahlt. Davon gingen 71,9 Millionen € nach Lateinamerika, 23,5 Millionen € nach Afrika und 10,8 Millionen € nach Asien und Ozeanien.

In den Kleinbauernkooperativen wurde die Fairtrade-Prämie zu 30% für Investitionen zur Produktions- und Prozessverbesserung (Geräte, Anlagen,

---

[297] Piepel, Möller, Spiegel; 2000; S. 37.
[298] Piepel; 1999; S. 101.

Training zur Steigerung der Ernte, Diversifikation) und zu 24% für die allgemeine Geschäftsentwicklung (Entwicklung und Stärkung der Bauern Organisation, Business Training, Entwicklung von internen Kontrollen, Qualitätsmanagement) eingesetzt. Auf den Plantagen wurden 33% der Prämie für die Gemeinde (Infrastruktur, Entwicklungsprojekte), 20% für Bildung (Schulen, Stipendien, Zahlung Schulgebühren) und 15% für Investitionen für Arbeiter und ihre Vereinigungen (Trainings, Computer-Kurse) ausgegeben.[299]

Der Faire Handel stellt eine Möglichkeit dar, die Lebensbedingungen bei ausgewählten Produzenten zu verbessern. Die mit dem Fairen Handel geforderte Einhaltung von sozialen und ökologischen Standards ist für die Produzenten positiv zu bewerten. Die verschiedenen Anforderungen, die an die Produzenten gestellt werden, bevor sie ihre Produkte über den Fairen Handel verkaufen können, führen dazu, dass die Lebensbedingungen der Produzenten schon per se verbessert werden. Ebenso gibt es positive Effekte für die Umwelt. Durch die überarbeiteten Standards und die Unterteilung in Kern- und Entwicklungsstandards sind die Produzenten noch mehr dazu angehalten ihre eigene Entwicklung zu beeinflussen. Es besteht dennoch die Gefahr, dass sich die Produzentenorganisationen zu sehr von den Fair-Handels-Gesellschaften abhängig machen und sich nicht nach alternativen Absatzwegen umschauen.

Fair Trade kann auch als ein Instrument zur Verminderung der Migration aus ländlichen Gebieten gesehen werden. In Überlegungen zum Thema Landflucht wird der Faire Handel als Alternative zur Arbeitsmigration und in Bezug auf die ländliche Entwicklung diskutiert. Zum einen wird Kleinbauern die Möglichkeit gegeben sich in Kooperativen zusammen zu schliessen und für ihr Produkte einen Mindestpreis zu erhalten, der es ihnen ermöglicht ihren Lebensunterhalt zu bestreiten, zum anderen wird die Fairtrade-Prämie eingesetzt, um die Infrastruktur in der Gemeinde zu verbessern, Produktionsprozesse effizienter zu gestalten, in neue Anlagen zu investieren oder alternative Produkte anzubauen. Der Faire Handel kann also eine nachhaltige ländliche Entwicklung beeinflussen.[300]

---

[299] Fairtrade International: Monitoring the scope and benefits of Fairtrade; 7th edition; Bonn 2015; S. 17, S. 29 & S. 66.

[300] Nessel, S.: Fairer Handel als nachhaltige Entwicklungsstrategie – Eine kritische Bestandsaufnahme am Beispiel Mexiko. In: Peripherie – Zeitschrift für Politik und Ökonomie in der Dritten Welt, Heft 128, 2012, S. 426–444.

Der Faire Handel kann unter bestimmten Bedingungen als Instrument der Entwicklungszusammenarbeit eingeordnet und entsprechend gefördert werden. Das Konzept könnte einen höheren Wirkungsgrad erreichen, wenn mehr Produzenten und Arbeiter in den Entwicklungsländern davon profitieren könnten als das bisher der Fall ist. Eine Möglichkeit stellt der regelmässige Wechsel der begünstigten Produzentenkooperativen dar. Bei diesem Vorgehen ist allerdings fraglich, inwieweit die Kleinbauern vom Einkommen durch den Fairen Handel abhängig sind und der erreichte Standard beibehalten werden kann, sollte die Partnerschaft zu den Fair-Handelshäusern entfallen.

Auf der Konsumentenseite steigt die Nachfrage nach fair gehandelten Produkten, dies zeigen auch die kontinuierlich steigenden Konsumentenzahlen. Dennoch ist die Zahlungsbereitschaft der Kunden nicht immer gegeben. Die Nachfrage nach Fairtrade-Produkten ist also noch relativ gering und die Importorganisationen sind demzufolge bei der Ausweitung der Unterstützung auf weitere Kooperativen in den Entwicklungsländern einschränkt.

Durch den vermehrten Verkauf der fair gehandelten Produkte über konventionelle Vertriebswege wie Supermärkte, kann in diesem Zusammenhang ein wichtiger entwicklungspolitischer Beitrag geleistet werden. Die Produkte werden dadurch für einen größeren Teil der Bevölkerung sichtbar. Für die große Mehrzahl der Konsumenten ist es auch einfacher, die Fairtrade-Produkte in Supermärkten zu kaufen als in den teilweise eher abgelegenen Weltläden. Allerdings geht beim Verkauf der Produkte über Supermärkte der entwicklungspolitische Hintergrund weitgehend verloren. Die Befriedigung der Nachfrage und die Erzielung von Gewinnen stehen bei diesem Distributionskanal im Vordergrund, während bem Verkauf in Weltläden bzw. im Rahmen der 500 Fair-trade-Towns und 300 Fairtrade-Schools entwicklungspolitische Aufklärungsarbeit geleistet wird.

Auch wenn der vermehrte Verkauf der Fairtrade-Produkte über konventionelle Wege innerhalb der Fair-Trade-Bewegung bis heute diskutiert wird, so bleibt doch festzustellen, dass erst dieser zusätzliche Absatzmarkt es möglich macht, dass weitere Produzenten und abhängig Beschäftigte vom Fairen Handel profitieren können. In Zukunft kann das Konzept noch tranparenter gemacht werden. Dies gilt sowohl für die Produzenten- als auch die Konsumentenseite. Die Produzenten in den Entwicklungsländern müssen besser über das Konzept des Fairen Handels informiert sein, so dass sie alle Chancen und Vorteile nutzen können. Der höhere Preis für die Produkte sollte nicht der einzige Anreiz sein, am Fairen Handel teilzunehmen. Die Etablierung der Fairtrade-Beratungsdienste innerhalb von FI ist ein richtiger und wichtiger Schritt in diese Richtung. Ebenso kann die verstärkte Einbeziehung der Produzentenorganisationen in Entscheidungsprozesse einen wichtigen Beitrag zur Transparenz und zum Informationsaustausch auf Produzentseite beitragen.

Auf der Konsumentenseite ist die Kommunkation enwicklungspolitischer Themen unter dem Schirm „Fair Trade" genauso bedeutend. Mit dem Kauf der Fairtrade-Produkte zeigen die Konsumenten bereits ein entwicklungspolitisches Interesse und Verständnis. Durch verstärkte Kampagnenarbeit und Marketinginitiativen (Faire Woche, Fair Trade Town, Fair Trade School) kann den Konsumenten das Konzept näher gebracht werden. Beim Verkauf der Produkte über konventionelle Wege ist es wichtig, dass zusätzliche Informationen zur Verfügung gestellt werden, dies kann beispielsweise durch Probieraktionen, Informationsstände und Veranstaltungen erfolgen.

7.3 Entwicklungspolitische Komplementär- und/oder Alternativkonzepte zu Fair Trade

In den beiden letzten Jahrzehnten wurden im Rahmen der Entwicklungszusammenarbeit weitere Konzepte entwickelt, die eine gewisse Beziehung zu dem Konzept des Fairen Handels haben. Es soll daher untersucht werden, ob es sich hierbei um komplementäre und/oder alternative Konzepte handelt. Sie werden im Folgenden exemplarisch aufgezeigt. Es ist jedoch nicht möglich ihre entwicklungspolitische Wirksamkeit, d. h. eine differenzierte Analyse von Anspruch und Wirklichkeit vorzunehmen. Die Ausführungen reduzieren sich im Wesentlichen auf eine deskriptive Darstellung der Konzepte.

7.3.1 Allgemeines Präferenzsystem (APS)

Die UNCTAD hat bereits im Jahr 1968 die Schaffung eines für Entwicklungsländer vorteilhaften Präferenzsystems mit allgemeinen, nicht gegenseitigen und nicht diskriminierenden Präferenzen mit spezieller Berücksichtigung der LDC's gefordert.[301] Diese Empfehlung widersprach der Meistbe-

---

[301] UNCTAD: Resolution 21 (II); UNCTAD II New Delhi 1968; http://unctad.org/en/Docs/td97vol1_en.pdf; Stand 18.05.2017.

günstigungsklausel des GATT (Handelsvorteile, die einem Partner gewährt werden, müssen allen Vertragspartnern gewährt werden).[302] Am 25.06.1971 stimmten die vertragsschließenden Parteien des GATT einem „Waiver" zu Artikel I zu. Dieser entsprach einer Verzichtserklärung einiger Parteien, sich bei der Einführung eines APS auf die Meistbegünstigungsklausel zu berufen.

1971 führte die Europäische Wirtschaftsgemeinschaft und später weitere Industrieländer ein Allgemeines Präferenzsystem ein. 1977 folgte die USA. Der Waiver wurde auf 10 Jahre begrenzt. Er wurde aber zum Abschluss der Tokio-Runde im Jahr 1979 durch den so genannten enabling clause „Differential and More Favourable Treatment, Reciprocity and Fuller Participation of Developing Countries" ersetzt. Dieser bildet eine permanente rechtliche Grundlage.[303] Innerhalb der OECD Länder gab es verschiedene Initiativen, von denen das APS der EU und das Gesetz zur Förderung von Wachstum und Chancen in Afrika (AGOA – African Growth and Opportunity Act) der USA die bekanntesten sind.[304]

Das aktualisierte APS der Europäischen Union trat am 27.6.2005 in Kraft. Die Gewährung von Handelspräferenzen zielt darauf ab, die Handelspolitik mit Zielen der Entwicklungspolitik in Einklang zu bringen. Das APS ist somit ein Instrument der Handelspolitik und der Entwicklungspolitik der EU. Die Leitlinien werden in der Mitteilung der Kommission vom 7. Juli 2004 mit folgendem Titel dargelegt: „Entwicklungsländer, Internationaler Handel und nachhaltige Entwicklung: Die Rolle des Allgemeinen Präferenzsystems (APS) der Gemeinschaft im Jahrzehnt 2006/2015."

Die Verordnung stellte den ersten Schritt zur Umsetzung der Leitlinien für den Zeitraum 2006–2008 dar. Es folgte eine Unterteilung nach den allgemeinen Regelungen (zuvor APS), einer Sonderregelung für nachhaltige Entwicklung und verantwortungsvolle Staatsführung (APS+) und Sonderregelungen für die am wenigsten entwickelten Länder (LDC's).[305] Die allge-

---

[302] GATT: General Most-Favoured-Nation Treatment; Article I (1); http://www.wto.org/english/docs_e/legal_e/gatt47_01_e.htm#articleI_1; Stand 18.05.2017.

[303] WTO: Differential and More Favourable Treatment Reciprocity and Fuller Participation of Developing Countries; Decision of 28. November 1979; L/4903; www.wto.org/english/docs_e/legal_e/tokyo_enabl ing_e.pdf; S. 191–193.

[304] Stiglitz, Charlton; 2005; S. 60–61.

[305] Europäische Union: Verordnung (EG) Nr. 980/2005 des Rates vom 27. Juni 2005 über ein Schema allgemeiner Zollpräferenzen; S. 3–5.

meine Regelung gilt für 176 Staaten. Es erfolgt eine Unterteilung in empfindliche und nicht-empfindliche Waren. Für Waren, die als nichtempfindlich eingestuft werden, gilt Zollfreiheit. Für empfindliche Waren werden die Wertzollsätze um 3,5% herabgesetzt, für Textilien und Bekleidung gilt eine Herabsetzung um 20% des Zollsatzes, spezifische Zölle werden grundsätzlich um 30% gesenkt.

Im Rahmen der Sonderregelungen für die am wenigsten entwickelten Länder wird den 49 ärmsten Ländern Quoten- und Zollfreiheit gewährt (davon ausgenommen sind Waffen und Munition).[306] Das APS+ ist ein auf Anreize konzipiertes Schema für Entwicklungsländer, die besondere Entwicklungsbedürfnisse aufweisen und festgelegte internationale Übereinkommen in den Bereichen Menschenrechte, Arbeitnehmerrechte, Zwangsarbeit, Kinderarbeit, Umweltschutz, Drogenbekämpfung und verantwortungsvolle Unternehmensführung ratifizieren und umsetzen. Im Rahmen dieser Regelung können bestimmte Waren, die mit Zöllen belegt sind, zollfrei in die europäische Union eingeführt werden.[307] Innerhalb der Initiative AGOA der USA wurden Importzölle für bestimmte Produkte aus afrikanischen Ländern gesenkt oder abgeschafft. Das Allgemeine Präferenzsystem stellt für viele Entwicklungsländer eine Handelserleichterung da. Ob und in welchem Maße dadurch Kleinbauern begünstigt werden, bedarf einer weiteren Prüfung.

7.3.2 Eine Neuorientierung der Agrarpolitik der Industrieländer

Die Agrarpolitik der Industrieländer wird von den Akteuren des Fairen Handels kritisiert. In diesem Kontext besteht auch heute kein Zweifel, dass die Landwirtschaft besondres für Entwicklungsländer einer der bedeutendsten wirtschaftlichen Sektoren – für einige der bedeutendste Sektor – ist.[308] Fair Trade wird als ein Konzept gesehen, das den negativen Folgen aus dem Handel der Industrieländer entgegen wirken soll. Im Jahre 2015 entfielen

---

[306] Bundesministerium für Wirtschaft und Energie: Allgemeines Zollpräferenzsystem (APS);
https://www.bmwi.de/Redaktion/DE/Artikel/Aussenwirtschaft/zollabwicklung-allgemeines-zollpraeferenzsystem-aps.html; Stand: 30.05.2017.

[307] Europäische Union (DG Trade of the European Commission): Report on EU Market access for Developing Countries and the Potential for Preference Erosion; o.O. 2006; S. 3.

[308] Kaufmann, B., Hensel, O.: Sustainable agriculture, in: v. Hauff, M., Kuhnke, C. (eds); 2017; S. 317ff

7,4% des internationalen Exports auf den Export von Agrarprodukten.[309] Obwohl dieser Anteil gering erscheint, hat die Landwirtschaft in vielen Ländern der Dritten Welt – wie schon erwähnt – für einen großen Teil der Bevölkerung noch eine große Bedeutung. So leben in vielen Entwicklungsländern noch mehr als 60% der Bevölkerung von der Landwirtschaft. Das BIP dieser Entwicklungsländer wird in starkem Maße von der Leistungserstellung im Landwirtschaftssektor bestimmt, während in den Industrieländern der Handel mit Dienstleistungen und Industrieprodukten den weitaus größeren Anteil einnimmt.[310] In den Entwicklungsländern steht die Befriedigung der Grundbedürfnisse nach Nahrung, Unterkunft und Kleidung im Vordergrund, während diese Grundbedürfnisse in den Industrieländern für die Mehrheit der Bevölkerung bereits ausreichend befriedigt sind.

Durch die Subventionierung ihrer landwirtschaftlichen Produktion schränkten Länder wie die USA und die EU Mitgliedsländer die Produzenten aus Entwicklungsländern beim Verkauf ihrer landwirtschaftlichen Produkte ein, da diese nicht subventioniert wurden. Auf Grund der niedrigen Weltmarktpreise auf den internationalen Märkten weisen viele Entwicklungsländer ohnehin eine unzureichende Konkurrenzfähigkeit auf. Hinzu kommen noch die Antidumping-Zölle, die oft gegen Produkte aus Entwicklungsländern erhoben werden. Die Industrieländer versuchen damit, ihre Produkte auf den internationalen Märkten zu schützen. Die Barrieren für weiterverarbeitete Produkte liegen dabei meist höher als die für Rohstoffe.

Ein Beispiel ist die Weiterverarbeitung von Kakao zu Schokolade. Die Zölle auf Schokolade liegen zum Teil achtmal höher als die Zölle auf Kakao. Die Bemühungen der Entwicklungsländer, ihre Produktion um die Weiterverarbeitung von Rohstoffen zu ergänzen, werden dadurch eingeschränkt.[311] Weiterhin fällt auf, dass sich die Industrieländer darauf konzentrieren, Produkte aus den Entwicklungsländern zu importieren, die es im eigenen Land nicht gibt (intersektoraler Handel). Im Gegensatz dazu, umfassen die Exporte der Industrieländer in die Länder der Dritten Welt in hohem Maße Ag-

---

[309] World Trade Organization: World Trade Statistical Review, Genf 2016; S. 104.

[310] Hauser, E.: „Gerechter Agrarhandel" aus Sicht der Produzenten/innen; in: Lanje, K. (Hrsg.); 2003; S. 51.

[311] Wall, T. (United Nation Department of Public Information): Opening doors for LDC exports; Brüssel 2001; http:// http://www.un.org/events/ldc3/conference/e-press_kit/ldc_exports.pdf; Stand: 30.05.2017; S. 2.

7.3 Entwicklungspolitische Komplementär- und/oder Alternativkonzepte

rarprodukte, die dann in den Entwicklungsländern mit den einheimischen Produkten konkurrieren.[312] Handelsbarrieren für Agrarprodukte aus den Entwicklungsländern werden von den Industrieländern aufgebaut, um den eigenen Binnenmarkt zu schützen, da die Landwirtschaft in den Industrieländern gegenüber vielen Entwicklungsländern nicht wettbewerbsfähig ist. Als Hauptargument in den Industrieländern wird angeführt, dass die Produktion in den Entwicklungsländern unter weniger strengen Standards stattfindet und die Produkte deshalb auf dem Weltmarkt zu günstigeren Preisen angeboten werden können.

Der Konflikt zwischen der Agrarpolitik und der Entwicklungspolitik der Industrieländer wird hier besonders deutlich. Auf der einen Seite versuchen Industrieländer durch Subventionen ihre Binnenmärkte zu schützen und auf der anderen Seite durch entwicklungspolitische Projekte bzw. Programme die Produzenten in den Entwicklungsländern im Agrarbereich zu unterstützen.[313] Im Rahmen der Verhandlungen innerhalb der WTO spielt die Ausgestaltung der Agrarpolitik der Mitgliedsländer immer wieder eine große Rolle. Bisher konnte keine befriedigende Lösung gefunden werden. Die Uneinigkeit über die Agrarpolitik ist auch der Auslöser dafür, dass die letzte WTO-Runde bis heute nicht abgeschlossen werden konnte (siehe 2.1).

Eine Anpassung der Entwicklungspolitik der Industrieländer an die aufgezeigte Problemlage könnte ein wichtiger Beitrag in Bezug auf die wirtschaftliche Entwicklung der Entwicklungsländer sein: ein verbesserter Zugang zu den Märkten, die Reduzierung der Subventionen, eine stärkere Kontrolle der zur Zeit existierenden Antidumping-Maßnahmen sind Beispiele hierfür. Dies ist besonders in Bezug auf die Bedeutung der Agrarwirtschaft für Entwicklungsländer von grosser Bedeutung. Im Interesse der Industrienationen steht dagegen der Schutz der eigenen Märkte. Es bedarf also einer internationalen Regelung, wie sie im Rahmen der WTO-Verhandlungen angestrebt wird. Der erfolgreiche Abschluss der aktuellen Verhandlungsrunde ist daher von zentraler Bedeutung für die weitere wirtschaftliche Entwicklung der Entwicklungsländer.

---

[312] Knirsch, J.: Ein Kuhhandel nicht nur um Kühe, in: Lanje, K. (Hrsg.); 2003; S. 14–15.
[313] Reichert; Desai; 1999; S. 29.

7.3.3 Public Private Partnership (PPP)

Als Public Private Partnership wird die Zusammenarbeit zwischen öffentlichem Sektor und Privatwirtschaft bezeichnet. Das Bundesministerium für wirtschaftliche Zusammenarbeit und Entwicklung (BMZ) gründete 1999 den Fonds (PPP-Fazilität) für die Zusammenarbeit mit der Privatwirtschaft. In Deutschland gibt es vier Entwicklungsorganisationen (GIZ, KfW, DEG und Stiftung für wirtschaftliche Entwicklung und berufliche Qualifizierung/ SEQUA), die im Wettbewerb untereinander die deutsche und europäische Privatwirtschaft einladen, PPP-Projekte vorzuschlagen, „die sowohl ihren eigenen kommerziellen Interessen dienen als auch einen multiplikativen und strukturbildenden Beitrag zur Entwicklung in der Dritten Welt leisten."[314] Die Prüfung eines Projektantrages durch die genannten Organisationen dauert zwischen drei und sechs Monaten, bevor er bewilligt oder abgelehnt wird. In dieser Zeit kommt es zu einem ausführlichen Prozess der Verhandlung und gemeinsamen Projektplanung.

Seit Ende der 1990er Jahre ist PPP ein wichtiges Instrument der deutschen Entwicklungsarbeit geworden. Im Rahmen der Global-Governance-Debatte werden PPPs als wichtige Steuerungsinstrumente zur Bereitstellung öffentlicher Güter eingeordnet.[315] Public Private Partnership (PPP) zielt auf die Förderung von Einzelunternehmen durch öffentliche Partner ab. Die öffentlichen Partner sind in der Entwicklungszusammenarbeit tätig. Grundlage ist die gemeinsame Finanzierung von Projekten durch private Unternehmen, und die Träger der Entwicklungszusammenarbeit. Durch die Möglichkeit der öffentlichen Unterstützung der privaten Entwicklungszusammenarbeit können Projekte realisiert werden, welche ein einzelnes Unternehmen aufgrund des zu hohen Risikos nicht durchführen würde.

Die Unternehmen können zusätzlich von den Erfahrungen der öffentlichen Partner in der Entwicklungszusammenarbeit profitieren. Ein weiterer Vorteil entsteht durch die Sensibilisierung privater Unternehmen für entwicklungspolitische Themen und Ziele. Die Zusammenarbeit von öffentlicher und privater Seite ermöglicht Kooperationen, welche die Interessen von

---

[314] Werner, H.: Unternehmer sind die besseren Entwicklungshelfer, 2., überarbeitete Aufl.; München 2010.

[315] Rieth, L., Zimmer, M.: Public Private Partnership in der Entwicklungszusammenarbeit – Wirkungen und Lessons Learnt am Beispiel des GTZ/AVA Projekts, in: zfwu 8/2 2007; S. 217.

Privatunternehmen und Staat zusammenführen.³¹⁶ Private Unternehmen sind auf den ökonomischen Erfolg ihrer Vorhaben ausgerichtet und angewiesen. Das heißt, sie sind in hohem Maße daran interessiert, dass die Projekte effizient und wirtschaftlich sinnvoll durchgeführt werden.

PPP-Projekte sind in den verschiedensten Bereichen möglich, beispielsweise innerhalb der Zulieferkette, im Umweltschutz, bei Infrastrukturprojekten oder im Finanzsektor. Ein Beispiel ist die Einführung ökologischer und sozialer Standards bei Unternehmen in Entwicklungs- oder Schwellenländern. Diese Projekte dienen der Verbesserung der Arbeitsbedingungen, der Eindämmung der Kinderarbeit und der Verringerung der Umweltverschmutzung. Die Umsetzung sozialer und ökologischer Standards in Unternehmen in Entwicklungsländern steht auch im engen Zusammenhang mit Corporate Social Responsibility als Bestandteil der Unternehmensstrategie. ³¹⁷ Die öffentliche Förderung erfolgt erst nach einer eingehenden Überprüfung auf die Vereinbarkeit mit entwicklungspolitischen Zielen. Projekte werden nur dann unterstützt, wenn sie nicht bereits gesetzlich vorgeschrieben sind.³¹⁸

PPP und Fairer Handel weisen hinsichtlich ihrer Zielsetzung eine Ähnlichkeit auf. Beide Konzepte sind auf den Ausbau von Produktionskapazitäten im Sinne nachhaltiger Entwicklung ausgelegt. Als Anforderungen an PPP werden die Einführung ökologischer und sozialer Standards in Entwicklungsländern genannt, welche auch ein Element des Fairen Handels darstellen. Eine Möglichkeit der Entwicklungszusammenarbeit stellt die Kombination beider Konzepte dar. Wie in Abschnitt 4.8 beschrieben, wird der Faire Handel bereits durch öffentliche Institutionen auf nationaler und internationaler Ebene finanziell gefördert. Die Zusammenarbeit von Organisationen des Fairen Handels und den öffentlichen Institutionen bei bestimmten Projekten, wie beispielsweise dem Aufbau einer Handelsbeziehung mit einer Produzentenorganisation oder der Umsetzung der sozialen und ökologischen Standards, würde eine Form des PPP darstellen.

---

³¹⁶ Hemmer; 2002; S. 944-945.

³¹⁷ BMZ: Public Private Partnership (PPP) in der Deutschen Entwicklungszusammenarbeit; Bonn 2005; S. 1–4.

³¹⁸ BMZ: Investitionsvolumen der Entwicklungspartnerschaften; http://www.bmz.de/de/themen/privatwirtschaft/entwicklungspartnerschaften/index.html#t2; Stand: 30.05.2017.

Ein Beispiel eines PPP in Kombination mit den Prinzipien des Fairen Handels ist die Zusammenarbeit der GIZ mit der Alfred Ritter GmbH & Co. KG aus Baden-Württemberg in Nicaragua (Mittelamerika). Seit 1990 engagiert sich das Unternehmen in Nicaragua im Rahmen eines Entwicklungshilfeprojektes, welches von der NRO Pro Mundo Humano getragen wird. Es wurde das Projekt CACAONICA gegründet. CACAONICA unterstützte die Bauern zunächst bei der ökologischen Nutzung ihres Landes zum Kakaoanbau. Dabei standen die Aus- und die Fortbildung der Kleinbauern im Vordergrund. Hinzu kam eine Aufforstung, da Kakaopflanzen gut in Mischkulturen und unter großen Bäumen wachsen.

Seit 2001 wird CACAONICA durch die FI zertifiziert. Seit 2002 bezieht Ritter Sport ökologisch erzeugten Kakao unter den Bedingungen des Fairen Handels. Im Jahr 2002 kam es dann zu der Zusammenarbeit mit der GIZ (damals GTZ) mit dem Ziel der verstärkten Erzeugung und dem Export ökologisch angebauten und zertifizierten Kakaos mit hoher Qualität über die Kooperative CACAONICA. Von der Alfred Ritter GmbH & Co. KG werden 42%, von der GIZ 34% der Kosten des Projektes getragen, die verbleibenden 24% übernimmt die lokale Organisation. Den Bauern werden faire Preise bezahlt, die mit 40% deutlich über den Weltmarktpreisen liegen.

7.3.4 Von Corporate Social Responsibility (CSR) zu Social Business

Corporate Social Responsibility, das von der Europäischen Kommission entwickelt wurde, hat auch in der Entwicklungszusammenarbeit eine wachsene Beachtung erfahren. Einige nationale und internationale Entwicklungsorganisationen haben CSR als zukunftsorientiertes Konzept in ihre Förderstrategie mit aufgenommen. Das Konzept von CSR zielt darauf ab, das Leitbild nachhaltiger Entwicklung für Unternehmen anwendungsorientiert auszugestalten. Die Europäische Kommission definiert Corporate Social Responsibility wie folgt:

> CSR ist ein Konzept, das den Unternehmen als Grundlage dient, auf freiwilliger Basis soziale Belange und Umweltbelange in ihre Tätigkeit und in die Wechselbeziehung mit den Stakeholdern zu integrieren. Die Europäische Kommission versteht CSR in diesem Sinne als einen „Unternehmensbeitrag zur nachhaltigen Entwicklung."
> (Europäische Kommission Juli 2002, S. 7).

7.3 Entwicklungspolitische Komplementär- und/oder Alternativkonzepte

Es besteht heute ein großer Konsens, dass der privatwirtschaftliche Sektor einen wichtigen Beitrag zur wirtschaftlichen Entwicklung, aber auch zur gesellschaftlichen und politischen Entwicklung von Entwicklungsländern leisten sollte. Auch in Entwicklungsländern ist aus Sicht der Unternehmen nicht nur der wachsende Wettbewerbsdruck, der durch die Globalisierung gefördert wird, sondern auch der Erwartungsdruck der Stakeholder für das weitere Bestehen am Markt von Relevanz. Daher sind CSR-Aktivitäten aus entwicklungspolitischer Perspektive z.B. für das BMZ von großer Bedeutung.[319] Sie können unmittelbar zur Verbesserung der Lebensbedingungen großer Teile der Bevölkerung in Entwicklungsländern beitragen oder können zumindest die Voraussetzungen dafür schaffen, dass es zu einer Verbesserung kommen kann.

Folgende Wirkungen können durch die aktive Förderung der EZ im Sinne von CSR in Unternehmen eintreten:[320]

- „Die CSR-Konzepte der Unternehmen entsprechen zunehmend den aktuellen Erkenntnissen der Entwicklungsländerforschung und modernen Ansätzen der Entwicklungszusammenarbeit (ownership, Nachhaltige Entwicklung und Subsidiarität).
- Die Zahl der CSR-Projekte in Entwicklungsländern, die entwicklungspolitische Aspekte berücksichtigen, steigt an.
- Institutionen der deutschen EZ können sich als potenzielle Kooperationspartner sichtbar machen und mittelfristig Kooperationen aufbauen, die der EZ zusätzliche Drittmittel einbringen kann.
- Unternehmen führen CSR-Aktivitäten durch, die originär entwicklungspolitische Maßnahmen verstärkt und dadurch Synergiewirkungen erzielt werden.
- Im Idealfall werden CSR-Maßnahmen in Entwicklungsländern so konzipiert, dass sie strukturbildende Wirkungen haben, d. h. ihre Wirkungen

---

[319] Bundesministerium für wirtschaftliche Zusammenarbeit und Entwicklung: Unternehmerische Verantwortung aus entwicklungspolitischer Perspektive, BMZ Spezial 167, Berlin 2009

[320] de Carlo, L.: Corporate Social Responsibility – Möglichkeiten zur Unterstützung durch die deutsche EZ, Deutsches Institut für Entwicklungspolitik; Bonn 2004; S. 3 ff.

gehen über die kurzfristig zu erzielenden Effekte zugunsten der unmittelbaren Zielgruppe hinaus."

CSR wurde bisher hauptsächlich von großen und einigen mittelständischen Unternehmen in Industrie- und in Entwicklungsländern eingeführt. Hier gibt es jedoch sowohl von Unternehmen aus Industrieländern, die in Entwicklungsländern aktiv sind, als auch von Unternehmen in den Entwicklungsländern noch ein großes Potenzial, CSR einzuführen. Das gilt besonders für KMU. Hierbei sollte die zunehmende Kooperation zwischen multinationalen Unternehmen und mittelständischen Unternehmen in Entwicklungsländern berücksichtigt werden. Bei der Kooperation geht es nicht mehr nur um die Preis-, Qualitäts- und Servicegestaltung, sondern in zunehmendem Maße auch um Sozial- und Umweltstandards. Das begründet sich oft daraus, dass multinationale Unternehmen in ihren Heimatländern unter Druck stehen, die Sozial- und Umweltstandards von Lieferanten – häufig KMU – einzufordern, um ihre Endprodukte auf den internationalen Märkten absetzen zu können.

Unternehmen beginnen heute oft mit CSR und nehmen dann den Leitgedanken von Social Business auf. Hierzu gibt es jedoch noch relativ wenige Erkenntnisse und praktische Beispiele.[321] Social Business unterscheidet sich von traditionellen Unternehmen durch zwei Merkmale: die Zweckbestimmung von Social Business ist primär auf die Lösung wichtiger sozialer Probleme ausgerichtet oder die Investoren verzichten auf spekulative Gewinne. Bei Social Business sind Unternehmen darum bemüht, soziale und wirtschaftliche Ziele in Einklang zu bringen. Das wird von Ghalib und Hossain treffend formuliert:

„Social entrepreneurs do not call for the abolition of capitalism altogether; they do not suggest an entirely different business model to run markets; they do not advocate that philanthropy alone can run the world´s capital markets. All they call for is enlightening capitalistic thinking, and trying to find solutions that benefit all stakeholders."[322]

---

[321] Mair, J., Schoen, O.: Social Entrepreneurial Business Models: An Exploratory Study, ESE Business School-University of Navarra, Working Paper; WP No 610, October 2005.

[322] Ghalib, A. K., Hossain, F.: Social Business Enterprises – Maximizing Social Benefits or Maximizing Profits? The case of Grameen-Danone Foods Limited; The University of Manchester Brooks World Poverty Institute, BWPI Working Paper 51, July 2008.

Es wurde deutlich, dass sowohl Corporate Social Responsibility als auch Social Business eine Nähe zu Fair Trade haben. Dabei konnte jedoch gezeigt werden, dass Fair Trade im Verhältnis zu den anderen beiden Konzepten, die beide auf Freiwilligkeit basieren, einen viel größeren Verbindlichkeitsgrad hat, was auch eine andere Wirksamkeit impliziert.

7.3.5 Entwicklungszusammenarbeit in den Bereichen Bildung und Forschung

Auf den ersten Blick scheinen Bildung und Forschung mit dem Konzept Fair Trade keine unmittelbare Schnittmenge zu haben. Bildung und Forschung sind für die Entwicklungszusammenarbeit Querschnittsaufgaben, die aus diesem Grund abschließend erläutert werden sollen.[323] Bildung und Forschung ist für den internationalen Handel von grosser Relevanz. Die Zusammenarbeit mit Entwicklungsländern in diesem Bereich ist von Bedeutung, da den Ländern selbst ein geringes Haushaltsbudget zur Verfügung steht. Eine Forschungsinfrastruktur existiert auch kaum. Die Zusammenarbeit in der Forschung kann beispielsweise auf die Bekämpfung von Krankheiten oder auch auf den Bereich der Produktion/Handel ausgerichtet sein. Eine bedeutende Rolle hierbei spielt die Entwicklung neuer Produktionsmethoden. Die Regierungen in den Geberländern können finanzielle Mittel zur Verfügung stellen, um Forschungsinitiativen zu finanzieren oder die Entwicklung von Forschungsprojekten zu fördern.

Die Verhinderung der Abwanderung von qualifizierten Mitarbeitern aus den betroffenen Ländern stellt eine weitere Möglichkeit dar, entwicklungspolitisch aktiv zu werden. Institutionen, welche die Entwicklungszusammenarbeit in der Forschung unterstützen, sind beispielsweise die Consultative Group on International Agriculture Research (CGIAR) oder die Weltgesundheitsorganisation (WHO). Die WHO unterstützt Projekte in der Erforschung von Krankheiten. Die CGIAR hingegen betätigt sich in der Entwicklung alternativer Anbaumethoden in der Landwirtschaft.[324] Forschung und

---

[323] Todaro, Smith; 2011; S. 377

[324] Weltbank: Weltentwicklungsbericht. Der Staat in einer sich ändernden Welt; Washington 1997; S. 159–160.

Entwicklung sollten aber auch in Entwicklungsländern einen eindeutigen Bezug zur nachhaltigen Entwicklung haben.[325]

Die Aus- und Fortbildung von Fach- und Führungskräften in Entwicklungsländern wird im Rahmen der personellen Entwicklungszusammenarbeit gefördert. Insbesondere die Förderung und Einbeziehung von Frauen ist eine wichtige entwicklungspolitische Aufgabe. Daneben kommt der Alphabetisierung der Bevölkerung und der Ausbildung der Kinder (Grundbildung) eine bedeutende Rolle zu. Durch die Entwicklungszusammenarbeit der letzten Jahrzehnte konnten in diesen Bereichen Fortschritte erzielt werden.[326] Das lässt sich beispielsweise an Indien aufzeigen.[327] Von großer Bedeutung ist aber auch hier das Paradigma der UNESCO: Bildung für Nachhaltigkeit.[328]

Der Faire Handel kann zum Erfolg der Entwicklungszusammenarbeit in den Bereichen Bildung und Forschung beitragen. Die gemeinsame Entscheidung innerhalb einer Kooperative kann dazu führen, dass mehr Einnahmen durch den Fairen Handel zum Bau von Bildungseinrichtungen verwendet werden. Des weiteren zielt auch der Faire Handel darauf ab, Frauen verstärkt in Unternehmen (Produzentenorganisationen, Kooperativen, Genossenschaften) einzubeziehen. Die Unterstützung der Kooperativen bei der Umstellung auf den ökologischen Landbau oder Weiterbildungsprogramme stellen ebenfalls eine Investition in die Ausbildung der Produzenten dar.

---

[325] v. Hauff, M., Jörg, A. : Innovationen im Kontext nachhaltiger Entwicklung, in: Hagemann, H., v. Hauff, M. (Hrsg.): Nachhaltige Entwicklung – Das neue Paradigma in der Ökonomie; Marburg 2010; S. 185–212.

[326] Holtz, U.: Probleme und Perspektiven der Entwicklungspolitik; in: Holtz, U. (Hrsg.); 1997; S. 42.

[327] v. Hauff, M.: The Relationship between Justice and Education: Effects on the Creation of Human Capital in India, in: Deva Swati (e. d.): Low and (In) Equalities contemporary Perspectives; New Delhi, 2010; S. 259–287.

[328] Michelsen, G., Fischer, D.: Sustainability and education, in: v. Hauff, M., Kuhnke, C. (eds.); 2017; S. 135–158

7.4 Die entwicklungspolitische Bewertung der Alternativen

Die aufgezeigten Formen der Entwicklungszusammenarbeit bzw. der Entwicklungspolitik der Industrieländer werden in Deutschland und Europa bereits gefördert und durchgeführt. Sie haben alle einen Bezug zu dem Fair-Trade-Konzept. Im Folgenden wird aufgezeigt, in welchem Verhältnis die verschiedenen Konzepte zu Fair Trade stehen und wie wirksam sie sind.

Die allgemeinen Präferenzsysteme, die in verschiedenen OECD-Ländern entwickelt wurden und für die innerhalb des GATT ein rechtlicher Rahmen geschaffen wurde, zeigen nur begrenzt Wirkung. Verschiedene Studien haben gezeigt, dass diese Präferenzsysteme nur einen geringen Einfluss auf die Exporte der LDC-Länder haben. Paul Brenton hat in seiner Studie aus dem Jahre 2003 verdeutlicht, dass Exporte der LDC-Länder in die EU nach der Einführung des APS im Jahr 2001 um nur 9,6% gestiegen sind.[329]

Für die Mehrheit der Produkte, die unter diese Regelung fallen, existierte bereits vor der Einführung des APS eine zollfreie Behandlung. Zu ähnlichen Ergebnissen kommen Studien über das AGOA der USA. Dennoch sind Präferenzabkommen positiv zu bewerten, da sie letztlich einen Beitrag dazu leisten, dass die ärmsten Länder (LDC) die Möglichkeit erhalten, ihre Produkte ohne Beschränkung in die Industrieländer einzuführen. Dabei muss erwähnt werden, dass bei den genannten Initiativen Einschränkungen gemacht werden. Im Rahmen des APS bestand beispielsweise bis zum Jahr 2009 eine Sonderregelung für die Produkte Zucker und Reis (schrittweise Herabsetzung der Importzölle).

Der Abbau von Exportgütersubventionen in den Industrieländern stellt eine wichtige Forderung bzw. Maßnahme dar, die Chancen der Entwicklungsländer auf dem Weltmarkt zu verbessern. Den Produzenten in den Entwicklungsländern wird es dadurch ermöglicht, auf den internationalen Märkten in Konkurrenz mit den Produzenten aus Industrieländern zu treten. Der Abbau von Subventionen und die Öffnung der Märkte sind – wie schon ausgeführt – Bestandteil zahlreicher Verhandlungen und Diskussionen innerhalb internationaler Organisationen, wie der WTO. In den Industrieländern ist nur ein sehr geringer Anteil der Bevölkerung in der Landwirtschaft beschäf-

---

[329] Brenton, P.: Integrating the Least Developed Countries into the World Trading System: The Current Impact of EU Preferences under Everything But Arms; The World Bank; Washington 2003; S. 5.

tigt. Der Abbau von Subventionen würde daher in den Industrieländern nur wenigen Erwerbstätigen einen Nachteil bringen, während ein großer Teil der Arbeitskräfte in Entwicklungsländern davon profitieren könnte. Der Nachteil bei genauerer Betrachtung ist auch kein realer Nachteil, sondern stellt sich als eine Aberkennung ungerechtfertigter Vorteile heraus.

Der Abbau von Subventionen im Agrarbereich der Industrieländer kann somit einen bedeutenden entwicklungspolitischen Beitrag leisten. Dennoch ist die weitere Öffnung der Märkte der Industrieländer noch keine Garantie für die stärkere Beteiligung der Entwicklungsländer auf den internationalen Märkten. Zusätzliche Anstrengungen, wie der Aufbau von Kapazitäten und wettbewerbsfähigen Produktionsbedingungen und Produkten, stellen eine weitere Herausforderung für die Produzenten in den Entwicklungsländern und für die Entwicklungspolitik der Industrieländer dar.

PPP stellt in diesem Zusammenhang eine effiziente Möglichkeit der Entwicklungszusammenarbeit dar. Durch die Prüfung und Förderung der Projekte im Rahmen der Entwicklungszusammenarbeit, das ökonomische Know-how der privaten Unternehmen und nicht zuletzt die Mitarbeit von einheimischen Personen und Unternehmen, können diese Vorhaben in den Ländern der Dritten Welt effizient verwirklicht werden. Die Erwerbspersonen in Entwicklungsländern werden durch zusätzliche Arbeitsplätze in den wirtschaftlichen Prozess mit einbezogen. Wie schon erwähnt, konzentriert sich die Entwicklungszusammenarbeit im Rahmen von PPP auf Maßnahmen für die Entwicklung und Einführung von Standards sowie die Bereitstellung öffentlicher Güter, wie Bildung und Gesundheit. Ein weiteres Potenzial besteht in der möglichen Zusammenarbeit mit lokalen Unternehmen in Entwicklungsländern und dem Ausbau der Informations- und Kommunikationstechnologie, nicht nur in großen Verdichtungsräumen.[330]

Corporate Social Responsibility ist ein unternehmenspolitisches Konzept nachhaltiger Entwicklung auf der Basis von Freiwilligkeit. Es wurde von der Europäischen Kommission entwickelt und hat in der Entwicklungszusammenarbeit an Bedeutung gewonnen. Unternehmen, die CSR einführen, sind neben der Wirtschaftlichkeit auch ökologischen und sozialen Maximen verpflichtet. Insofern bietet CSR die Möglichkeit, nachhaltige Entwicklung in Unternehmen und ihren Wertschöpfungsketten einzuführen. Der wachsende Wettbewerb und der Erwartungsdruck der Stakeholder kompensiert in

---

[330] Braun, Grote, Jütting; 2000; S. 16.

7.4 Die entwicklungspolitische Bewertung der Alternativen 201

gewissem Maße die Freiwilligkeit von CSR: Die Unternehmen müssen sich zunehmend aktiv mit diesem Konzept auseinander setzen, wenn sie langfristig am Markt bestehen wollen.

CSR kann darüber hinaus einen positiven Einfluss auf die Politik und die Gesellschaft haben. Es gibt aber auch erste Unternehmen, die über CSR hinausgehen und den Leitgedanken von Social Business aufnehmen. In diesem Zusammenhang sind Unternehmen aktiv bemüht, soziale und wirtschaftliche Ziele des Unternehmens in Einklang zu bringen. Auch hier wird der Bezug zu Fair Trade deutlich. Dabei geht jedoch die Initiative von dem einzelnen Unternehmen aus. Es bleibt aber abzuwarten, wie viele Unternehmen sich in Zukunft dem Leitgedanken von Social Business verpflichtet fühlen und umsetzen. Hierzu gibt es bisher nur wenige Erkenntnisse.

Die Ausrichtung entwicklungspolitischer Aktivitäten auf die Querschnittsaufgaben Bildung und Forschung ist sehr positiv zu bewerten. Durch den Einsatz von Ressourcen in den Aufbau von Forschungskapazitäten kann die Produktivität in den Ländern erhöht werden. Projekte im Bereich der Landwirtschaft fördern den Einsatz alternativer Anbau- und Produktionsmethoden, welche die Wettbewerbsfähigkeit der Produzenten auf dem Weltmarkt erhöhen und zusätzlich einen Beitrag zur Verbesserung der Gesundheitssituation der Arbeitskräfte leisten.

Die Förderung der Länder im Bereich Bildung trägt zu einem Ausbau des Humankapitals bei. Durch Alphabetisierung und Grundbildung, aber auch durch Fort- und Weiterbildung, können die Menschen in Ländern der Dritten Welt ihre Lebensbedingungen verbessern. Diese Maßnahmen tragen dazu bei, dass sie im internationalen System mitwirken können, sei es durch die Steigerung der Exporte, durch das Angebot von attraktiveren, hochwertigeren Produkten oder durch ausgebildete Fachkräfte, welche die Entwicklung im eigenen Land vorantreiben.

Der Einsatz von Finanzmitteln und der Ausbau von Kapazitäten im Bereich Forschung und Entwicklung sowie im Bereich Bildung, hatten in den letzten Jahren positive Auswirkungen auf die Entwicklungsländer. Eine besondere Erwähnung verdienen in diesem Zusammenhang die Bemühungen um die Schulbildung von Kindern und die Alphabetisierung. Maßnahmen der Entwicklungszusammenarbeit in den Bereichen Forschung, Entwicklung und Bildung haben auch für angrenzende Bereiche positive Effekte.

Der Faire Handel erfährt, wie bereits ausführlich aufgezeigt wurde, Förderung und Anerkennung von Regierungen und öffentlichen Organisationen und kann daher als ein fest verankertes entwicklungspolitisches Konzept eingeordnet werden. Dennoch sind der Marktanteil der Produkte und damit die Bedeutung des Fairen Handels in den meisten Industrieländern bisher noch relativ gering. Ferner stellt Liebrich für die Organisation Max Havelaar fest, dass die Mehreinnahmen aus dem Verkauf von fair gehandelten Produkten, im Vergleich zu den Finanzmitteln von Organisationen der Entwicklungszusammenarbeit, als eher gering einzuschätzen sind.[331] Wie schon erläutert, ist der Einfluss des Fairen Handels auf den Lebensstandard der Menschen in Entwicklungsländern noch relativ gering, da nur Menschen begünstigt werden, die in dem Exportsektor beschäftigt sind und Zugang zu entsprechenden Produzenten- und Handelsorganisationen haben. Für die in dem Fair-Trade-Handel involvierten Produzenten hat sich die Lebenslage jedoch z.T. deutlich verbessert. Daher ist Fair Trade insgesamt ein wirksames Konzept der Entwicklungspolitik.

Der Faire Handel ist dann noch positiver zu beurteilen, wenn den Produzenten neue Märkte in Industrieländern erschlossen werden. Entsteht dagegen eine Abhängigkeit der Produzenten von den Fair-Handelsorganisationen, überwiegen die Nachteile. Auch der Eingriff in die Preisbildung der Produkte kann kritisch hinterfragt werden. Durch den Verkauf von Produkten zu Preisen, die über dem Weltmarktniveau liegen, kann eine ineffiziente Produktion von Gütern gefördert werden. Unter dem Aspekt der Nachhaltigkeit stellt sich die Frage, inwieweit der Faire Handel die wirtschaftliche Entwicklung der Produzentenorganisationen in den Entwicklungsländern fördert.

Die Zusammenarbeit mit Entwicklungsländern in Form von Projekten, wie sie im Rahmen des PPP oder im Bereich Bildung und Forschung erfolgt, kann durch die Einbeziehung der Unternehmen und der Bevölkerung in den betroffenen Ländern sehr nachhaltig und effizient sein. Der Faire Handel stellt auch eine Möglichkeit der Zusammenarbeit von Unternehmen aus Industrieländern mit Unternehmen in Entwicklungsländern dar. Sofern dies im Rahmen einer gleichwertigen Partnerschaft geschieht und die Kooperativen in den Entwicklungsländern aktiv am Prozess des Aufbaus neuer Kapazitäten und dem Markteintritt beteiligt sind, kann auch der Faire Handel einen wichtigen entwicklungspolitischen Beitrag leisten. Insgesamt kann festgestellt werden, dass es zwischen den verschiedenen Bereichen der Ent-

---

[331] Liebrich; 2002; S. 36.

wicklungszusammenarbeit, die hier erläutert wurden, keine Konkurrenzsituation gibt, sondern eine komplementäre Beziehung besteht.

7.5 Aktuelle Entwicklungen im Fairen Handel

Betrachtet man neuere Entwicklungstrends im Fairen Handel, so stellt man zunächst fest, dass die internationale Finanz- und Wirtschaftskrise nicht zu einem Rückgang des Absatzes fair gehandelter Produkte geführt hat. Die Verkaufszahlen sind in den letzten Jahren weiter gestiegen.[332] Der Gesamtumsatz der mit fair gehandelten Produkten im Jahr 2015 erreicht wurde, betrug 7,3 Milliarden €. Das entspricht einer Wachstumsrate von 24% im Vergleich zum Jahr 2014. In Deutschland stieg der Absatz im Jahr 2015 um 18% zu einem Gesamtvolumen von 978 Millionen €. In Grossbritannien konnte der Umsatz von 2,1 Milliarden € auf 2,2 Milliarden € um 5% (in lokaler Währung) gesteigert werden.[333]

Durch die Etablierung des Fairtrade-Siegels hat der Faire Handel an Glaubwürdigkeit gewonnen. Der Absatz konnte hauptsächlich durch das Produktzertifizierungsprogramm der nationalen Siegelinitiativen und der FI gesteigert werden. In den Handel mit Fair Trade-Produkten sind neue Akteure eingestiegen. Das Fairtrade-Siegel macht es für die Handelsunternehmen einfacher, fair gehandelte Produkte in ihr Sortiment aufzunehmen. In ihrer Strategie müssen sie nicht den Charakter des fairen Gutes in den Mittelpunkt stellen – diese Aufgabe wird bereits durch das Fairtrade-Siegel erfüllt.[334]

Viele Supermarktketten, Discounter und Versandhäuser führen fair gehandelte Produkte in ihrem Sortiment, daran wird die zunehmende Einordnung in den Mainstream deutlich. Die neuen Akteure haben es aber auch ermöglicht, dass neue Produktsparten eingeführt wurden. Dadurch konnte eine

---

[332] Krier, J.-M.: Fair Trade 2007: News, Facts and Figures from an ongoing Success Story – A report on Fair Trade in 33 consumer countries, Dutch Association of Worldshops (DAWS), supported oft the FINE advocacy office; https://european-fair-trade-association.org/efta/Doc/FT-E-2007.pdf, Stand: 30.05.2017.

[333] Fairtrade International: Driving Sales, Deepening Impact. Annual Report 2015-2016; Bonn 2016.

[334] Becchetti, L., Huybrechts, B.: The Dynamics of Fair Trade as a Mixed-form Market; in: Journal of Business Ethics; H. 4; 81. Jg.; 2008; S. 740.

deutlich größere und breit gestreute Kundschaft erschlossen werden. Der Einzug des Fairen Handels in den Mainstream erklärt sich somit ganz wesentlich durch die Teilnahme der großen Unternehmen bzw. Konzerne.[335]

Trotz steigender Absatzzahlen bringt der Vertrieb fair gehandelter Produkte über konventionelle Handelswege auch ein Risiko mit sich. Marktorientierte Akteure haben nur sehr bedingt einen inhaltlichen Bezug zu dem Konzept des Fairen Handels. Im Vordergrund steht für sie das Angebot an Produkten, welches von Konsumenten nachgefragt wird und womit sie ihr Gewinnpotential weiter ausschöpfen können. Aber auch bei den traditionellen Fair-Handels-Organisationen ist festzustellen, dass sie sich von ihrem ursprünglichen Wohltätigkeitsdenken entfernen. Auch bei ihnen lässt sich eine stärkere kommerzielle Ausrichtung beobachten, die folglich auch gewinnorientiert ist.[336]

Heute konkurrieren die kleinen traditionellen Akteure am Markt mit den transnationalen Unternehmen (TNU). Die verstärkte Eingliederung von Fairtrade in den Mainstream führte auch dazu, dass Märkte erweitert bzw. neu erschlossen werden konnten. Das gilt besonders für Länder wie die USA, Kanada, Neuseeland, Australien und Japan.[337] Japan ist ein typisches Beispiel dafür, dass nur durch den Einstieg konventioneller Partner das breite Interesse und die Bereitschaft der Konsumenten zum Kauf von Fair-Trade-Produkten führte. Ein besonderes Beispiel hierfür ist der Fair-Trade-Kaffeeverkauf von Starbucks, der 2002 in Japan begann und dazu führte, dass eine breite Öffentlichkeit an den Fairen Handel heran geführt wurde. Weitere Unternehmen folgten und erweiterten ihr Produktangebot im Bereich des Fair Trade.

Der Verkaufsanteil von Fairtrade-Produkten in Supermärkten wächst. Weitere Potenziale und neue Tendenzen ergeben sich aus dem online-Shopping. So setzt Traidcraft, der als Fair-Handels-Pionier gilt, heute etwa 13 Millionen

---

[335] Raynolds, L., Murray, D.: Fair Trade – Contemporary challenges and future prospects; in: Raynolds, L., Murray, D., Wilkinson, J. (Hrsg.): FAIR TRADE – The challenges of transforming globalization; Abingdon und New York; Routledge; 2007; S. 224.

[336] Davies, I., Ryals, L.: The Role of Social Capital in the Success of Fair Trade; in: Journal of Business Ethics; H. 2; 96. Jg.; 2010; S. 317.

[337] Krier; 2007; S. 39.

Euro[338] über das Internet um. Ein weiteres Potenzial des Fairen Handels ergibt sich aus der Einbeziehung der öffentlichen Beschaffung und öffentlicher Ausschreibungen unter dem Begriff „Fair Procura".[339] Auf der Grundlage eines Leitfadens soll es öffentlichen Behörden erleichtert werden, faire Handelsprodukte in ihren Beschaffungsprozess einzuführen.

Ein erstes Fazit führt zu der Erkenntnis, dass sich die Struktur des Fairen Handels in den vergangenen Jahren deutlich geändert hat und sich auch in Zukunft weiter ändern wird. Die Konsequenzen für die traditionellen Vertriebswege fair gehandelter Produkte lassen sich gegenwärtig noch nicht in vollem Maße absehen. Die folgenden Ausführungen konzentrieren sich nun ganz wesentlich auf die Frage, wo noch Potenziale des Ausbaus bestehen. Wie in den vergangenen Kapiteln bereits deutlich wurde, ist in einigen Bereichen des Fairen Handels noch ein Optimierungspotenzial festzustellen. Dieser Umstand wird auch von den FTO's wahrgenommen.

Verkauf fair gehandelter Produkte in Enwicklungsländern

Eine bedeutende Entwicklung lässt sich hinsichtlich des Verkaufs von fair gehandelten Produkten in den Entwicklunsländern selbst feststellen. Im August 2010 erkärte die südafrikanische Supermarktkette „Pick n Pay", dass sie Fairtrade-Kaffee in ihr Sortiment aufnimmt. Seit diesem Zeitpunkt wurden noch weitere Produkte dem Konsumenten zugänglich gemacht. Unterstützung erhält Pick n Pay dabei von der der Organisation Fairtrade Siegel South Africa (FLSA), welche sich zum Ziel gesetzt hat weitere, auf den afrikanischen Markt abgestimmte, Produkte zu entwickeln.[340]

In einer Abstimmung des General Assembly of Fairtrade International im Oktober 2011 wurde FLSA offiziell zu einem vollwertigen Mitglied des globales Fairtrade-Systems erklärt. Das hat zur Folge, dass FSLA seit diesem Zeitpunkt im General Assembly stimmberechtigt ist.[341] In Brasilien lässt sich

---

[338] Traidcraft; Annual Review of impact and Performance 2015-2016; http://www.traidcraft.co.uk/media/59fa746f-ab32-4e8a-a7bc-72339670bb26; Stand: 30.05.2017; Umrechnungskurs vom 30.05.2017: 1 GBP = 1,1493 EUR.

[339] Krier; 2007; S. 41.

[340] Fairtrade International: Made in the South, Sold in the South: Pick n Pay Commits to Fairtrade. www.fairtrade.net, Stand: 31.05.2017.

[341] Fairtrade International: South Africa becomes full member in global Fairtrade system. www.fairtrade.net, Stand: 31.05.2017.

eine ähnliche Entwicklung feststellen. Brasilianische Fairtrade-Produzenten und Händler haben sich zusammengeschlossen und die Organisation „Associacao Brasiliera Comercio Justo (AB-CJ) gegründet, deren Ziel es ist, ein Fairtrade-Siegel in Brasilien zu etablieren.[342]

Diese Entwicklung zeigt die stärkere Berücksichtigung der Produzentenorganisationen bzw. der Länder aus denen die Produzenten kommen in das Fairtrade-System. Sie macht aber auch deutlich, dass das Bewusstsein für den Fairen Handel in den Entwicklungsländern steigt. FLSA, Pick n Pay und AB-CJ bekennen sich zum Fairen Handel und sind bereit, sich in den Produzentenländern zu engagieren.

Zertifizierung im Non-Food-Bereich

Der Faire Handel ist gegenwärtig primär auf den Handel mit Lebensmitteln und in geringem Maße auf kunsthandwerkliche Produkte konzentriert. In diesem Bereich ergeben sich auch die größten Möglichkeiten hinsichtlich der Zertifizierung nach einheitlichen Kriterien. Die Vergabe eines Siegels für Produkte im Non-Food-Bereich hingegen galt lange als problematisch. Seit der Einführung von Fairtrade-Baumwolle im Jahr 2005 hat sich Fairtrade intensiv der Frage zugewandt, wie der Fairtrade-Ansatz auf die gesamte Wertschöpfungskette von Textilien ausgeweitet werden kann. Im März 2016 wurde dann der Textilstandard veröffentlicht, was in diesem Zusammenhang ein wesentlicher Schritt war.[343] Mit diesem Standard sollen Arbeiterinnen und Arbeiter der Textilindustrie von den Fairtrade-Vorteilen profitieren. Fairtrade-Siegel gibt es heute auch auf Ringen, Ohrschmuck und Goldbarren. Kosmetikprodukte mit Fairtrade-Inhaltsstoffen erhalten ebenfalls in Kombinaton mit dem Zusatz „contains Fairtrade ingredient" das Fairtrade-Siegel.

Eine weitere Initiative ist die Zusammenarbeit von Fairtrade International und dem Forest Stewardship Council (FSC). Ziel ist es, Kleinwaldbetriebe zu unterstützen. Die FSC Zertifizierung bestätigt, dass die Bewirtschaftung der Wälder nach sozialen, ökologischen und ökonomischen Standards er-

---

[342] Fairtrade International: Boost for Fairtrade in Brazil. www.fairtrade.net, Stand: 31.05.2017.

[343] Fairtrade Deutschland: Produkt-Siegel. Weitere Fairtrade-Siegel für Baumwolle, Gold, Kosmetik und Textilien, https://www.fairtrade-deutschland.de/was-ist-fairtrade/fairtrade-siegel/produkt-siegel.html. Stand: Januar 2017

folgt. Mit der Zertifizierung wird sichergestellt, dass die nationalen und internationalen Rechte der Arbeiter berücksichtigt werden. Die zusätzliche Zertifizierung mit dem Fairtrade-Siegel soll es den Kleinwaldbetrieben ermöglichen einen besseren Preis für ihre Produkte zu erhalten.

Während des Zertifizierungsprozesses haben die Produzenten die Aufgabe eine Aufstellung ihrer Produktionskosten zu erstellen. Daraus wird ein fairer und stabiler Preis ermittelt, die Fairtrade-Prämie kommt hinzu und soll für Entwicklungsprojekte in der Gemeinde verwendet werden. Diese Initiative ist ein Pilotprojekt, welches im Zeitraum 2009–2013 durchgeführt wurde. Die Reaktion des Marktes sollte nach Ablauf des Projektes ausgewertet und entschieden werden, ob das Dual-Siegelling für andere Produkte angewendet werden kann.[344] Der Vertrieb von Möbeln aus FSC- und Fairtrade-zertifiziertem Holz verschafft einer weiteren Produzentengruppe den Zugang zum System des Fairen Handels.

Emissionshandel

Ein neues Instrument innerhalb des Fairtrade-Systems ist der Handel mit Emissionsrechten. Als ein Instrument der Umweltpolitik, basiert der Emissionsrechtehandel auf dem Cap-and-Trade-Prinzip. Jeder Emittent von Treibhausgasen (Staat, Unternehmen) darf nur die Menge an Schadstoffen in einer Periode freisetzen, für die er über Emissionsrechte verfügt. Setzt der Staat oder das Unternehmen weniger Schadstoffe frei, im Idealfall als Folge technischer Innovationen, können die Emissionsrechte an andere Staaten oder Unternehmen verkauft werden.

Die Idee innerhalb des Fairtrade-Systems ist es, Unternehmen in Industrieländern die Option zu geben, Emissionsrechte direkt bei ihren Lieferanten in den Entwicklungsländern zu erwerben. Der Ansatz des „Insettings" (der Verkauf und Kauf findet innerhalb einer Handelskette statt) eröffnet den Produzenten in den Entwicklungsländern eine weitere Einkommensquelle. Vor dem Einstieg in den Emissionshandel müssen Kleinbauernkooperativen die bei ihrer Produktion entstehenden klimarelevanten Emissionen berechnen. Unterstützend fungiert hier die FI-Cert GmbH, welche auch das Monitoring durchführen kann. Dabei werden für den Emissionshandel geeignete

---

[344] Fairtrade International: FSC and Fairtrade joint Siegelling of wood products, Fact Sheethttps://www.fairtrade.net/fileadmin/user_upload/content/2009/resources/2012-01_Fairtrade_and_FSC_factsheet_final.pdf, Stand: 01.06.2017

Produzentenorganisationen identifiziert. Eine geeignete Produzentenorganisation zeichnet sich dadurch aus, dass sie besonders umweltschonend produziert (Kompostierung), aber auch einen positiven Einfluss auf die umliegenden Regionen (Wiederaufforstung, Einsatz erneuerbarer Energien) hat. Laut Fairtrade Deutschland lassen sich 2013 30–40% der Fairtrade-zertifizierten Kleinbauernkooperativen für den Emissionshandel qualifizieren.

Seit 2015 wird dieses Vorgehen im Fairtrade-Klimastandard festgehalten. Dabei wird jedem Mitglied die Möglichkeit geboten einen aktiven Beitrag zum Klimaschutz zu leisten.[345]

Senkung der Mindestpreise

Fair gehandelte Produkte stellen für einen relativ kleinen Teil der Konsumenten eine Alternative zu konventionellen Produkten dar. Insbesondere der höhere Preis hält Konsumenten vom Kauf der Fair-Trade-Produkte ab. Eine Alternative, um den Marktanteil der Produkte zu erhöhen, stellt die Senkung der Mindestpreise dar. Diese Thematik wird auch innerhalb der Fair-Handels-Organisationen diskutiert. Hier stellt sich jedoch die Frage, ob eine Senkung der Preise Auswirkungen auf die Konsumenten und ihr Kaufverhalten hat. Betrachtet man die Konsumentengruppe, die Produkte aus dem Fairen Handel kauft, kommt man zu dem Schluss, dass die Konsumenten die Produkte bewusst kaufen.

Der faire Preis ist also in erster Linie ein politischer Preis, der im engen Zusammenhang mit dem Bedürfnis der Konsumenten steht, Kleinproduzenten in Entwicklungsländern zu unterstützen. Nach Bockemühl ist nicht zu erwarten, dass eine Senkung des Mindestpreises mehr Konsumenten zum Kauf von fair gehandelten Produkten veranlassen würde.[346] Aus ökonomischer Perspektive könnte die Senkung des Mindestpreises die bereits erwähnten negativen Auswirkungen des Ansatzes jedoch abschwächen.

---

[345] Fairtrade Deutschland: Fairtrade-Klima-Standard; https://www.fairtrade-deutschland.de/was-ist-fairtrade/fairtrade-standards/fairtrade-klima-standard.html; Stand: 06.06.2017.

[346] Bockemühl, S. (El Puente): Vortrag. Forum Fairer Handel – Was ist ein fairer Preis? 2005; Frankfurt/Main; 17.01.05.

Fairer Handel im Dienstleistungssektor

Weitere Entwicklungen konzentrieren sich darauf, den Fairen Handel auch auf Bereiche des Dienstleistungssektors zu übertragen. Im Jahr 1999 wurde die Organisation „Tourism Concern" (Sitz London) gegründet. Ziel ist die Schaffung eines internationalen Netzwerkes. Im Jahr 2002 wurde in Südafrika die Organisation „Fair Trade Tourism South Africa" mit dem zugehörigen Handelszeichen FTTSA gegründet. Die Richtlinien, welche von den zertifizierten Tourismusunternehmen eingehalten werden müssen, beinhalten faire Gehälter und Arbeitsbedingungen, faire Transaktionen, Einkäufe und Sozialabsicherung, eine ethisch verantwortungsvolle Unternehmensführung sowie Respekt für Menschenrechte, Kultur und Umwelt.[347]

Ein Projekt des Evangelischen Entwicklungsdienstes (eed heute integriert in Brot für die Welt) setzt sich für einen nachhaltigen, d.h. umweltverträglichen und sozialverantwortlichen Tourismus ein. Dazu wurde die Fachstelle „TOURISM WATCH" eingerichtet. Im Mittelpunkt dieser Initiative steht die Einführung sozialer Standards im Tourismus. Akteure, die an diesem „fairen Tourismus-Konzept" beteiligt sind, können die Reiseveranstalter, die Gastgeber im Urlaubsland, Souvenirproduzenten, Regierungen, aber auch die Touristen selbst sein.[348] In erster Linie soll eine verantwortliche Gestaltung von Urlaubsreisen in die Länder der Dritten Welt möglich gemacht werden. Dazu gibt es vielfältige Ansatzpunkte:[349]

- gerechte Verteilung der Einnahmen, um eine angemessene Entlohnung der Mitarbeiter zu gewährleisten,
- Sicherung der Arbeitsplätze,
- Beteiligung und Förderung benachteiligter Bevölkerungsgruppen,
- Schutz der Kinder vor sexueller Ausbeutung,
- Berücksichtigung von Kultur, Religion und Tradition.

Es bestehen Möglichkeiten, die Ansätze und Standards des Fairen Handels auf den Dienstleistungsbereich zu übertragen. Auch hier lässt sich, wie in

---

[347] Fair Trade Tourism, http://www.fairtrade.travel/Home/; Stand: 31.05.2017.
[348] Fuchs, H.; Kamp, C. (Informationsdienst Tourismus und Entwicklung): Fairer Handel(n) – auch im Tourismus! Sofortiger Stop der GATS-Verhandlungen gefordert; 2002; https://www.tourism-watch.de/content/fairer-handeln-auch-im-tourismus; Stand: 31.05.2017.
[349] o.V.: Fairer Handel im Tourismus? In: Welt und Handel; H. 7; 2004; S. 4–5.

der Vergangenheit das Beispiel Ökoreisen gezeigt hat, nur ein kleiner Teil von Touristen ansprechen. Dies sind vor allem Touristen, die ein ausgeprägtes Interesse für entwicklungspolitische Themen und Probleme haben. Durch die Einrichtung der Fachstelle „TOURISM WATCH" kann in erster Linie entwicklungspolitische Bildungsarbeit geleistet werden. Durch Kampagnen und die Bereitstellung von Informationen in der Öffentlichkeit wird auf die Probleme und die Situationen von Menschen, die in den Ländern der Dritten Welt ihren Lebensunterhalt mit dem Tourismus verdienen, aufmerksam gemacht. Sumesh Mangalassery weist beispielsweise darauf hin, dass der Tourismus in Entwicklungsländern nicht als Haupteinnahmenquelle gelten sollte, da das Geschäft sehr anfällig für Naturkatastrophen, Epidemien, terroristische Anschläge oder Wirtschaftskrisen ist.[350] Obwohl auch hier eine Nische bedient wird, kann fairer Tourismus dazu beitragen, dass die Urlaubsreisen nicht nur für die Touristen, sondern auch für die Gastgeber ein Gewinn sind.

Kampagnenarbeit

Im Jahr 2001 wurde die Fairtrade-Towns-Kampagne in England ins Leben gerufen. In den Jahren 2001 – 2006 erhielten 209 britische Städte das Zertifikat "Fairtrade-Town". In den darauffolgenden Jahren folgten weitere britische Städte und das Konzept wurde von anderen Ländern (u.a. Deutschland, Italien, Österreich, Niederlande, Frankreich, Spanien, Irland) übernommen. Aktuell gibt es weltweit 1896 Fairtrade-Towns. Fairtrade-Town ist ein Zertifikat, welches von einer anerkannten Fairtrade-Zertifizierungsstelle (Fairtrade Foundation, TransFair Germany, TransFair Canada) vergeben wird. Die folgenden Kriterien muss eine Stadt erfüllen, damit sie als Fairtrade-Town ausgezeichnet wird:

- Die Gemeinde bekennt sich zu Fairtrade und bietet Fairtrade-Produkte bei Sitzungen, in Büros und Kantinen an,
- Fairtrade-Produkte sind in der Gemeinde leicht verfügbar (Gastronomie, lokale Geschäfte),
- Lobbying in der Gemeinde für Fairtrade-Produkte (Fairtrade-Produkte in Betrieben, Bildungs- und Freizeiteinrichtungen etc.),

---

[350] Mangalassery, S.: Neue Chancen durch Fairen Handel? Fairer versus freier Handel im Tourismus (2), in: Südasien; H. 1; 2007; S. 62–64.

- Fairtrade wird in der Gemeinde mit Hilfe von Veranstaltungen, Publikationen, Plakaten, Flyern etc. zum Thema gemacht,
- Formierung einer Fairtrade-Arbeitsgruppe mit dem Mandat Aktionen zur Erreichung der Ziele zu koordinieren; dies beinhaltet regelmäßige, konstruktive Treffen und eine jährliche Evaluierung der Ziele.[351]

Die Prüfung der Kriterien erfolgt in einem Abstand von zwei Jahren. Seit 2009 beteiligt sich auch Deutschland an der Kampagne und bis heute gibt es mehr als 400 Städte, die von TransFair zertifiziert wurden.[352] Basierend auf dem Konzept der Fairtrade-Towns, können sich auch Schulen zertifizieren lassen. Die Auszeichnung „Fairtrade-School" erhalten Schulen durch die Erfüllung von fünf Kriterien (Gründung eines Fairtrade-Schulteams bestehend aus Schülern, Lehrern und Eltern, Erstellung eines Fairtrade-Kompasses, Verkauf und Verzehr von fair gehandelten Produkten in der Schule, Behandlung des Themas Fair Trade im Unterricht, Organisation einer jährlichen Aktion zum Thema Fairtrade). In Deutschland ist die Zertifizierung von Schulen seit dem 1.10.2012 möglich. Die Aktion Fairtrade-Schulen begann in Nordrhein-Westfalen und hat sich von dort weiter ausgebreitet.[353]

Öl- und Agrotreibstoffe

Ein neuer Zweig der Produktpalette des Fairen Handels sind Öl- und Agrotreibstoffe. In einer Kooperation von Migrol bietet die Gebana AG in der Schweiz den weltweit ersten fair gehandelten biologischen Treibstoff an. Der Treibstoff basiert auf Sojaöl, das in einem nachhaltigen Anbau von Kleinbauern im Südwesten Brasiliens angeboten wird. Das Unternehmen Gebana bezahlt dem Produzenten einen um etwa 50 Prozent höheren Preis als jener, der auf dem konventionellen Absatzmarkt zu erzielen ist. Gebana sichert weiterhin eine Vorfinanzierung, lange Handelsbeziehungen und die Einhaltung eines menschenwürdigen und sicheren Arbeitsumfeldes. Damit werden die wesentlichen Grundprinzipien nachhaltiger Entwicklung bzw. des Fairen Handels erfüllt. Es ist geplant auch in Burkina Faso eine Produktion mit etwa 5000 Bauernfamilien aufzubauen.

---

[351] Fairtrade Towns: http://www.fairtradetowns.org; Stand: 31.05.2017.
[352] Kampagne Fairtrade Towns: http://www.fairtrade-towns.de; Stand: 31.05.2017.
[353] Kampagne Fairtrade Schools: http://www.fairtrade-schools.de; Stand: 31.05.2017.

Ethische Geldanlagen

Auch im Finanzsektor kam es zu neuen Dienstleistungsbereichen, die ebenfalls den Prinzipien des Fair Trade entsprechen. Zu nennen sind ethische Geldanlagen oder ein fairer Devisenmarkt. Oikocredit und Schared Interest sind Mitglieder der WFTO. Sie stellen benachteiligten Produzenten in Entwicklungsländern faire Kredite zur Verfügung. Hervorzuheben ist weiterhin das Oikocredit im Jahr 2008 eine Kampagne unter dem Titel „Fair Finance – Fair Trade" durchführte. Die Organisation Schared Interest bietet darüber hinaus auch Fortbildungsmaßnahmen an, um den Zielgruppen bessere Kenntnisse der Funktionsweise des Finanzmarktes zu vermitteln.

Unterstützung von Minenarbeitern

Um die Lebens-, Arbeits- und Umweltbedingungen in traditionellen Goldminen, Verarbeitungsanlagen und Bergbaugemeinden zu verbessern haben die Alliance for Responsible Mining (ARM) und die FI zu Beginn des Jahres 2010 den ersten Fairtrade/Fairmined Standard für Gold entwickelt. Es wurden Standards entwickelt, die sozialen und ökologischen Kriterien, wie Arbeitssicherheit, Unfallschutz, Nachverfolgbarkeit der Lieferkette, Freiheit von Gewerkschaften und die korrekte und nachhaltige Verwendung der Fairtrade-Prämie beinhalten. Diese Standards sollen ermöglichen dass der Abbau von Gold unter fairen Bedingungen und die Vermarktung ein weiteres Fairtrade-Produkt möglich macht.[354] In diesem Kontext gilt zu berücksichtigen, dass entsprechend der Internationalen Arbeitsorganisation etwa 15 Millionen Menschen in kleinen Bergbauminen ihren Lebensunterhalt verdienen und davon etwa 100 Millionen Menschen abhängig sind, wenn man die Familien der Arbeiter und die Transportunternehmen bzw. die Weiterverarbeitungsunternehmen hinzuzählt.

Fair gehandeltes Gold wird in einer eigenen Handelskette geführt, wodurch es zu keiner Vermischung mit konventionellem Gold kommen kann. Der Mindestpreis für das verkaufte Gold beträgt 95% des Weltmarktpreises für Gold, der von der London Bullion Market Association berechnet wird. Der Einsatz von Quecksilber zur Gewinnung von Gold wurde bisher nicht verboten. In Zukunft soll dieser Einsatz jedoch minimiert werden und durch gesundheits- und umweltschonendere Gewinnungsmethoden ersetzt wer-

---

[354] Fairtrade Foundation: Fairtrade and Fairmined Gold-Empowering responsible artisanal and small-scale miners; January 2011.

den. Diese sind jedoch kapitalintensiver und lassen sich erst mit dem Einsatz ausreichender Finanzmittel finanzieren.[355] Der Minimumpreis wird um die Fairtrade-Prämie ergänzt (10% des Weltmarktpreises), eine ökologische Prämie (5% des Weltmarktpreises) wird zusätzlich ausgezahlt, wenn der Abbau des Goldes ohne Chemikalien erfolgt.[356]

In das Fair-Handelskonzept lassen sich in Zukunft sicher noch weitere Produkte bzw. Produktgruppen mit einbeziehen. Die Entwicklung der Fairtrade-Standards für Holz und Gold führte dazu, dass das ursprüngliche Produktfeld von Fair Trade, nämlich Landwirtschaftsprodukte, um Produkte eines zertifizierten Rohstoffabbaus erweitert wurde. Folglich können auch weitere Menschen in den Entwicklungsländern vom Fairen Handel profitieren.

---

[355] FI, Alliance for Responsible Mining: Fairtrade and Fairmined Gold, Empowering Responsible artisanal and small-scale miners, A Fair Trade Foundation and Alliance for Responsible Mining Report, http://www.communitymining.org/attachments/ 134_FT_Gold_policy_report_2011_download.pdf, downloaded pdf 02.02.2011.

[356] Fairtrade International: Fairtrade and Fairmined Gold. Standards in partnership with the Alliance for Responsible Mining (ARM); http://www.fairtrade.net/filead min/user_upload/content/2009/resources/2011-02_Factsheet_gold_updated.pdf; Stand: 01.05.2013.

8 Zusammenfassung und Ausblick

Auf dem Hintergrund der Welthandhandelsstruktur und der Entwicklungstendenzen des Welthandels für die Entwicklungsländer wurde das Konzept des Fairen Handels vorgestellt und in das Paradigma der nachhaltigen Entwicklung eingeführt. Anhand handelstheoretischer Ansätze konnte die entwicklungspolitische Dimension des Fairen Handels modelliert werden. Im letzten Kapitel wurde der entwicklungspolitische Rahmen des Fairen Handels von anderen Konzepten abgegrenzt und diese näher beleuchtet. Dabei zeigte sich, dass es sich bei den anderen Konzepten nicht um Alternativen sondern um komplementäre Ansätze handelt. Die Ausführungen haben gezeigt, dass es sich bei dem Fair-Trade-Konzept insgesamt um ein erfolgreiches entwicklungspolitisches Konzept handelt, das sich in einem ständigen Prozess des Wandels befindet. Es sollen abschließend jedoch noch einmal einige Verbesserungspotenziale aufgezeigt werden.

Das Konzept des Fairen Handels weist eine Vielzahl von Zielen auf. In den vorangegangenen Ausführungen konnte deutlich gemacht werden, dass viele dieser Ziele weitgehend, aber nicht immer optimal erreicht werden. Von den höheren Preisen für die fair gehandelten Erzeugnisse können die Kleinbauern nicht immer direkt profitieren. Außerdem existieren nicht, wie des Öfteren in der Außendarstellung beworben, die Mindestpreise für alle Produkte.

Die negativen Auswirkungen, die der Preisaufschlag für die Produzenten in den Entwicklungsländern mit sich bringen kann, wurden bereits theoretisch aufgezeigt. Insbesondere die Herbeiführung eines Marktungleichgewichtes wurde kritisiert. Das Problem der Überproduktion einiger Lebensmittel und die damit zusammenhängenden niedrigen Weltmarktpreise stellen für die Produzenten in den Entwicklungsländern ein großes Problem dar. Wenn die Produzenten in den Entwicklungsländern nicht die Kosten ihrer Produktion durch den Verkauf der Waren decken können, ist die Hilfe der Industrieländer gefragt. Das Problem geht zu einem Teil auf die Verantwortung der Industrieländer zurück, wonach die Produzenten aus den Entwicklungsländern bei dem Vertrieb ihrer landwirtschaftlichen Produkte auf dem Weltmarkt Hemmnisse haben.

Die zentrale Kritik am Konzept des Fairen Handels setzt somit an den Preisen und der Preisfindung der Produkte an. Dabei darf jedoch nicht die Tatsache übersehen werden, dass der Ansatz des Fairen Handels weitere Komponenten berücksichtigt. Mit der Umsetzung ökologischer und sozialer Standards werden positive Veränderungen angestrebt, wie sie in den meisten Produzentenorganisationen festzustellen sind. Können diese Effekte auch nur in geringem Maße auf das Umfeld übertragen werden, so ist die Verbesserung der Lebens- und Arbeitssituation der an der Partnerschaft beteiligten Produzenten und Arbeiter als Erfolg zu bewerten.

Eine weitere Herausforderung für den Fairen Handel stellt die allgemeine Entwicklung des Welthandels dar. Wie bereits in Abschnitt 2.1 skizziert, hat sich die Struktur des internationalen Handels hinsichtlich der Ausrichtung auf die Sektoren stark verändert. Der Dienstleistungssektor gewinnt an Bedeutung, während der Anteil des Handels mit Agrar- und Rohstoffen am gesamten Welthandel – zumindest relativ – immer weiter abnimmt. Die weitaus größte Bedeutung im internationalen Handel hat derzeit der Industriegütersektor. Ein großer Teil der Bevölkerung in den Entwicklungsländern arbeitet im Landwirtschaftssektor und lebt von ihm.

Das Konzept basiert somit auf den Erfahrungen aus dem Agrarsektor und es stellt sich in der Zukunft die Frage, ob und wie es auf die Lohnarbeiter in den Fabriken übertragen werden kann. Die Frage nach dem Subjekt der Unterstützungsmaßnahmen wird und wurde innerhalb der Fair-Handelsgesellschaften jedoch kontrovers diskutiert. Bislang werden zum größten Teil die Kleinbauern berücksichtigt. Dennoch wird das Ziel, auch Lohnarbeiter mit dem Fair-Trade-Konzept zu erreichen, weiterhin verfolgt. Dies findet beispielsweise im Textilsektor schon statt.

Ein weiteres Problem, mit welchem sich der Faire Handel kritisch auseinandersetzen muss, ist die Abhängigkeit vieler Produzenten bzw. Produzentenkooperativen. Die enge Verbindung zu den Fair-Handelsgesellschaften soll den Produzenten bei der Identifikation und Erschließung neuer Märkte helfen. Es stellt sich jedoch die Frage, welche Auswirkungen die Beendigung langjähriger Handelsbeziehungen zwischen den Fair-Handelshäusern und den Kooperativen hätte. Die Wahrscheinlichkeit eines Scheiterns auf dem Weltmarkt bei der Einstellung der Förderung, stellt ein beachtliches Risiko dar. Ein kontinuierlicher Wechsel der Handelspartner ist eine Möglichkeit, wodurch ein größerer Produzentenkreis vom Konzept des Fairen Handels profitieren könnte. Die Verbesserung der Arbeitsbedingungen und die Erhöhung der Effizienz der Produktion könnte dann auch in anderen Kooperativen erfolgreich durchgeführt werden.

Im Zusammenhang mit den über dem Weltmarktniveau liegenden höheren Preisen und der daraus folgenden Ausblendung der Informations-, Koordinations- und Sanktionsfunktion des Preises, muss auch die mögliche Verhinderung einer Strukturanpassung der Produzenten in den Entwicklungsländern diskutiert werden. Der Faire Handel konzentriert sich bisher überwiegend auf den Handel mit Lebensmitteln, der Anteil der Non-Food-Produkte an den Umsätzen der Fair-Handelsgesellschaften ist noch gering. Dies ist nicht zuletzt auch auf die Schwierigkeit bei der Festlegung von Standards und einer Zertifizierung der verschiedenartigen Erzeugnisse zurückzuführen. Dennoch erfolgt die Konzentration auf den Export der Lebensmittel auf Kosten einer strukturellen Weiterentwicklung in den Ländern der Dritten Welt, hin zu weiterverarbeiteten Gütern.

In den Industrieländern existiert bereits ein Markt für Handwerksprodukte aus Entwicklungsländern, so dass die verstärkte Vermarktung von Handwerksprodukten wie z.b. Schmuck unter den Bedingungen des Fairen Handels als Chance gesehen werden kann. Bisher erfolgt der Verkauf von Handwerksprodukten zum größten Teil über Weltläden, da es keinen einheitlichen Zertifizierungsprozess und kein flächendeckendes Siegel für Handwerksprodukte gibt. Der Vertrieb der Produkte könnte mit Hilfe eines Siegels gesteigert werden, da die fair gehandelten Produkte dann auch über andere Verkaufswege den Kunden zugänglich gemacht werden können. Da es in den Industrieländern bereits private Akteure gibt, die Kunsthandwerk aus Entwicklungsländern verkaufen, wäre hier eine Erweiterung bereits vorhandener Handelsbeziehungen möglich.

Nachholbedarf lässt sich im Fairen Handel zusätzlich im Bereich der Transparenz des Konzeptes feststellen. Aus einer Bewegung entwicklungspolitisch engagierter Menschen hat sich ein Konzept entwickelt, das an Bedeutung gewonnen hat. In den Anfängen des Fairen Handels wurden die Produkte aus den Entwicklungsländern an Aktionsständen verkauft, später entwickelte sich ein verstärkter Vertrieb über Weltläden. Heute kann man Fair-Trade-Produkte in vielen Supermärkten oder Einzelhandelsketten erwerben.

Der Faire Handel hat eine enorme Entwicklung erfahren, die massgeblich durch die Gründung und Etablierung von fördernden Organisationen beeinflusst wurde. Diese Organisationen haben dem Fairen Handel einen professionellen Rahmen geschaffen. Die Loyalität der Konsumenten und das langfristige Bestehen des Fairen Handels können durch eine weitere Stärkung der Marke erreicht werden. Dabei ist es wichtig, Konsumenten ausreichend zu informieren und ihnen auch den entwicklungspolitischen Hintergrund näher zu bringen. Dies kann beispielsweise durch gezielte Kampagnenarbeit, Broschüren, Veranstaltungen oder Probieraktionen geschehen. Hier muss vielleicht auch über neue Formen der Bewerbung nachgedacht werden.

Zusammenfassend lassen sich verschiedene Herausforderungen für den Fairen Handel identifizieren, welche die zukünftige Entwicklung maßgeblich beeinflussen werden. Dazu gehören:

- die Diskussion um den Preisfindungsprozess im Fairen Handel,
- die Ausweitung des Fairen Handels auf industrielle Güter,
- die verstärkte Verlagerung der weiterverarbeitenden Produktionsstufen (Verpackung, Mischung der Teesorten, Kaffeeröstung) auf die Entwicklungsländer,
- die Berücksichtigung des Süd-Süd-Handels und der Verkauf der Produkte auf den regionalen Märkten.

Der Faire Handel kann nicht als ein Konzept verstanden werden, welches auf den gesamten Handel mit Entwicklungsländern anzuwenden ist. Die Fortschritte, die erzielt werden können, bewegen sich in einem relativ beschränkten Rahmen. Dennoch ist die Einführung sozialer und ökologischer Standards und die Stärkung der Kleinbauern und abhängig Beschäftigten auf den Plantagen in den Entwicklungsländern als positiv zu bewerten. Der Faire Handel stellt eine entwicklungspolitische Möglichkeit dar, benachteiligten Produzenten unmittelbar zu helfen und ihnen die Möglichkeit zu geben, ihre Lebens- und Arbeitsbedingungen zu verbessern. Es besteht noch Potenzial, das Konzept des Fairen Handels auszubauen und eine grössere Anzahl an Produzenten in den Entwicklungsländern zu erreichen.

Anhang

Detaillierte Ausführungen zu Kapitel 5
Theoretische Begründung des internationalen Handels

Zu 5.1.1 Das Modell von Ricardo

In seinem handelstheoretischen Ansatz stellt David Ricardo dar, dass der Handel zwischen zwei Ländern auch dann ökonomisch sinnvoll sein kann, wenn eines der beiden Länder bei der Produktion von annahmegemäß zwei Gütern x und y keinen absoluten Vorteil hat. Daher spricht man auch von dem Zwei-Länder/zwei-Güter-Modell, das einen idealtypischen Zustand, nicht jedoch die Realität darstellt. Der einzige Produktionsfaktor in Ricardos Modell ist die Arbeit. In Ricardos Ansatz führen Unterschiede in der Arbeitsproduktivität zu relativen Kostenvorteilen. Komparative Preisvorteile sind die Folge der komparativen Kostenvorteile.[357]

Die Herstellung der Produkte unterscheidet sich in den betrachteten Ländern lediglich in der Produktivität und durch beeinflussende Umweltbedingungen, wie zum Beispiel Klimaverhältnisse. Die Ausstattung mit dem Produktionsfaktor Arbeit ist in den beiden Ländern gleich, d. h., die Menge an vorhandener Arbeit ist identisch. Auch wenn eines der beiden Länder in der Produktion beider Güter absolute Vorteile hat, kann die Aufnahme von Außenhandel auch für dieses Land von Vorteil sein.

Hat beispielsweise das Inland in der Produktion beider Güter gegenüber dem Ausland einen komparativen Vorteil, so wird es sich auf die Produktion des Gutes spezialisieren, bei welchem der größte Vorteil besteht. Der komparative Vorteil wird in der folgenden Tabelle dargestellt. Das Inland hat gegenüber dem Ausland für die Produktion beider Güter einen komparativen Vorteil, da es für die Produktion sowohl für eine Einheit Tuch als auch für eine Einheit Wein weniger Stunden aufwenden muss. Das Inland konzentriert sich auf die Produktion von Wein, da hier der Aufwand des Auslandes relativ hoch ist.

	Tuch (x)	Wein (y)
Inland	2	3
Ausland	3	8

Abb. 9-1: Produktion von Tuch (Gut x) und Wein (Gut y) (in Stunden berechnet)

---

[357] Lorz; Siebert; 2014; S. 27.

Das Ausland würde sich demzufolge auf die Produktion des Gutes Tuch spezialisieren, bei welchem es einen relativ geringen Nachteil hat.[358] In Ricardos Modell kommt es zu einer vollkommenen Spezialisierung der Länder. In Abbildung 9-2 wird die Änderung der Preisgeraden in den beiden Ländern deutlich.

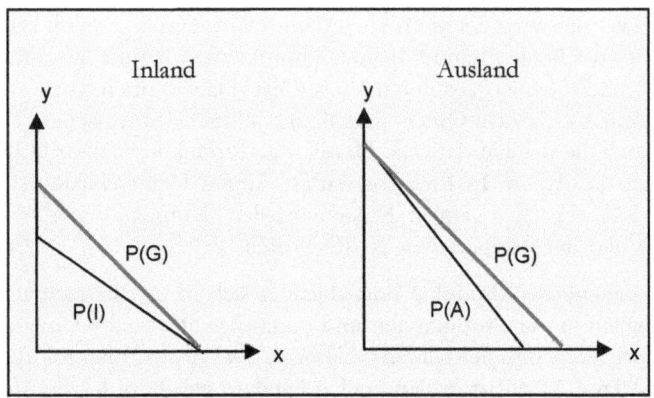

Abb. 9-2: Außenhandel im Modell von Ricardo[359]

Vor Aufnahme des Außenhandels ist die Preisgerade P(A) im Ausland steiler als die Preisgerade P(I) im Inland. Durch den Außenhandel verändern sich die Preisgeraden der beiden Länder dahingehend, dass sie die gleiche Steigung haben. In der Abbildung ist diese Preisgerade mit P(G) bezeichnet.

Das Inland spezialisiert sich – wie schon erwähnt – auf die Produktion des Gutes Y und wird einen Teil davon in das Ausland exportieren. Das Ausland spezialisiert sich auf die Produktion des Gutes X. Das Inland wird das Gut X importieren. Das Ergebnis des Modells von Ricardo ist, dass beide Länder vom Außenhandel im Sinne eines steigenden Wohlstands profitieren, da die Kosten und der Aufwand in beiden Ländern in ihrer Relation

---

[358] Maennig, W.; Wilfling, B.: Außenwirtschaft. Theorie und Politik; München 1998; S. 95–96.

[359] ebd. S. 100.

unterschiedlich hoch sind.³⁶⁰ Es erfolgt also eine Spezialisierung der Länder auf die Produktion eines Gutes und somit eine internationale Arbeitsteilung. Im Falle der Spezialisierung der beiden Länder kommt es zu einem größeren Außenhandelsgewinn, als dies ohne Spezialisierung der Fall wäre. Im In- und Ausland erfolgt durch die Spezialisierung ein Wachstum der Branche, in der das jeweilige Land einen komparativen Vorteil hat, während die Produktion des anderen Gutes eingeschränkt wird.³⁶¹

Zu 5.1.2 Das Modell von Heckscher/Ohlin

Das Heckscher-Ohlin-Modell basiert auf zwei Ländern, zwei Gütern, zwei Produktionsfaktoren. Das Heckscher-Ohlin-Theorem besagt, dass ein Land das Gut produzieren und exportieren wird, für dessen Produktion der notwendige Produktionsfaktor reichlich vorhanden ist. Im Inland und im Ausland werden jeweils die Produkte X (x = Menge an X) und Y (y = Menge an Y) hergestellt. Zur Herstellung dieser beiden Produkte benötigt man die Produktionsfaktoren Arbeit (A) und Kapital (K). Nach Annahme vier sind die Produktionsfunktionen der beiden Güter im Inland und im Ausland identisch. Beispielhaft können folgende Produktionsfunktionen für die beiden Güter vorliegen:

Gut X: $\quad x = A^{\frac{1}{2}} K^{\frac{1}{2}}$

Gut Y: $\quad y = A^{\frac{1}{3}} K^{\frac{2}{3}}$

Die Grenzrate der Substitution lässt sich dann wie folgt formulieren:

Gut X: $\quad \left(\dfrac{dK}{dA}\right) = \dfrac{K}{A} = 1$

Gut Y: $\quad \left(\dfrac{dK}{dA}\right) = \dfrac{K}{A} = \dfrac{1}{2}$

---

[360] Borchert, M.: Außenwirtschaftslehre. Theorie und Politik, 7. Aufl.; Wiesbaden 2001; S. 27.

[361] Husted, S.; Melvin, Michael: International Economics. 7th Edition; Boston 2007; S. 60–61.

Die Grenzraten der Substitution machen deutlich, dass bei der Produktion von Y immer doppelt so viel Kapital eingesetzt werden muss, wie bei der Produktion von X. Das Produkt Y ist somit relativ gesehen und im Vergleich zu Produkt X ein kapitalintensives Gut. Das Produkt X ist demzufolge ein arbeitsintensives Gut.[362] Jedes Land hat entsprechend der Annahme eine bestimmte Menge an Kapital und eine bestimmte Menge an Arbeit zur Verfügung:

Inland: 50 Arbeitseinheiten (1/3) und 100 Kapitaleinheiten (2/3)
Ausland: 50 Arbeitseinheiten (2/5) und 75 Kapitaleinheiten (3/5)

Das Zahlenbeispiel verdeutlicht:

Im Inland ist der Produktionsfaktor Kapital im Vergleich zum Ausland relativ reichlich vorhanden. Im Ausland ist der Produktionsfaktor Arbeit im Vergleich zum Inland relativ reichlich vorhanden. Daher wird im Inland das Gut Y und im Ausland das Gut X hergestellt. Das wirkt sich in dem Modell auf den Wohlstand beider Länder positiv aus. In Abbildung 9-3 ist das Faktorpreisverhältnis $\frac{l}{z}$ als Relation von Lohn (l) zu Zins (z) und das Verhältnis des Produktionsfaktors Kapital zu dem Produktionsfaktor Arbeit aufgezeigt. Im linken Quadrant wird das Verhältnis der Preise p_x zu $p_{y\,d}$ dargestellt. Bei einem gegebenen Faktorpreisverhältnis ist der Faktor $\frac{K}{A}$ bei dem Gut Y immer höher als bei Gut Y, was deutlich macht, dass im Vergleich der zwei Güter Y das kapitalintensive und X das arbeitsintensive Gut ist.

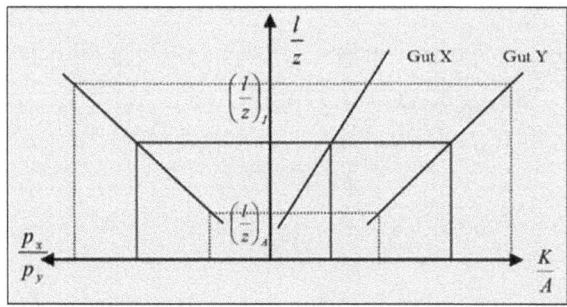

Abb. 9-3: Zusammenhang zwischen Güterpreisen und Produktionsfaktoren[363]

---

[362] Borchert; 2001; S. 55–58.
[363] Eigene Darstellung; In Anlehnung an Krugman, Obstfeld, Meltiz 2015, S. 122–123.

Bei einem steigenden Lohn erhöht sich auch das Faktorpreisverhältnis $\frac{l}{z}$.
Wenn man nun dieses Verhältnis über die Preisgerade abträgt wird deutlich, dass dadurch auch das Verhältnis $\frac{p_x}{p_y}$ größer wird. Auch hier zeigt sich die Relation der Anteile der Produktionsfaktoren, die bei der Herstellung der Produkte X und Y eingesetzt werden. Die Aufnahme von Außenhandel führt dazu, dass das Preisverhältnis im Inland solange sinkt und das Preisverhältnis im Ausland steigt bis die Verhältnisse $\frac{K}{A}$, $\frac{l}{z}$ und $\frac{p_x}{p_y}$ im In- und Ausland gleich sind.

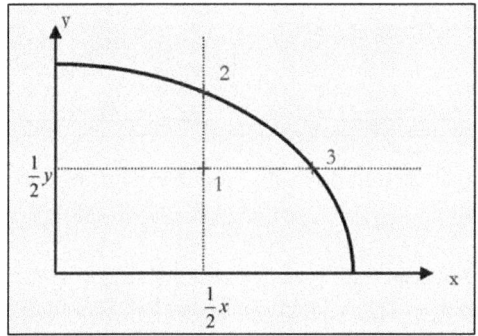

Abb. 9-4: Transformationskurve[364]

Die Produktionskombinationen beider Länder kann man in einer Transformationskurve wie in Abbildung 9-4 darstellen. Bei der Einschränkung der Produktion eines Gutes im Inland um einen bestimmten Anteil und der Erweiterung der Produktion des anderen Gutes um genau denselben Anteil, wird die optimale Produktionskombination noch nicht erreicht. Wird also, wie in Abbildung 9-4 zu erkennen, die Produktion des Gutes X um die Hälfte reduziert und dieser Anteil in die Produktion des Gutes Y investiert, wird die Transformationskurve der möglichen Produktionskombinationen mit optimaler Ausrichtung noch nicht erreicht (Punkt 1). Es kann also immer

---

[364] Borchert 2001; S. 63.

mehr als der Anteil, auf den bei der Produktion des Gutes X verzichtet wird, mit der Produktion des Gutes Y hergestellt werden (Punkt 2). Wird im Inland die Produktion von Y um die Hälfte eingeschränkt, kann mehr als dieser Anteil an der maximal möglichen Produktion des Gutes X hergestellt werden (Punkt 3).

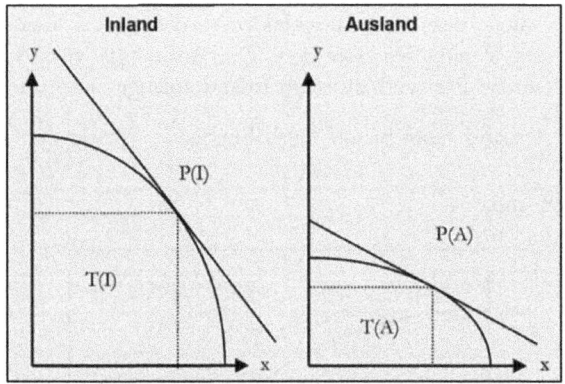

Abb. 9-5: Preisverhältnis und optimale Produktion im In- und Ausland (Autarkie)[365]

Die Abbildung 9-5 zeigt die Transformationskurven T der beiden Länder bei Nichtvorhandensein von Handel (Autarkie). Das heißt, dass zwischen den Ländern keine Handelsbeziehung besteht. Die Geraden P(I) und P(A) stellen jeweils die Preisgeraden der beiden Länder dar. Das Inland ist relativ reichlich mit Kapital ausgestattet. Das bedeutet, dass die Zinsen im Land relativ niedrig sind. Der Produktionsfaktor Arbeit ist im Inland knapp, das heißt, die Löhne sind im Inland im Vergleich zum Ausland hoch und die Produktion des arbeitsintensiven Gutes X damit relativ teurer. Das Ausland ist reichlich mit dem Produktionsfaktor Arbeit ausgestattet. Die Löhne in diesem Land sind relativ niedrig. Die Zinsen im Ausland sind relativ hoch und damit auch die Kosten der Produktion des kapitalintensiven Gutes Y. Die Preisgerade P(I) des Inlandes ist aus diesem Umstand heraus steiler als die Preisgerade P (A) des Auslandes.

---

[365] Dieckheuer 2001; S. 91–93.

Durch die Addition der beiden Transformationskurven T(I) und T(A) ergibt sich die Gesamttransformationskurve T(G) in Abbildung 9-6, die alle möglichen Produktionskombinationen mit einer optimalen Ausrichtung der Produktionsfaktoren angibt. Die Steigung der Preisgeraden P(G) liegt zwischen der Steigung der Preisgeraden P(I) und P(A), d. h., sie ist steiler als P(A) und flacher als P(I).

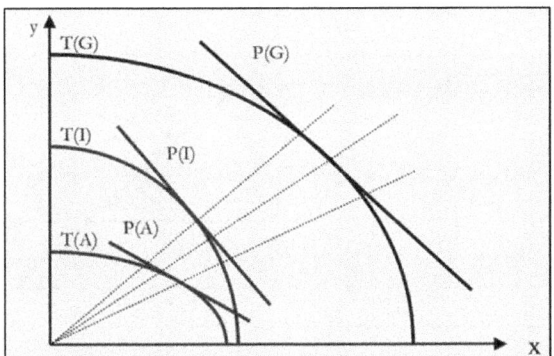

Abb. 9-6: Transformationskurve und Preisgerade im Außenhandel[366]

Abbildung 9-7 zeigt die ursprüngliche Situation der beiden Länder ohne Außenhandel. Durch Anlegen der beiden Preisgeraden P(G) aus Abbildung 9-6 an die Transformationskurven von In- und Ausland, ergibt sich jeweils ein neuer Tangentialpunkt. Die Preisgerade P(G) schneidet nun die ursprünglichen Indifferenzkurven. Das heißt, es ist in beiden Ländern eine höhere Indifferenzkurve zu erreichen und damit ein höherer Gesamtnutzen möglich.

Für das Inland bedeutet eine höhere Indifferenzkurve die Einschränkung der Produktion des Gutes X und die Erweiterung der Produktion des Gutes Y. Für das Ausland geht die höhere Indifferenzkurve mit einer Einschränkung bei der Produktion des Gutes Y und einer Erweiterung der Produktion von X einher. Die zusätzliche Ausbringungsmenge an Y wird das Inland exportieren und dafür X importieren. Das Ausland wird die zusätzliche Produktionsmenge an X exportieren und Y importieren. Beide Länder profitieren an diesem Austausch von Gütern, was die höhere Indifferenzkurve

---

[366] Borchert 2001; S. 66.

deutlich macht. Der Export des einen Landes entspricht dem Import des zweiten Landes.[367]

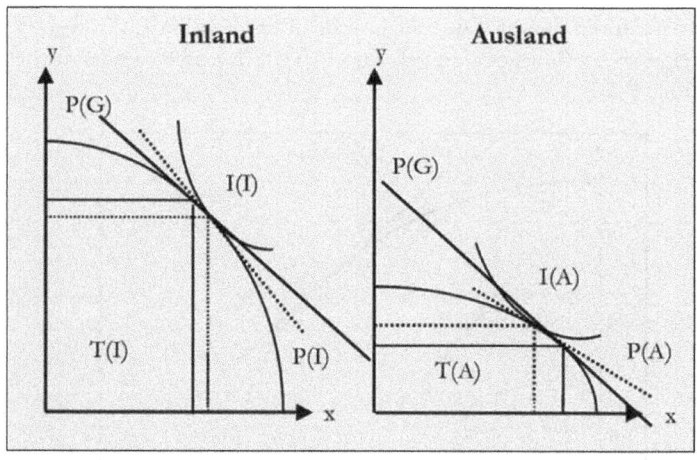

Abb. 9-7: Produktion der Länder im Falle von Außenhandel[368]

Zu 5.2 Skalenerträge und unvollständiger Wettbewerb als Ausgangspunkt der neuen Handelstheorie

Das Konzept der steigenden Skalenerträge (economies of scale) geht von der Annahme aus, dass die proportionale Erhöhung der Einsatzmenge der Produktionsfaktoren, zu einer überproportionalen Steigung der produzierbaren Ausbringungsmenge führt. Ebenso kann man trotz Reduzierung der Einsatzmenge eine gleichbleibende Ausbringungsmenge erzielen.

Bei der Analyse steigender Skalenerträge kann die Unterscheidung nach internen und externen Skaleneffekten erfolgen. Interne Skaleneffekte treten innerhalb eines Unternehmens auf und betreffen demzufolge die Maßnahmen, die ergriffen werden, wenn ein Unternehmen die Produktion eines Produktes ausweitet oder die Vorgänge bei der Produktion effizienter gestaltet. Hier spricht man auch von der sogenannten „Lernkurve". Mit steigender

---

[367] Feenstra, R. C.: Advanced International Trade. Theory and Evidence, New Jersey 2004; S. 32-35.
[368] Borchert 2001; S. 67.

Produktion wächst die Erfahrung und es wird ersichtlich, wie man die Produktion optimieren bzw. effizienter gestalten kann.[369]

Externe Skaleneffekte treten innerhalb einer Branche auf. Mit einer verstärkten Produktion eines Gutes in einem Sektor wächst die Erfahrung, und die Anzahl der qualifizierten und spezialisierten Arbeitskräfte nimmt zu. Neben dem Technologietransfer, welcher innerhalb des Sektors auftritt, kommt es auch verstärkt zur Errichtung von Zulieferbetrieben. Die Unternehmen eines Sektors profitieren von einem Arbeitsmarkt der die Verfügbarkeit spezialisierter Arbeitskräfte gewährleistet. Ebenso spielen das Lieferantennetzwerk und der Technologietransfer eine wichtige Rolle, um letztlich die Produktion effizienter und kostengünstiger zu gestalten. Die Durchschnittskosten eines Produktes können so mit einer steigenden Produktionsmenge innerhalb des gesamten Sektors abnehmen.[370]

In der neueren Handelstheorie werden sowohl der durch komparative Vorteile entstehende intersektorale Handel als auch der intrasektorale Handel betrachtet. Beim intersektoralen Handel spezialisiert sich ein an Arbeitskraft relativ reiches Land auf die Produktion arbeitsintensiver Güter und importiert kapitalintensive Produkte und Dienstleistungen. Ein relativ kapitalreiches Land spezialisiert sich auf die Produktion kapitalintensiver Güter und importiert arbeitsintensive Produkte und Dienstleistungen. Der intrasektorale Handel findet dagegen zwischen Ländern auf der Grundlage der Produktdifferenzierung statt. Die Konsumenten in einem Land fragen ein Produkt aus dem Ausland nach, welches auch im Inland produziert wird. Aufgrund verschiedener Produktmerkmale kommt es zu Nachfragepräferenzen bei den Konsumenten. Die Güter haben unterschiedliche Merkmale, sind aber gegenseitig substituierbar.

Ein Beispiel für den intrasektoralen Handel von Gütern ist der Handel mit Autos. Die produzierten Güter unterscheiden sich je nach Hersteller und Herkunftsland. Unter Berücksichtigung der steigenden Skalenerträge wäre es für die einzelnen Unternehmen ineffizient, alle Möglichkeiten der Produktion auszuschöpfen und die gesamte Produktpalette anzubieten. Zum intraindustriellen Handel kommt es primär zwischen ähnlich entwickelten Ländern. Weisen das Inland und das Ausland große Unterschiede im Verhältnis der

---

[369] Lorz, O.; Siebert, H.: Außenwirtschaft, 9. Auflage; Konstanz und München 2014; S. 88–89.
[370] Krugmann, Obstfeld, Melitz; 2015; S. 180–181.

Produktionsfaktoren auf, wie das beispielsweise beim Handel zwischen einem Industrie- und einem Entwicklungsland der Fall ist, spielt der interindustrielle Handel eine entscheidende Rolle.[371]

In Abbildung 9-8 werden die Spezialisierung der Länder und der daraus entstehende Außenhandel verdeutlicht. Es wird angenommen, dass bei der Erweiterung der Produktion der Güter in beiden Ländern steigende Skalenerträge auftreten. Findet zwischen den beiden Ländern kein Außenhandel statt, ist das Gut X im Inland und das Gut Y im Ausland relativ billiger. Die Preisgeraden im In- und Ausland werden durch P(I) und P(A) aufgezeigt. Durch die Aufnahme von Außenhandel kommt es zu einer Spezialisierung der Länder. Die internationale Preisgerade P(G) könnte durch den Punkt G laufen. Der Punkt G hängt von den Tauschkurven im In- und Ausland ab. Der Außenhandel zwischen dem Inland und dem Ausland hat zur Folge, dass das Inland Spezialisierungsvorteile bei der Produktion des Gutes X erlangt und die Menge x in das Ausland exportiert. Das Ausland erlangt Spezialisierungsvorteile bei der Produktion des Gutes Y und wird die Menge y in das Inland exportieren.

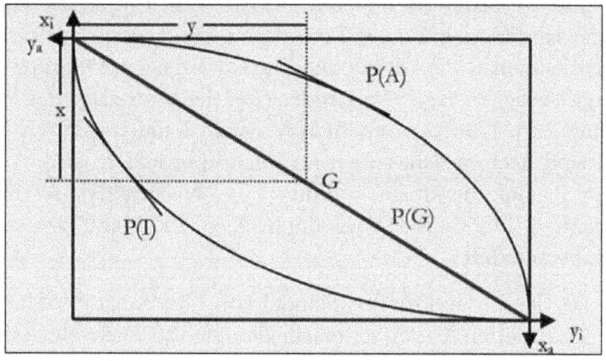

Abb. 9-8: Spezialisierung bei steigenden Skalenerträgen[372]

Da das Gut X im Inland relativ billiger als im Ausland ist, wird durch die Spezialisierung auf die Produktion dieses Gutes und die daraus folgenden steigenden Skalenerträge die Produktion noch effizienter. Dadurch wird das

---

[371] Krugman; Obstfeld; 2009; S. 182-183.
[372] Dieckheuer; 2001; S. 119.

Gut X nun auch für das Ausland billiger. Das gleiche gilt für die Spezialisierung der Produktion auf das Gut Y im Ausland. Beide Länder haben durch die Aufnahme des Außenhandels Vorteile erzielt, da die Kosten der Produktion gesunken sind und die Konsumenten die Güter jetzt zu einem niedrigeren Preis erwerben können.

Zu 5.3.1 Fairer Handel und der Ansatz von Heckscher / Ohlin

Der Faire Handel findet zwischen Organisationen in den Industrieländern und Produzenten bzw. Produzentenkooperativen in den Entwicklungsländern statt. Bezogen auf das Zwei-Länder/zwei-Güter-Modell von Heckscher und Ohlin bedeutet dies, dass eines der beiden Länder eine Industrienation und das andere ein Entwicklungsland sein muss. Im Folgenden wird davon ausgegangen, dass das Inland ein Industrieland ist. Der Handel zwischen den beiden Ländern findet unter den bereits festgelegten Annahmen aus Abschnitt 5.1.2 statt.

Beide Länder haben die Möglichkeit, die zwei Güter X und Y herzustellen. Zur Produktion dieser Güter werden die Produktionsfaktoren Arbeit und Kapital benötigt. Das Inland ist vergleichsweise reichlich mit dem Produktionsfaktor Kapital ausgestattet, während das Ausland reichlich mit dem Produktionsfaktor Arbeit ausgestattet ist. Findet der Handel zwischen den beiden Ländern statt, so wird folglich das Inland das kapitalintensive Produkt Y und das Ausland das arbeitsintensive Produkt X exportieren.

Es wird nun die Annahme getroffen, dass das Ausland die Möglichkeit hat, die gesamte Produktionsmenge des arbeitsintensiven Gutes über die Vertriebswege des Fairen Handels zu exportieren. Die Produzenten des arbeitsintensiven Gutes im Ausland erhalten demnach für jede exportierte Einheit des Gutes X einen Fair Trade-Aufschlag. Die Teilnahme am Fairen Handel und die Mehreinnahmen für die Produkte sind aber an bestimmte Bedingungen gekoppelt. Das Einhalten von definierten Standards in der Produktion gehört ebenso dazu, wie die Berücksichtigung der Lebens- und Arbeitsbedingungen der Produzenten. Die Umsetzung der sozialen und ökologischen Vorgaben verursacht jedoch auch höhere Kosten. Diese Mehrkosten entstehen durch Maßnahmen, wie die Zahlung eines höheren Lohnes an die Produzenten oder die Umstellung auf eine umweltgerechte Produktion. Die Produktion des Gutes X wird für das Ausland teurer. Das hat zur Folge, dass sich das Verhältnis der Güterpreise im Ausland ändert.

In den Abbildungen 9-5 und 9-6 wurde deutlich, dass die Preisgerade im Inland steiler ist als die Preisgerade im Ausland. Grund dafür ist das größere Verhältnis der Güterpreise $\frac{p_x}{p_y}$ im Inland

$$\frac{p_x^I}{p_y} > \frac{p_x^A}{p_y}.$$

Steigt der Preis für das Gut X im Ausland, so ändert sich auch das Verhältnis der Preise für beide Güter zueinander. Das Verhältnis des Preises für das Gut X zum Preis des Gutes Y unter den Bedingungen des Fairen Handels (FH) wird durch $\frac{p_x^A}{p_y}(FH)$ angegeben.

$$\frac{p_x^A}{p_y}(FH) > \frac{p_x^A}{p_y}$$

Das Verhältnis $\frac{p_x^A}{p_y}(FH)$ führt zu einem neuen Schnittpunkt mit der Transformationskurve und zum Übergang zu einer höheren Indifferenzkurve. In Abbildung 9-9a ist die Situation des Auslandes dargestellt, wenn die Produktion und der Export der Produkte zu den Bedingungen des konventionellen Handels erfolgen. Kommt es zu einer Handelsbeziehung unter den Bedingungen des Fairen Handels, stellt sich die Situation des Auslandes wie in Abbildung 9-9b dar.

Abbildung 9-9a zeigt die Änderung der Produktion im Ausland, wenn es zu Außenhandel kommt. Die arbeitsintensive Produktion von Gut X wird aufgrund der Spezialisierung ausgebaut. Es wird mehr von diesem Produkt produziert (x_G) und ein Teil (x_y-x_1) davon exportiert. Die kapitalintensive Produktion des Gutes Y wird eingeschränkt (y_G), und es kommt zum Import der zusätzlich benötigten Menge. Abbildung 9-9b zeigt die Änderung der Produktion, wenn der Außenhandel zu den Bedingungen des Fairen Handels stattfindet. Das Verhältnis des Preises des arbeitsintensiven Gutes zum Preis des kapitalintensiven Gutes ist größer als im Falle des traditionellen Außenhandels. Daher verläuft die neue Preisgerade P(FH) steiler als die ursprüngliche Preisgerade P(A).

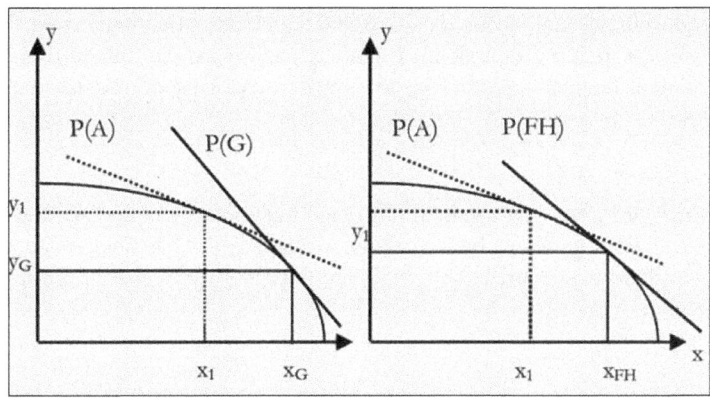

Abb. 9-9 a, b: Preiserhöhung durch Fairen Handel[373]

Wie in Abbildung 9-5 und 9-6 deutlich gemacht wurde, ist der Außenhandel bis zu dem Gleichgewichtspreis P(G) begrenzt. Im Falle des Fairen Handels wird die Konstellation eines Gleichgewichtspreises eher erreicht. Die produzierte Menge des Gutes X im Falle des traditionellen Außenhandels ist also größer als die produzierte Menge des gleichen Gutes unter den Bedingungen des Fairen Handels

$$x_G > x_{FH}$$

Durch die Einschränkung der Produktion des arbeitsintensiven Gutes stehen im Ausland mehr Ressourcen für die Produktion des kapitalintensiven Gutes zur Verfügung. Die produzierte Menge des Gutes Y im Fairen Handel ist also größer als die produzierte Menge im konventionellen Handel

$$y_{FH} > y_G.$$

Durch die Veränderung des Preises für das Gut X im Ausland ändert sich der Gleichgewichtspreis auf dem internationalen Markt. In der folgenden Abbildung 9-10 ist die Einstellung eines Gleichgewichtspreises P_G dargestellt, der sich ergibt, wenn es zu Außenhandel zwischen dem Inland und dem Ausland kommt. Durch die Angebots- und Nachfragekurven ergeben sich im Falle der Autokratie im In- und Ausland die Preise p^i und p^a, zu denen das Gut X im Inland mit der Menge x^i und im Ausland mit der Menge

---

[373] Eigene Darstellung

x^a hergestellt werden kann. Im Ausland kann das arbeitsintensive Gut X billiger hergestellt werden als im Inland, deshalb wird das Inland dieses Gut importieren. Die Menge der Exporte aus dem Ausland ergibt sich dann wie folgt:

$$x_2^a - x_1^a = x_2^i - x_1^i$$

Da bei P_G im Entwicklungsland ein Angebotsüberschuss und im Industrieland ein Nachfrageüberschuss vorliegt, können x2ª –x1ª Einheiten vom Entwicklungsland exportiert bzw. x2ⁱ-x1ⁱ Einheiten vom Industrieland importiert werden.

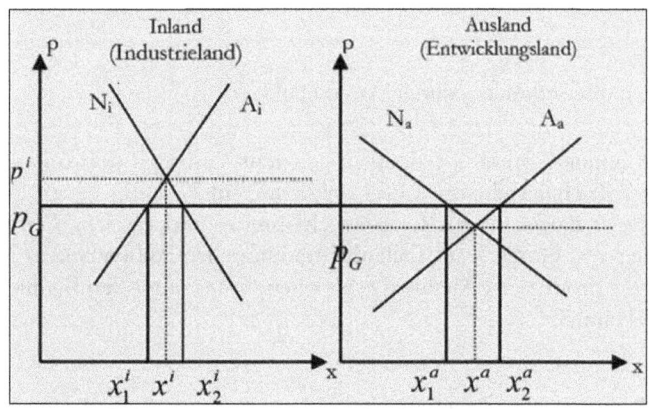

Abb. 9-10: Gleichgewichtspreis bei Außenhandel[374]

Im Falle des Fairen Handels steigt aber der Preis für das zu exportierende Gut X im Ausland oder vom Importland zu importierende Gut X. Unter der Annahme, dass das Inland das betrachtete Gut ausschließlich unter den Bedingungen des Fairen Handels von den Produzenten im Ausland abnimmt, wird sich die Menge des Gutes, die das Inland importiert, verringern. Abbildung 9-11 zeigt die Auswirkungen des Fairen Handels auf den Preis des Gutes X im In- und Ausland.

---

[374] Borchert 2001; S. 357.

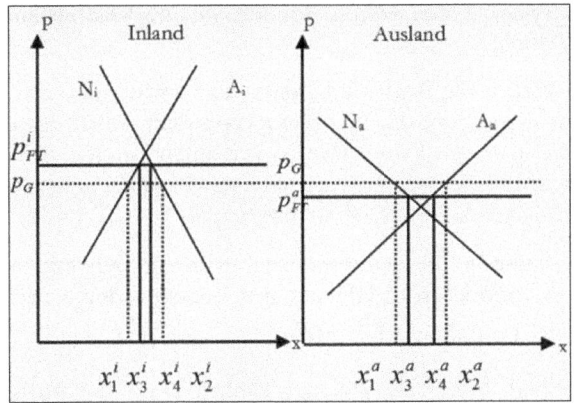

Abb. 9-11: Entwicklung der Preise bei Fairem Handel[375]

Die Exporte des Produktes X aus dem Ausland ergeben sich dann in der Menge:

$$x_4^a - x_3^a = x_4^i - x_3^i$$

Die Exportmenge des Gutes X wird durch den Preis des Fairen Handel begrenzt. Die Erhöhung der Preise für die Produkte des Fairen Handels hat die gleichen Auswirkungen wie ein Zoll. Der Gleichgewichtspreis stellt sich auf einem höheren Niveau ein. Das Inland wird zu diesem neuen Gleichgewichtspreis eine geringere Menge des Gutes X importieren. Die Betrachtung der Opportunitätskosten zeigt, dass die Erhöhung der Eigenproduktion und die Reduzierung der Importe des Gutes X mit Kosteneinsparungen einhergehen.

In Abschnitt 5.1.2 wurde gezeigt, dass es durch Außenhandel zu einer Erhöhung der Wohlfahrt der am Außenhandel beteiligten Länder kommt. Dies geschieht durch die Intensivierung der Produktion des Gutes, bei welcher es in hohem Maße dem Einsatz des im Land reichlich vorhandenen Produktionsfaktors bedarf. Die Produktion dieses Gutes wird durch den Außenhandel verstärkt angeregt, während die Produktion des jeweils anderen Gutes eingeschränkt wird.

---

[375] Borchert 2001; S. 359.

Zu 6.1 Die Wirkung des Fairen Handels in Entwicklungsländern / Ökonomische Wirkung

Steinrücken vertritt die Auffassung, dass der Gewinn, der sich für die Produzenten aus dem Fairen Handel ergibt, von dem Anteil der Produkte abhängt, den sie über den Fairen Handel verkaufen können. Sein Beispiel für das Produkt Kaffee lässt sich auf alle anderen Produkte, die im Rahmen des Fairen Handels von Bedeutung sind, übertragen.

Die Gewinnfunktion für den Produzenten ergibt sich im Fairen Handel sowie im konventionellen Handel aus den Verkaufserlösen nach Abzug der Kosten für die Produktion. Die Menge x_W die über den konventionellen Handel zu einem Preis von p_W pro Einheit verkauft wird, geht mit den Kosten k_W pro produzierte Einheit einher. Unter den Voraussetzungen des Fairen Handels wird die Menge x_F zu den Kosten k_F pro Einheit produziert. Die Produzenten erhalten für den Verkauf der Güter an die Importorganisationen des Fairen Handels einen Preis in Höhe von p_F pro Einheit. Für den Produzenten ist der Faire Handel mit einem Vorteil verbunden, wenn der dadurch erzielte Gewinn größer ist, als es bei einer ausschließlichen Vermarktung über den konventionellen Markt der Fall wäre. Die Gewinnfunktion unter Berücksichtigung einer Produktion nach den ökologischen und sozialen Standards des Fairen Handels und dem daraus folgenden Verkauf der Produkte an Fair-Handelshäuser, ergibt sich wie folgt:[376]

$$G = (p_W x_W + p_F x_F) - (k_F x_W + k_F x_F) \qquad k_F > k_W$$
$$p_F > p_W$$

Die Umstellung der Produktion nach vorgegebenen ökologischen Standards und die Umstellung der Arbeitsbedingungen auf der Grundlage sozialer Standards gehen mit zusätzlichen Kosten einher. Dabei ist zu beachten, dass die Kosten (k_F) für die gesamte Produktion steigen, auch wenn nur ein Teil der Produkte über den Fairen Handel vertrieben werden kann. Der Anteil, der an Fair-Handelshäuser verkauft werden kann, wird mit α bezeichnet. Eingesetzt in die Gewinnfunktion, ergibt sich die folgende Gleichung:

---

[376] Steinrücken; 2003; S. 13–17.

$$G = [p_W(1-\alpha)x + p_F\alpha x] - [(k_F(1-\alpha)x + k_F\alpha x]$$

Der Faire Handel führt immer dann zu einem Vorteil für den Produzenten, wenn der Gewinn, der sich aus dem Verkauf der Produkte ergibt, den Gewinn übersteigt, den der Produzent bei der Beibehaltung der konventionellen Produktionsweise und dem anschließenden Vertrieb der Güter über den konventionellen Handel erzielt hätte.

$$p_W(1-\alpha)x + p_F\alpha x - k_F(1-\alpha)x - k_F\alpha x > p_W x - k_W x$$

$$p_W - \alpha p_W + p_F\alpha - k_F + \alpha k_F - k_F\alpha > p_W - k_W$$

Aus dem Vergleich der Gewinnfunktion des Gutes unter den Bedingungen des Fairen Handels mit der Gewinnfunktion des Gutes, unter den Bedingungen des konventionellen Handels, ergibt sich ein Grenzwert α, welcher anzeigt, wie hoch der Anteil der Fair gehandelten Produkte an der gesamten Vertriebsmenge sein muss, damit sich die Partnerschaft mit einer Fair-Handelsorganisation lohnt:

$$\alpha(-p_W + p_F + k_F - k_F) > p_W - k_W - p_W + k_F$$

$$\alpha > \frac{k_F - k_W}{p_F - p_W}$$

Ist α größer als der Quotient $\frac{k_F - k_W}{p_F - p_W}$, so lohnt es sich für den Produzenten, eine Partnerschaft mit einem Fair-Handelshaus aufzunehmen. Ist α kleiner als der Quotient $\frac{k_F - k_W}{p_F - p_W}$, so ist es für den Produzenten vorteilhafter, seine Produkte nur auf dem konventionellen Markt zu verkaufen. Deutlich wird, dass der Grenzwert des Anteils α von dem Unterschied des Preises für das fair gehandelte Gut zum Weltmarktpreis und den Kosten zur Umsetzung der Fair-Handelsbedingungen abhängt. Je geringer der Preis für das betrachtete Produkt auf dem Weltmarkt ist, umso günstiger ist es für den Produzenten, seine Produkte an Fair-Handelsorganisationen zu verkaufen. In der Berechnung von Steinrücken finden jedoch nur die ökonomischen Auswirkungen auf den Produzenten Beachtung, die sozialen und ökologischen Vorteile, die der Produzent durch den Fairen Handel erlangt, werden vernachlässigt, so wie es auch schon in den handelstheoretischen Überlegungen des vorherigen Kapitels der Fall war. Dabei wird in manchen Studien darauf hingewiesen, dass die „non-income impacts of Fairtrade are at least as important as income benefits for smallholder farmers."[377] Beispielhaft kann die Erhaltung von Böden durch organischen Anbau genannt werden.

---

[377] Nelson, Pound; 2009; S. 17ff.

Literatur

4C Association: Our members; http://www.4c-coffeeassociation.org/members/our-members.html#2, Stand 18.02.2014.

4C Association: What is the 4C association? http://www.globalcoffeeplatform.org/; Stand: 22.05.2017.

Anderson, K.: The future agenda of the WTO; in: The WTO Secretariat (Hrsg.): From GATT to WTO: The multilateral trading system in the new millennium; o. O. 2000; S. 7–33.

Andorfer, A., Liebe, U.: Do information, price, or morals influence consumption? A natural field experiment and customer survey on the purchase of Fair Trade coffee, in: Social Science Research 52 (2015), S. 330–350.

Atkinson, G., Dubourg, R., Hamilton, K., Munasinghe, M., Pearce, D.W., Jan, C.: Measuring Sustainable Development, Cheltenham 1997.

Auswärtiges Amt: OECD/DAC; 2004; www.auswärtiges-amt.de/www/de/aussenpolitik/aussenwirtschaft/entwicklung/dac_html; Stand: 21.04.2005.

Auswärtiges Amt: Die WTO und die neue Handelsrunde; http://www.auswaertigesamt.de/diplo/de/Aussenpolitik/Weltwirtschaft/WirtschaftEntwicklung/WTO.html; Stand: 24.02.2008.

Banafair: Preiskalkulation Bio- & Fair-Trade-Bananen; http://www.banafair.de/banane/preis.htm; Stand: 04.03.2008.

Baumgärtner, Quaas: What is Sustainability Economics? In: Ecological Economics, Vol.69, No.3, 2010, S. 445–450.

Becchetti, L., Huybrechts, B.: The Dynamics of Fair Trade as a Mixed-form Market; in: Journal of Business Ethics; H. 4; 81. Jg.; 2008; S. 733–750.

BMZ: Auf dem Weg zur Halbierung der Armut. 2. Zwischenbericht über den Stand der Umsetzung des Aktionsprogramms 2015; 2003

BMZ: Public Private Partnership (PPP) in der Deutschen Entwicklungszusammenarbeit; Bonn 2005.

BMZ: Investitionsvolumen der Entwicklungspartnerschaften; http://www.bmz.de/de/was_wir_machen/themen/wirtschaft/privatwirtschaft/entwicklungspartnerschaften/index.html#t2; Stand 01.03.2011.

BMZ: Public Private Partnership (PPP); 2004; http://www.bmz.de/themen/Handlungsfelder/ppp; Stand: 08.02.2005.

Borchert, M.: Außenwirtschaftslehre. Theorie und Politik; 7., überarbeitete Aufl.; Wiesbaden 2001.

Boris, J.-P.: (Un)Fair Trade: Das profitable Geschäft mit unserem schlechten Gewissen; Paris 2005.

Bossel, H.: Koexistenz von Natur- und Humansystemen: Zur Notwendigkeit einer Ethik der Nachhaltigkeit, in: Beckenbach, F. u. a. (Hrsg.): Soziale Nachhaltigkeit, Jahrbuch Ökologische Ökonomik, Marburg 2007, S. 73–98

Bourdieu, P.: Ökonomisches Kapital, kulturelles Kapital, soziales Kapital, in: Kreckel, R. (Hrsg.): Soziale Ungleichheiten, Göttingen 1983, S. 183–198.

Bowen, B.: Let's go fair! In: EFTA (Hrsg.): Fair Trade Yearbook; 2004.

Braun, J. v.; Grote, U.; Jütting, J.: Zukunft der Entwicklungszusammenarbeit; ZEF – Discussion Papers On Development Policy; Nr. 24; Center for Development Research Bonn 2000.

Brenton, P.: Integrating the Least Developed Countries into the World Trading System: The Current Impact of EU Preferences under Everything But Arms; The World Bank; Washington 2003.

Brot für die Welt, eed, BUND: Zukunftsfähiges Deutschland in einer globalisierten Welt, 2. Aufl.; Frankfurt 2008.

Brück, C. (TransFair e.V.): Neue Tendenzen im Fairen Handel; Köln 2007.

Bundesministerium für Umwelt, Naturschutz und Reaktorsicherheit: Agenda 21.

Bundesministerium für wirtschaftliche Zusammenarbeit und Entwicklung: Unternehmerische Verantwortung aus entwicklungspolitischer Perspektive, BMZ Spezial 167, Berlin 2009

BSD Consulting: Assessing the benefits of Fairtrade Orange Juice for Brazilian Small Farmers. Mandated by Max Havelaar Netherlands and Max Havelaar Switzerland, Sao Paulo 2014.

Campbell, C.L. et al.: Consumrs' reaction to fair trade motivated price increases, in: Journal of retailing and Consumer Services 24 (2015), S. 79–94.

CEval Saarland University: Assessing the Impact of Fairtrade on Poverty Reduction through Rural Development, Commissioned by Transfair Germany and Mx Havelaar Foundation Switzerland, Saarbrücken 2012.

CEval: Verändert der Faire Handel die Gesellschaft?, Abschlussbericht, Saarbrücken 2016.

Claar, V.V., Haight, C.E.: Is Fair Trade Worth Ist Cost?, in Faith & Economics, No. 65, 2015, S. 23–34.

Chandra, R.: Regionalstudie Südasien, in: Misereor, Brot für die Welt, Friedrich-Ebert-Stiftung (Hrsg.): Entwicklungspolitische Wirkungen des Fairen Handels, Aachen 2011, S. 211–226.

Charity Siegel: Entwicklungsprojekt Cacaonica; 2005-2007; www.charity-Siegel. com/de/projektdetails; Stand: 05.10.2007.

Collier, P.: The Bottom Billion, New York 2007.

Commission of the European Communities; http://www.justice. gov/ criminal/ cybercrime/intl/netsec_comm.pdf; 2001, S. 7.

Daly, H. E.: Steady-State Economics, 2.Ed. Washington 1991

Daly, H. E.: Toward some operational Principals of Sustainable Development, in Ecological Economics, Vol.2, No.1, 1990, S. 1–6

Daly, H. E.: Wirtschaft jenseits von Wachstum – die Volkswirtschaftslehre nachhaltiger Entwicklung, Salzburg, München 1999.

Dasgupta, P., Heal, G.: The optimal Depletion of Exhaustible Resources, in: The Review of Economic Studies Symposium, 41. Jg. 1974, S. 3–28.

Davies, I., Ryals, L.: The Role of Social Capital in the Success of Fair Trade; in: Journal of Business Ethics; H. 2; 96. Jg.; 2010, S. 317–338.

Deutsche UNESCO-Kommission e.V.: http://www.unesco.de/2577.html? &L=0, Abruf 02.06.2010.

de Carlo, L.: Corporate Social Responsibility – Möglichkeiten zur Unterstützung durch die deutsche EZ, Deutsches Institut für Entwicklungspolitik, Bonn, 2004.

Develtere, P.; Pollet, I.: Co-operatives and Fair Trade (COPAC); Leuven 2005.

Die Bundesregierung (BMZ): Aktionsprogramm 2015: Armut bekämpfen. Gemeinsam handeln. Der Beitrag der Bundesregierung zur weltweiten Halbierung extremer Armut; BMZ-Materialien Nr. 106; 2. Aufl.; Bonn 2003.

Dieckheuer, G.: Internationale Wirtschaftsbeziehungen; 5. Aufl.; München 2001.

Die VERBRAUCHER INITIATIVE e.V.: Begleitmaterial Fairer Handel; http://www.oeko-fair.de/media/file/60.64.pdf; Stand: 22.03.2011; S. 1.

Diefenbacher, H. et al.: Aktualisierung und methodische Überarbeitung des nationalen Wohlfahrtsindex 2.0 für Deutschland 1991 bis 2012, Dessau-Roßlau 2016.

Dietz, H.-M.: Die Wirkungen des Fairen Handels bei seinen Partnern im Süden – Einführung und Kommentierung der Regionalstudien, in: Misereor, Brot für die Welt, Friedrich-Ebert-Stiftung (Hrsg.): Entwicklungspolitische Wirkungen des Fairen Handels, Beiträge zur Diskussion, Aachen 2000, S. 185–210.

Diop, D.: After fair trade: fair products; in: Information for agriculture development in ACP countries; H. 80; S. 16; http://spore.cta.int/Spore80/SPOPDFGB80/VIEWSPGB.pdf; Stand: 08.02.2005.

Dolan, C. S.: Virtual Moralities: The Mainstreaming of Fairtrade in Kenyan tea fields, in: Geoforum, H. 1, 41. Jg., 2008; S. 33–43.

Dragusanu, R. et al: The Economics of Fair Trade, in: Journal of Economic Perspectives Vol. 28 Number 3, 2014, S. 217–236.

Drèze, J., Senn, A.: Indien. Ein Land und seine Widersprüche, München 2014.

Dresdner, S.: The principles of sustainability, London 2008.

Durth, R.; Körner; H.; Michaelowa, K.: Neue Entwicklungsökonomie. Stuttgart 2002.

EFTA: Fair Trade: Let's go fair; Brüssel 1998; http://www.eftaFairTrade.org/Document.asp?DocID=33&tod=16158; Stand: 11.11. 2004.

EFTA: Fair Trade Yearbook; 2001; http://www.eftaFair Trade.org/yearbook. asp; Stand: 11.11.2004.

EFTA: European Fair Trade Association; https://european-fair-trade-association.org/efta/members.php; Stand: 2015.

EG-Vertrag: 3. Teil – Die Politik der Gemeinschaft; Artikel 177; 1997; http://dejure.org/gesetze/EG; Stand: 06.01.2008.

El Puente: Preiskalkulation; http://www.el-puente.de/index.php?page=2/6&key =1076898061; Stand: 04.03.2008.

Endress, A.: Umweltökonomie, 3. Aufl., Stuttgart 2007.

Enquete-Kommission „Schutz des Menschen und der Umwelt": Konzept Nachhaltigkeit. Abschlussbericht, Bonn 1998.

Enquete-Kommission: Schlussbericht. Globalisierung und Weltwirtschaft – Herausforderungen und Antworten; Waren- und Dienstleistungsmärkte; Berlin 2002; S. 119–200.

Ethical Trading Initiative (ETI): http://www.ethicaltrade.org; Stand: 15.04.2005.

Europäische Gemeinschaft: Partnerschaftsabkommen Cotonou; Amtsblatt L317; Brüssel 2000; http://eur-lex.europa.eu/LexUriServ/site/de/oj/2000/ l_317/l_31720001215de00030286.pdf; Stand 29.03.2011.

Europäische Kommission: Globalisierung als Chance für alle. Die Europäische Union und der Welthandel; Luxemburg 2002.

Europäische Kommission: The EU and the WTO; www.europa.eu.int/comm/trade/issues/newround/index.en.htm; Stand: 28.10.2004.

Europäische Kommission: Fairer Handel; http://europa.eu/rapid/ pressReleasesAction.do?reference=IP/99/937&format=HTML&aged=1&language =DE&guiLanguage=en; 1999; Stand: 22.02.2011.

Europäische Kommission: Eurostat Jahrbuch 2004. Der statistische Wegweiser durch Europa; o. O. 2004.

Europäische Kommission: Der Zugang von KMU zu öffentlichen Aufträgen; Brüssel 2004.

Europäische Union: Verordnung (EG) Nr. 980/2005 des Rates vom 27. Juni 2005 über ein Schema allgemeiner Zollpräferenzen.

Europäische Union (DG Trade of the European Commission): Report on EU Market access for developing countries and the potential for preference erosion; o. O. 2006.

Fairtrade Deutschland: Fairtrade bewegt. Der faire Handel als demokratische Bewegung in Süd und Nord, Beilage zur Ausgabe Welt-Sichten 6-2014

Fairtrade Deutschland: Fairtrade Standards; https://www.fairtrade-deutschland.de/was-ist-fairtrade/fairtrade-standards.html; Stand: 24.05.2017.

Fairtrade Deutschland: Fairtrade-Standards bei Mischprodukten https://www.fairtrade-deutschland.de/was-ist-fairtrade/fairtrade-standards/misch produkte Stand 22.4.2017

Fairtrade Deutschland: Fairtrade-Klima-Standard: Ihr Vorsprung durch Klimaschutz-Engagement; https://www.fairtrade-deutschland.de/was-ist -fair trade/fairtrade-standards/fairtrade-klima-standard.html; Stand: 06.06.2017.

Fairtrade Deutschland: Fairtrade-Standards-Mindespreis und Prämie; https:// www.fairtrade-deutschland.de/was-ist-fairtrade/fairtrade-stand ards/ mindestpreis-und-praemie.html; Stand: 18.05.2017.

Fairtrade Deutschland: Organisation und Struktur; https://www.fairtrade-deutschland.de/was-ist-fairtrade/fairtrade-system.html; Stand: 18.05.2017

Fairtrade Deutschland: Politische Fordrungen von Transfair e.V. Köln, Januar 2017.

Fairtrade Foundation: Fairtrade and Fairmined Gold-Empowering responsible artisanal and small-scale miners; January 2011.

Fairtrade International: Changing Trade, Changing Lives 2016–2020. https://www.fairtrade.net/about-fairtrade/our-vision/our-strategy.html; Stand: 18.05.2017.

Fairtrade International: Driving Sales, Deepening Impact. Annual Report 2015-2016; Bonn 2016.

Fairtrade International: Fairtrade-Kaffee https://www.fairtrade-deutsch land.de/produkte-de/kaffee/hintergrund-fairtrade-kaffee.html; Stand: 18.05.2017.

Fairtrade International: Fairtrade Standard for Hired Labour, Bonn 2014.

Fairtrade International: For Producers, with Producers. Annual Report 2011-2012, Bonn 2012.

Fairtrade International: Liaison officers; https://www.fairtrade.net/producers/support-for-producers/liaison-officers.html; Stand: 18.05.2017.

Fairtrade International: Monitoring the scope and benefits of Fairtrade; 7th edition; Bonn 2015.

Fairtrade International: Producer ownership of Fairtrade moves to new level; https://www.fairtrade.net/new/latest-news/single-view/article/producer-ownership-of-fairtrade-moves-to-new-level.html; Stand: 18.05.2017.

Fairtrade International: Producer Services and Relations Unit. https://www.fairtrade.net/producers/support-for-producers/producer-services-and-relations.html; Stand: 18.05.2017.

Fairtrade International: Unlocking the Power of the Many; https://www.fairtrade.net/about-fairtrade/our-vision/our-strategy-2013-2015.html; Stand 18.05.2017.

Fair Trade Labelling Organization (FLO): http://www.FairTrade.net/our_members.0.html; Stand: 23.03.2011.

Fair Trade Labelling Organization (FLO): http://www.trans fair.org/ueber-Fair Trade/was-ist-FairTrade/struktur-und-organisationen/produzenten netzwerke.html Stand: 22.03.2011.

Fair Trade Labelling Organizations International (FLO): Generic Fair Trade Standards; 2003; http://www.FairTrade.net/sites/standards/standards.html; Stand: 17.04.2005.

Fair Trade Labelling Organizations International (FLO): Generic Fair Trade Standards for Small Farmers' Organizations; http://www.Fair Trade.net/producer_standards.html; Bonn 2007.

Fair Trade Labelling Organizations International (FLO): Growing Stronger Together; Annual Report 2009/10, Bonn 2010.

Fair Trade Labelling Organizations International (FLO): Shaping Global Partnerships; Annual Report 2006/07; Bonn 2007.

Fair Trade Labelling Organizations International (Hrsg.): Fairtrade International, Challenge and Opportunity; Annual Review 2010–11; S. 22.

Fair Trade Tourism, http://www.fairtrade.travel/Home/; Stand: 31.05.2017.

Fairtrade Towns: http://www.fairtradetowns.org; Stand: 31.05.2017.

FAOSTAT 2009, Food And Agriculture Organization Of The United Nations, http://faostat.fao.org/, Stand 01.09.2011.

FTAO: Fair Trade Advocacy Office. http://www.fairtrade-advocacy.org /about-us-27/who-we-are; Stand: 06.05.2013.

Feenstra, R. C.: Advanced International Trade. Theory and Evidence, New Jersey 2004.

FINE (Fair Trade Advocacy Office): Fair Trade rules! Positionspapier der weltweiten Fair-Handelsbewegung zur 6. Ministerkonferenz in Hongkong; Belgien 2005.

Fischermann, T.: Zu zweit gegen den Rest der Welt; in: Die Zeit; H. 48; 2003; S. 28.

FI, Alliance for Responsible Mining: Fairtrade and Fairmined Gold, Empowering Responsible artisanal and small-scale miners, A Fair Trade Foundation and Alliance for Responsible Mining Report, http://www.communi tymining.org/attachments/134_FT_Gold_policy _report_2011_download. pdf, downloaded pdf 02.02.2011.

FI: The Fairtrade System; https://www.fairtrade.net/about-fairtrade/ fairtrade-system.html; Stand: 18.05.2017.

Food and Agriculture Organization of the United Nations; http://faostat. fao. org/; Stand: 27.07.2010.

Fortune Global 500; http://money.cnn.com/magazines/fortune//glob al500/2007/full_list/ Stand: 20.08.2007.

Forum Fairer Handel: Fact-Sheet: Trends und Entwicklungen im Fairen Handel 2010, http://www.Fairtrade.de/cms/media//pdf/Zahlen_des_ Fairen_Handels_2009.pdf, Stand:29.03.2011.

Fragel, J.: Süße Schokolade gegen bittere Armut, in: Fragel, Jan (Hrsg.): Señor Alvarez kämpft und gewinnt – Porträts aus Nicaragua; Bad Honnef 2006.

Frenz, W. Unnerstall, H.: Nachhaltige Entwicklung im Europarecht, Baden-Baden 1999.

Fridell, G.: The fair trade network in historical perspective; in: Canadian Journal of development studies; Bd. 25; 2004.

Fuchs, H.; Kamp, C. (Informationsdienst Tourismus und Entwicklung): Fairer Handel(n) – auch im Tourismus! Sofortiger Stop der GATS-Verhandlungen gefordert; 2002; https://www.tourism-watch.de/content/fairer-handeln-auch-im-tourismus; Stand: 31.05.2017.

Ghalib, A.K., Hossain, F.: Social Business Enterprises – Maximizing Social Benefits or Maximizing Profits? The case of Grameen-Danone Foods Limited, The University of Manchester Brooks World Poverty Institute, BWPI Working Paper 51, July 2008.

GATT: General Most-Favoured-Nation Treatment; Article I (1); http://www.wto.org/english/docs_e/legal_e/gatt47_01_e.htm#articleI_1; Stand 29.03.2011.

GEPA – The Fair Trade Company; http://www.gepa.de/fileadmin/user_upload/Info/Hintergrundinfo/ZahlenDatenFakten_D_07-16_web.pdf. Stand: 17.05.2017.

GEPA – The Fair Trade Company: Weltläden; www.fairtrade.de/Index.php/mID/3.2.2/lan/de, Stand: 18.05.2017.

Giovannucci, D.; Kroekoek, F.-J.: The state of sustainable coffee. A study of twelve major markets; International Coffee Organization; o. O. 2003.

GlobScan: Shopping Choices Can Make a Positive Difference to Farmers and Workers, in: Developing CCountries: Global Poll. 2011.

Gould, D.M.; Gruben, W.C.: Will fair trade diminish free trade? In: Business Economics; Bd. 32; H. 2; 1997; S. 7–13.

Göbel, E.; Gerechter Tausch – (nur) eine Frage der Rahmenbedingungen?; In: Eigner, C.; Weibel, P. (Hrsg.): UN/Fair Trade – Die Kunst der Gerechtigkeit; Wien; 2007; S. 166–179.

Hartwick, J.M.: Intergenerational Equity and the Investing of Rents from Exhaustible Resources, in: American Economic Review, 67 /1977, S. 972 –974.

Hauff, M., v.: Fair Trade. Ein Konzept nachhaltiger Entwicklung, Wiesbaden 2014.

Hauff, M., v.: Nachhaltige Entwicklung – Grundlagen und Umsetzung, 2. Aufl., München 2014.

Hauff, M., v.: The Relationship between Justice and Education: Effects on the Creation of Human Capital in India, in: Deva Swati (e.d.): Low and (In) Equalities contemporary Perspectives, New Delhi, 2010, S. 259–287

Hauff, M., v., Jörg, A.: Innovationen im Kontext nachhaltiger Entwicklung, in: Hagemann, H., v. Hauff., M. (Hrsg.): Nachhaltige Entwicklung-das neue Paradigma in der Ökonomie, Marburg 2010, S. 185–212.

Hauff, M., v., Jörg, A.: Nachhaltiges Wachstum, 2. Aufl., München 2017.

Hauff, M., v., Kuhnke, C., Hobelsberger, C.: Sustainable Development Policy, in: v. Hauff, M., Kuhnke, C. (eds.): Sustainable Development Policy. European Perspective, New York 2017, S. 3–23.

Hauff, M., v., Mistri, A.: Economic Development and Water Sustainability – Study from an Emerging Nation, India, Delhi 2016.

Hauff, M., v.; Schiffer, H.: Soziale Nachhaltigkeit im Kontext der Neuen Institutionsökonomik, Volkswirtschaftliche Diskussionsbeiträge an der Technischen Universität Kaiserslautern, Nr. 30-10, Kaiserslautern 2010.

Hauff, V.: Unsere gemeinsame Zukunft – Der Brundtland-Bericht der Weltkommission für Umwelt und Entwicklung, Greven 1987.

Hauser, E.: „Gerechter Agrarhandel" aus Sicht der Produzenten/innen; in: Lanje, K. (Hrsg.); a.a.O.

Hemmer, H.-R.: Wirtschaftsprobleme der Entwicklungsländer. 3. Aufl.; München 2002.

Hillebrand, B. u.a.: Nachhaltige Entwicklung in Deutschland – ausgewählte Problemfelder und Lösungsansätze; Untersuchungen des Rheinisch-Westfälischen Instituts für Wirtschaftsforschung, Nr. 36, Essen 2000.

Hoegen, M.: Auf den Spuren der Schweiz; in: Frankfurter Rundschau; Nr. 284; 59. Jg. (2003); S. 12.

Holstein, L.: Nachhaltigkeit und neoklassische Ökonomie, Marburg 2003.

Holz, U.: Probleme und Perspektiven der Entwicklungspolitik, in: Holz, U. (Hrsg.): Probleme der Entwicklungspolitik; CICERO-Schriftenreihe; Bd. 2; Bonn 1997; S. 11–98.

Hopkins, R.: Impact Assessment Study of Oxfam Fair Trade. Final Report; 2000; http://www.komment.at/dokumente/download; Stand: 08.02.2004.

Humbert, F.; Jaspers, L. (Oxfam Deutschland): Ist die Kaffeekrise nun vorüber?; Berlin 2007.

Husted, S.; Melvin, Michael: International Economics. 7th Edition; Boston 2007.

IFAT: www.ifat.org; Stand 02.03.2008.

Imhof, S.; Lee, A.: Assessing the Potential of Fair Trade for Poverty Reduction and Conflict Prevention: A Case Study of Bolivian Coffee Producers, Seco (Schweizerisches Staatssekretariat Wirtschaft); University of Basel; Basel 2007.

Immel, K. A. (DWHH): Afrikas Anteil am Welthandel; 2004; www.welthungerhilfe.de/WHHDE/aktuelles/infografiken/texte/afrika_ handel_ doc.doc; Stand: 22.04.2005.

International Co-operative Alliance: Defintion of Co-operatives; www.ica.coop/ en/whats-co-op/co-operative-identity-values-principles; Stand: 17.05.2017.

International Monetary Fund: Data and Statistics; www.imf.org/exter nal/data. htm#data; Stand: 20.08.2007.

Jackson, T.: Wohlstand ohne Wachstum, München 2011.

Johnson, D.: Die glückliche Bohne; in: TAZ; 25.09.2004; S. 4.

Jones, S.; u. a. (Oxford Policy Management; Sustainable Markets Group): Fair Trade: Overview, Impact, Challenges. Study to inform DFID's support to Fair Trade; Oxford London 2000.

Jung, D. (FI): Vortrag. Forum Fairer Handel – Was ist ein fairer Preis? 2005; Frankfurt/Main; 17.01.05.

Kampagne Fairtrade Schools: http://www.fairtrade-schools.de; Stand: 31.05. 2017.

Kampagne Fairtrade Towns: http://www.fairtrade-towns.de; Stand : 31.05.2017.

Kaufmann, B., Hensel, O.: Sustainable agriculture, in: v. Hauff, M., Kuhnke, C. (eds.): Sustainable Development Policy. A European Perspective, New York 2017, S. 317-337.

Koch, E.: Globalisierung: Wirtschaft und Politik. Chancen – Risiken – Antworten, Wiesbaden 2014.

Kocken, M.: 50 Jahre Fairer Handel – Eine kurze geschichtliche Darstellung der Bewegung des Fairen Handels; http://doku.cac.at/geschichte_ fairtrade_ byifat.pdf ; Stand: 23.11.2010.

Kogo, K.: Regionalstudie Östliches Afrika; in: Misereor, Brot für die Welt, Friedrich-Ebert-Stiftung (Hrsg.); 2000; S. 227–247.

Kommission der Europäischen Gemeinschaften, Mitteilung der Kommission an den Rat, das Europäische Parlament und den europäischen Wirtschafts-und Sozialausschuss, Brüssel 2009, S. 7.
http://trade.ec.europa.eu/doclib/docs/2009/may/tradoc_143091.pdf

Kortmann, W.: Reale Außenwirtschaftslehre. Fakten – Erklärungen – Maßnahmen; Stuttgart 1998.

Krier, J.-M.: Fachgespräch Fair Trade; Wien 2003; http://www. fairfutures.at/doku/Protokoll_des_Fachgespraeches_zum_Fairen_Handel_ Maerz2003.pdf; Stand: 24.05.2017.

Krier, J.-M.: Fair Trade in Europe. Facts and Figures on Fair Trade in 25 European countries. Fair Trade Advocacy Office; Brüssel 2005

Krier, J.-M.: Fair Trade 2007: news facts and figures from an ongoing success story – A report on Fair Trade in 33 consumer countries; Culemborg 2008.

Krugman, P. R.; Obstfeld, M.: Internationale Wirtschaft. Theorie und Politik der Außenwirtschaft; 8. Aufl.; Boston 2009.

Krugmann, P. R.; Obstfeld, M.; Melitz, M. J.: Internationale Wirtschaft. Theorie und Politik der Außenwirtschaft; 15. Aufl., Pearson 2015.

Kunz, M.: Fair Trade im Vergleich mit anderen Bemühungen, Arbeitsbedingungen in der globalen Wirtschaft zu verbessern; Wiesbaden 1999.

Lanje; K. (Hrsg.): Perspektiven für einen gerechten Agrarhandel. Konzepte, Konflikte, Kooperationen; Loccumer Protokolle 27/02; 1. Aufl.; Rehburg -Loccum 2003.

Leonard, Ralf: Bittersüße Schokolade; in: GTZ: Nachhaltiges Wirtschaften Akzente; H. 3; 2004; S. 18–21; www2.gtz.de/dokumente/akz/deu/ AKZ_ 2004_3/ Nicaragua.pdf; Stand: 05.10.2007.

Liebig, K.; Sautter, H.: Politische Wirkungen des Fairen Handels; in: Misereor, Brot für die Welt, Friedrich-Ebert-Stiftung (Hrsg.): Entwicklungspolitische Wirkungen des fairen Handels. Beiträge zur Diskussion; Aachen 2000; S. 128–132.

Liebrich, A.: Standards und Labels – Das Beispiel des Fairen Handels; in: Ulrich, P. (Hrsg.): Standards und Labels. Einsatz und Wirkung in der Entwicklungspolitik; Bd. 2; Universität St. Gallen; Institut für Wirtschaftsethik; St. Gallen 2002; S. 23–38.

Lindbeck, A.; Snower, D.J.: The Insider-Outsider Theory of Employment and Unemployment; London 1988.

Lorz, O.; Siebert, H.: Außenwirtschaft, 9. Auflage; Konstanz und München 2014.

Lübke, V.: Marketing für den Fairen Handel; in: Verbraucher Konkret; H. 3; 2002; S. 24–31; http://www.verbraucher.org /index.php/aid/360; Stand: 08.02.2005.

Lyall, A.: Assessing the Impacts of Fairtrade on Worker-Defined Forms of Empowerment on Ecuadorian Flower Plantations; http://www.fairtrade. net/ fileadmin/user_upload/content/2009/resources/140212-Worker-Empower ment-Ecuador-Flower-Plantations-final.pdf; 2014; Stand: 30.11.2016.

Maennig, W.; Wilfling, B.: Außenwirtschaft. Theorie und Politik; München 1998.

Mair, J., Schoen, O.: Social Entrepreneurial Business Models: An Exploratery Study, ESE Business School-University of Navarra, Working Paper, WP No 610, October 2005.

Majer, H.: Nachhaltige Entwicklung – Leitbild für Zukunftsfähigkeit, in: Volkswirtschaftslehre, Nr. 7, 2003, S. 935–943.

Mangalassery, S.: Neue Chancen durch Fairen Handel? Fairer versus freier Handel im Tourismus (2), in: Südasien; H. 1; 2007.

Maseland, R.; De Vaal, A.: How fair is fair trade? In: The Economist; Bd. 150; H. 3; 2002; S. 251–272.

Max Havelaar Stiftung: Gemeinsam stark: Jahres- und Wirkungsbericht 2016. https://www.maxhavelaar.ch/fileadmin/CH/Mediathek/Jahresberichte/MHCH_Jahresbericht2016_D.pdf; Stand: 26.05.2017.

Meadows, D. et al.: The Limits to Growth, New York 1972.

Michelsen, G., Fischr, D.: Sustainability and education, in: v. Hauff, M., Kuhnke, C. (eds.): Sustainable Development Policy. A European Perspective, New York 2017, S. 135–158.

Misereor; Brot für die Welt; Friedrich-Ebert-Stiftung (Hrsg.): Entwicklungspolitische Wirkungen des fairen Handels. Beiträge zur Diskussion; Aachen 2000.

Mishan, E.J.: The cost of economic growth, London 1969.

Moore, G.: The Fair Trade Movement: Parameters, Issues and Future Research, in: Journal Business Ethics, No 1-2, 53 Jg., 2004, S. 73–86, Schaber, C., van Dok, G.: Die Zukunft des Fairen Handels, Luzern 2008, S. 73-86.

Nelson, V., Pound, B.: The Last Ten Years: A Comprehensive Review of the Literature on the Impact of Fairtrade; University of Greenwich, September 2009.

Nessel, S.: Fairer Handel als nachhaltige Entwicklungsstrategie. Eine kritische Bestandsaufnahme am Beispiel Mexiko. In: Peripherie – Zeitschrift für Politik und Ökonomie in der Dritten Welt, Heft 128, 2012, S. 426–444.

Neumair, S. M.; Schlesinger, D. M.; Haas, H.-D.: Internationale Wirtschaft. Unternehmen und Weltwirtschaftsraum im Globalisierungsprozess; München 2012.

Nicholls, A., Opal, C.: Fair Trade – Market-Driven Ethical Consumption, London 2004.

Nicholls, A., Opal, C.: Fair Trade Market-Driven Ethical Consumption; London 2008.

Nickoleit, G. (Gepa): Vortrag. Forum Fairer Handel – Was ist ein fairer Preis? 2005; Frankfurt/Main; 17.01.05.

North, D. C., Wallis, J.J.: Integrating Institutional Change and Technical Change in Economic History. A Transaction Cost Approach, in: Journal of Institutional and Theoretical Economics, Jg. 150, Heft 4, 1994, S. 609–624.

Nübler, I.: Die Wirkungen der Globalisierung auf die Entwicklungsländer; in: Mummert, U.; Sell, F.-L. (Hrsg.): Globalisierung und nationale Entwicklungspolitik. Schriften zur internationalen Wirtschaftspolitik; Münster 2003; S. 15–43.

OECD: Development Aid from OECD fell 5.1% in 2006; Paris 2007; o. S.; www.oecd.org; Stand 08.01.2008.

OECD: Development Co-operation Directorate (DCD-DAC), http://www.oecd.org/about/0,3347,en_2649_33721_1_1_1_1_1,00.html ; Stand 01.03.2011.

OECD: Net Official Development Assistance in 2008; www.oecd.org; Stand 30.03.2009.

OECD: OECD.StatExtracts; Gross Domestic Product; http://stats.oecd.org/ index.aspx?queryid=557; Stand 29.05.2013.

OECD: QWIDS; Query Wizard for International Development Statistics; http://stats.oecd.org/qwids/; Stand 29.05.2013.

o. V.: Fairer Handel im Tourismus? In: Welt und Handel; H. 7; 2004; S. 4–5.

o. V.: Gelingt der Durchbruch? In: WISU; H. 7; 33. Jg. (2004); S. 850.

o. V.: Who is Who im Fairen Handel; in: Verbraucher Konkret; H. 1; 2004; http://www.fair-feels-good.de/fairfeelsgood.php/cat/47/title/Who+is+Who+im+Fairen+Handel; Stand: 08.02. 2004.

Österreichischer Kaffee- und Tee-Verband: http://kaffeeverband.at/4c-association-launcht-neuen-code-of-conduct/; Stand: 24.05.2017.

Pfeifer, R. (BanaFair): Vortrag. Forum Fairer Handel – Was ist ein fairer Preis? 2005; Frankfurt/Main; 17.01.2005.

Piepel, K.: Fairer Handel – eine (entwicklungs-)politische Handlungsmöglichkeit? In: Nord-Süd aktuell; H.1; Bd. 13 (1999); S. 98–102.

Piepel, K.; Möller, A.; Spiegel, K.-H.: Fairer Handel, wohin? Diskussionsanstöße aus den Studien über die entwicklungspolitischen Wirkungen des Fairen Handels; in: Entwicklungspolitik; H. 19; 2000; S. 35–40.

Piketty, T.: Das Kapital im 21. Jahrhundeert, München 2014

Prüller, M.: Aber was ist schon wirklich fair? In: Die Presse; 19.05.2003; S. 15.

Prüller, M.: Überproduktion und Preisverfall stürzen Kaffeebauern in die Krise; in: Die Presse; 19.05.2003; S. 15.

Quaas, R.: Fair Trade. Eine global-lokale Geschichte am Beispiel des Kaffees, Köln/Weimar/ Wien 2015.

Raschke, M.: Fairer Handel – Engagement für eine gerechte Weltwirtschaft, 2. Aufl.; Ostfilddern 2009.

Raynolds, L., Long, M.: Fair/alternative Trade – Historical and empirical dimensions, in: Raynolds, L., Murray, D., Wilkinson, J. (eds): FAIR TRADE – The challenges of transforming globalization, New York 2007, S. 15–32.

Raynolds, L., Murray, D.: Fair Trade – Contemporary challenges and future prospects; in: Raynolds, L., Murray, D., Wilkinson, J. (Hrsg.): FAIR TRADE – The challenges of transforming globalization; Abingdon und New York; Routledge; 2007, S. 223–234.

Reichert, T.; Desai, J.: Die Welthandelsdebatte. Eine Herausforderung für den Fairen Handel; in: TransFair; Fair Trade Policy; H. 1; 1. Aufl.; Aachen 1999.

Renkema, D.: Kaffee. Spielball der Spekulanten; in: EFTA (Hrsg.): Fair Trade Yearbook; 2001; http://www.european-fair-trade-association.org/ efta/Doc/ yb01-ge.pdf; Stand: 11.11.2004; S. 62-67.

Rieth, L., Zimmer, M.: Public Private Partnership in der Entwicklungszusammenarbeit – Wirkungen und Lessons Learnt am Beispiel des GTZ /AVA Projekts, in: zfwu 8/2 2007, S. 217–235

Rodríguez, I. (EFTA): Fair Procura. Öffentliche Verwaltungen aktiv für nachhaltige Entwicklung; Brüssel 2005; S. 1–35.

Rose, K.; Sauernheimer, K.: Theorie der Außenwirtschaft. 14. Aufl.; München 2006.

Sachs, W. et al.: Die zwei Ebenen einer gerechten Weltwirtschaft-Oder warum FAIR TRADE heute besonders wichtig ist, in: Eigner, C. et al. (Hrsg.): UN/Fair Trade-Die Kunst der Gerechtigkeit, Wien 2008, S. 192–201.

Sautter; H.: Weltwirtschaftsordnung. Die Institutionen der globalen Ökonomie; München 2004.

Schaber, C.; van Dok, G.: Die Zukunft des Fairen Handels, Luzern 2008.

Schmidt, F. (Europäisches Parlament): Bericht über Fairen Handel und Entwicklung; 2005/2245(INI); o.O.; http://www.europarl. europa.eu/oeil/ FindByProcnum.do?lang=2&procnum=INI/ 2005/2245; Stand 22.03.2010.

Seidl, I. Zahrnt, A.: Postwachstumsgesellschaft-Konzepte für die Zukunft, Marburg 2010

Scott, W. R.: Reflexionen über ein halbes Jahrhundert Organisationssoziologie, in: Senge, K., Hellmann, K.-U. (Hrsg.): Einführung in den Neo-Institutionalismus, Wiesbaden 2006, S. 201–253.

Sen, A. K.: Equality of What?, in McMurren, S. M. (eds.): The Tanner Lecture on Human Values, Salt Lake City 1980, S. 195–220.

Solow. R. M.: Intergenerational Equity and Exhaustible Resources, Review of Economic Studies, Symposium on the Economics of Exhaustible Resources, 1974b, S. 29–46.

Solow, R. M.: The Economics of Resources or the Resources of Economics, in American Economic Review 64-1974a, S. 1–14.

Stamp, K.: Tee. "Fair Cup"? In: EFTA (Hrsg.): Fair Trade Yearbook 2001; http://www.eftafairtrade.org/yearbook.asp; Stand: 11.11.2004; S. 73–77.

Statista: http//de.statista.com; Stand: 24.7.2011.

Steckelbach, L.: Gibt es bessere Lösungen als „Fair Trade"? Schriften zur Wirtschaftsforschung Universität Siegen; Siegen 1998.

Stecklow, S.; White, E.: At What Price Virtue? In: Wall Street Journal; June 8; New York City 2004; S. A1.

Steinrücken, T.: Funktioniert ‚fairer' Handel? Ökonomische Überlegungen zum alternativen Handel mit Kaffee; Diskussionspapier Nr. 32 der TU Illmenau; Illmenau 2003.

Sterzing, A.: Verteilungspräferenzen beim Kauf fair gehandelter Produkte – Eine empirische Untersuchung, Dissertation Kaiserslautern 2013.

Stiglitz, J.: Die Schatten der Globalisierung, Berlin 2002

Stiglitz J.; Charlton, A.: Fair trade for all. How trade can promote development; New York 2005.

Tallontire, A.: Challenges facing fair trade: Which way now? In: Small Enterprise Development; Vol. 13; No. 3; 2002; S. 12–23.

Tech, M.: Kommerzialisierung des Fairen Handels. Auswirkungen auf Produzenten am Beispiel des südafrikanischen Rooibos-Tee-Sektors. In: Peripherie – Zeitschrift für Politik und Ökonomie in der Dritten Welt, Heft 128, 2012, S. 401–425.

The Comitee oft he Regions: 83rd Penary Session . Opinion of the Committee of the Regions on Contributing to Sustainable Development, Brüssel 2010.

Thiele, R.: Perspektiven der Entwicklungszusammenarbeit; in: Siebert, H. (Hrsg.): Die Weltwirtschaft. Vierteljahreshefte des Instituts für Weltwirtschaft der Universität Kiel; H. 4; Kiel 2002; S. 383–395.

Thuy, N.: 4C Code to guide coffee sector; Vietnam Economic News; 2004; http://www.ven.org.vn/print_news.php?id=968; Stand: 21.01.2004.

Todaro, M. P., Smith, S. C.: Economic Development. 11. Edition, Harlow 2011.

TransFair e.V.: http://www.transfair.org; Stand 11.12.2004.

Traidcraft: Annual Review of impact and Performance 2015-2016; http://www.traidcraft.co.uk/media/59fa746f-ab32-4e8a-a7bc-72339670 bb26; Stand: 30.05.2017.

TransFair e.V.: https://www.fairtrade-deutschland.de/service/ueber-trans fair-ev/wer-wir-sind/mitgliedsorganisationen-foerderer.html; Stand: 17.05.2017.

TransFair e.V.: Chronik. TransFair 2015a: Fairtrade-Standards für Mischprodukte bei Lebensmitteln. Verfügbar auf: https://www.fairtrade deutschland.de /fileadmin/DE/mediathek/pdf/fairtrade_statement_ mischprodukte.pdf. Letzter Zugriff am: 03.08.2016.

TransFair e.V.: http://www.transfair.org/produkte; Stand 17.02.2008. UN: UN World Population Prospect, http://esa.un.org/undp/wpp2008/pdf/ WPP2008_Selected_Tables_1.pdf, Stand: 7.1.2011.

UNCTAD: Resolution 21 (II); UNCTAD II New Delhi 1968; http://www.unctad.org/Templates/Page.asp?intItemID=2309&lang=1; Stand 29.03.2011.

UNDP: Human Development Report 2005, New York 2005.

United States Department of Agriculture: Coffee:World Markets and Trade, December 2016; https://apps.fas.usda.gov/ psdonline/circulars/coffee.pdf; Stand 19.05.2017.

Voigt, S.: Institutionenökonomik, 2. Auflage, Paderborn 2009.

Wall, T. (United Nations Department of Public Information): Opening doors for LDC exports; Brüssel 2001; http://www.unctad.org/confer ence/e-press_kit/ldc_exports .pdf; Stand: 29.03.2011.

Walz, R.: Der Beitrag von R. M. Solow zur Entwicklung des schwachen Nachhaltigkeitsbegriffs, Fraunhofer Institut für Systemtechnik und Innovationsforschung, Karlsruhe 1999.

Weltbank: Weltentwicklungsbericht. Der Staat in einer sich ändernden Welt; Washington 1997.

Weltladen-Dachverband: www.weltlaeden.de; Stand 15.04.2005.

Werner, H.: Unternehmer sind die besseren Entwicklungshelfer, 2. überarb. Aufl.; München 2010.

World Fair Trade Organization (WFTO): Annual Report 2015; http://wfto.com /sites/default/files/WFTO%202015%20Annual%20Report. pdf, Stand: 18.05.2017

World Fair Trade Organization (WFTO): History of WFTO: www.wfto.com/ about-us/history-wfto; Stand: 18.05.2017

World Fair Trade Organization (WFTO): What is fair trade? 2009; http://wfto.com/fair-trade/definition-fair-trade Stand: 17.05.2017.

World Bank: World Development Indicators 2000; Washington 2000.

World Bank: World Development Report 2000/2001. Attacking Poverty; Washington 2001.

World Trade Organization: Annual Report; Geneve 1998.

World Trade Organization: Differential and More Favourable Treatment Reciprocity and Fuller Participation of Developing Countries; Decision of 28. November 1979; L/4903; www.wto.org/english/docs_e/legal_e /tokyo_enabling_e.pdf.

World Trade Organization: http://www.wto.org/english/news_e/news12 _e/gc_rpt_01may12_e. htm; Stand: 03.05.2017.

World Trade Organization: International trade statistics 2010 – Appendix tables; http://www.wto.org/english/res_e/statis_e/its2010_e/its10_ap pendix_e. htm; Stand: 16.01.2010.

World Trade Organization: International trade statistics; Geneve 2003.

World Trade Organization: International trade statistics; Geneve 2006.

World Trade Organization: International trade statistics; Geneve 2007.

World Trade Organization: International trade statistics; Geneve 2009.

World Trade Organization: International trade statistics; Geneve 2015.

World Trade Organization: Ministerial Declaration; Article 2; Doha 2001.

World Trade Organization: Understanding the WTO: The Agreements; http://www.wto.org/english/thewto_e/whatis_e/ tif_e/agrm8_e.htm; Stand: 17.05.2017.

World Trade Organization: World Trade Report 2011. The WTO and preferential trade agreements: From co-existence to coherence; Geneve 2011.

World Trade Organization: World Trade Statistical Review, Geneve 2016.

World Trade Organization: www.wto.org; Stand: 29.07.2016.

World Trade Organization; http://www.wto.org/english/res_e/statis_e/ its2004 _e/its04_overview_e.htm; Stand: 24.01.2005.

Zander, U.: Lässt Fairer Handel sich verkaufen – Marketingstrategien raus aus der Nische; in: Lanje, K. (Hrsg.): Perspektiven für einen gerechten Agrarhandel. Konzepte, Konflikte, Kooperationen; Loccumer Protokolle 27/02; Rehburg-Loccum 2003.

Stichwortverzeichnis

Absatzmärkte 127

Agenda 21 57–58

Agrarpolitik 182, 189–191

Agrarsektor 22, 34, 218

Agrarsubventionen 35–37, 130

AKP-Staaten 133

Allgemeines Präferenzsystem (APS) 187–189

Anti-Dumping-Zölle 29, 31, 52

Arbeitsbedingungen 89-91, 97, 116, 124, 193

Behindertenwerkstätten 116

Bildung und Forschung 197–198, 201–202

Binnenmarkt 30, 53, 191

Bioprodukte 124

Blumenplantage 97, 160, 169

BRICS-Staaten 43

Brot für die Welt 104, 108, 209

Brundtland-Bericht 63

Brundtland-Kommission 60, 62–63, 69

Bundesregierung 130–131

CEval 87, 164

CEval-Studie 166–167, 169, 171

Club of Rom e 62, 69

Corporate Social Responsibility (CSR) 193, 194–197, 200

Dienstleistungssektor 209–210, 218

Diversifikation 164, 172–173, 185

Doha-Runde 34–36, 75

Dreidimensionalität 58, 61, 63–73

Düngemittel, chemische 148, 172

Effekte, externe 144, 150–151

EFTA 83, 107–108, 129

Elastizität
 Preiselastizität 91, 109–110, 123, 145–147
 Substitutionselastizität 141

Emissionshandel 207–208

Entwicklung, nachhaltige 57, 61–63, 65, 68, 100

Entwicklungspolitik 131, 179, 181–183, 188, 199-200

Entwicklungszusammenarbeit 132–133, 179–183, 186–187, 192–195, 197–202

Ethische Geldanlagen 212

Ethischer Handel 124, 136

Europäische Kommission 132, 134, 194

Fairer Preis 79, 119

Fair-Handels-Gesellschaften 185

Fair-Handelskonzept 213

Fair-Handels-Organisationen 116, 158, 162, 164, 175, 204

Fairtrade-Aufschlag 166

Fairtrade-Siegel 86, 89, 104, 106, 117, 122–124

Fairtrade-Netzwerk 88, 160, 170

Fairtrade-Prämie 90–92, 94–95, 97–98, 160, 174, 184–185

Fairtrade-Schule 211

Fairtrade-Towns 131–132, 210–211

FAO 81, 83

Finanzsektor 148, 193, 212

FI 79, 87–88, 102–108, 119–121, 127

FI-Standards 104, 106

GATT 29, 31–33, 52, 75, 188, 199

Geldanlagen, ethische 212

Geldverleiher, lokale 92

GEPA 82–83, 103, 107, 119, 121–122, 162

Gerechtigkeit 66, 69, 71–72
 Armut 69
 intergenerationelle 58, 60, 63, 65–66, 69
 intragenerationelle 58, 60, 63, 65–66, 68–69

GIZ 114, 131, 182, 192, 194

Globalisierung 41–42, 45–46, 52, 123, 195

Globalisierungsgewinne 45

Globalisierungsprozess 45, 123, 179

Grenzen des Wachstums 62, 69

Handel, ethischer 124, 136

Handel, internationaler 30–32, 51–52, 57–59, 75–76, 139

Handelsbarrieren 31, 37–38, 191

Handelsbeziehungen 30, 91, 93, 157, 174

Handelsgewinne 59

Handelshemmnisse 29–32, 38, 52, 75

Handelspartner 83–84, 94, 157, 218

Handelspolitik 32, 60, 132, 188

Handelstheorie, neue 144, 147

Handwerksproduktion 168

Heckscher/Ohlin 140–146, 225

IFAT 87, 103, 107

ILO-Standards 97

Importorganisationen 91, 93–94, 101, 103–104, 166

Innovationen 69, 207
 technischer Fortschritt 68–69

International Monetary Fund 182

Kaffee 82, 84–85, 111–117, 120, 146

Kaffeeindustrie 112

Kaffeeproduzenten 112–113

Kampagnenarbeit 131, 187, 210, 219

Kapital und Ressourcen
  Humankapital 51, 69, 73–74, 201
  Kapitalbestand 67
  Naturkapital 67, 72
  Ökosystem 66–67, 90, 150
  Sachkapital 67, 69, 72

Kernstandards 185

KfW 183, 192

Kleinbauern 88–89, 95, 174

Kleinbauernkooperativen 184, 207–208

Kommerzialisierung 86–87, 101–102

Kooperative 89, 94–95, 100, 116

landwirtschaftliche Produkte 35–36, 50, 145, 184

Least Developed Countries 34, 49

Lebenshaltungskosten 98

Lebenssituation 73, 82, 101, 165

Lizenzvertrag 106

Marktanteil 112, 124–125, 129, 142, 202, 208

Marktgleichgewicht 164

Marktpreis 89, 142, 144, 174

Meistbegünstigungsklausel 188

Menschenrechte 21, 97, 136, 189, 209

Mercado Comin del Cono Sur (MERCOSUR) 38

Nachhaltige Entwicklung 57, 61–63, 65, 68, 100

Nachhaltigkeit, ökologische 67–68, 72–73

Nachhaltigkeit, ökonomische 68–70, 72–73

Nachhaltigkeit, soziale 70–73

Nachhaltigkeitskonzepte 134

Nichtregierungsorganisation 21, 132, 184

Non-Food-Bereich 122, 206–207

North American Free Trade Agreement (NAFTA) 37–38

OECD 182, 188, 199

Ökosysteme 66–67, 90, 150

Organisationen
  Brundtland-Kommission 60, 62–63, 69

Oxfam 81, 84, 158

Präferenzabkommen 199

Produktgruppen 104, 108, 109, 213

Produktion, nachhaltige 116, 151, 175

Produzentenkooperativen 71, 90, 186, 218, 233

Produzentenorganisationen 92, 93, 99, 105–106, 114, 117, 127–128, 170, 202, 206, 217

Protektionismus 30, 32, 144

Public Private Partnership 131, 192–194

Ricardo 25, 139–142, 146, 223–225

Rio-Konferenz 63

Schwellenländer 21, 35, 36, 38, 193

Sicherung, soziale 168, 209

Skalenerträge 25, 142–143, 147, 230–233

Social Business 194–197, 201

Soziale Wirkung 166–171

Standard, ILO 97

Standards, FI 104, 106

Supermarktkette 203, 205

Tee 85, 97, 110–111, 121, 125, 171, 184, 220

Teeproduktion 110

Tigerstaaten, asiatische 44

Tourismus 22, 108, 139, 209, 210

Tourismus Watch 209

Umwelt 66, 69, 73, 85, 91, 98–100, 150, 151, 172, 185, 209

UNCED 58, 63

UNCTAD 81, 187

Ungleichverteilung 21, 42, 52, 60

Versammlungsfreiheit 97, 98

Vorfinanzierung 90, 92–93, 100, 121, 149, 157, 164, 211

Wachstum, Grenzen des ~s 62, 69

Wachstumstheorie 68

Währungssystem 30

Weiterbildungsmaßnahmen 100, 169, 170, 171, 172, 175

Weiterbildungsprogramme 97, 169, 198

Weltexporte 39, 40, 43, 44, 45, 46, 123

Weltgesundheitsorganisation 197

Welthandelsorganisation 31, 36, 39, 57, 75, 136

Welthandelspolitik 129

Welthandelssystem 24, 27–54, 58, 61, 75–76, 79, 123–130

Weltläden 82–86, 103, 107, 121, 122, 131, 186, 219

Weltlädennetzwerk 87, 88, 107, 122

Weltmarkt 21, 22, 91, 101, 109, 112–115, 117, 122–123, 136, 150, 163, 191, 199–202, 217–218, 239

Weltmarktpreis 22, 37, 152, 163, 190, 194, 212, 213, 217, 239

Weltwirtschaft 30, 37, 41, 45, 75, 82, 133, 179

Wertschöpfungskette 41, 52, 54, 75, 111, 200, 206

Wettbewerb, unvollständiger 142–143, 147, 230–233

WFTO 79, 87, 88, 89, 91, 96, 103, 107–108, 129, 212

Wirkung, ökologische 172–173

Wirkung, ökonomische 157–165, 238–240

Wirkung, soziale 166–171

Wirtschaftstheorie, Außen- 139

Wohlstand 59, 70, 90, 224, 226

World Trade Organization (WTO) 32

Zertifizierungsstandards 102

Zwischenhandel 89, 93, 166

Zwischenhändler 23, 74, 89, 93, 148, 159, 162, 166

Bilanz einer Epoche

Werner Heinrichs
Die Moderne
Bilanz einer Epoche
2017, 510 Seiten, Hardcover
ISBN 978-3-86764-808-0

Die Epoche der Moderne wurde inzwischen durch das digitale Zeitalter abgelöst. Nun ist es an der Zeit Bilanz zu ziehen: Wie kann die Moderne in ihrer Gesamtheit dargelegt werden? Welche Errungenschaften hat sie hervorgebracht? Sind die Werte, Ziele und Normen der Moderne im digitalen Zeitalter nun obsolet?

Werner Heinrichs liefert die Antworten. Er beleuchtet alle kulturellen, sozialen, wirtschaftlichen und naturwissenschaftlichen Aspekte der Epoche auf spannende Weise. Damit unterscheidet sich der Ansatz dieses Buches deutlich von einschlägigen Kulturgeschichten des 20. Jahrhunderts, die die Moderne nur als eine Zeit der Entwicklung der Künste und gesellschaftspolitischer Veränderungen wahrnehmen. Es beinhaltet außerdem viele originelle und spannende Zitate berühmter Persönlichkeiten.

Dieses Buch richtet sich an Studierende wirtschafts- und sozialwissenschaftlicher Studiengänge und eignet sich ebenfalls als Nachschlagewerk für Leser mit kulturellem und geschichtlichem Interesse.

www.uvk.de